QCM
DES CONCOURS
ADMINISTRATIFS
DE CATÉGORIE A

Éditions d'Organisation
1, rue Thénard
75240 Paris Cedex 05
Consultez notre site :
www.editions-organisation.com

Aux Éditions d'Organisation

Les QCM de culture générale
  Histoire – Arts et Lettres – Monde actuel (avec CD-Rom)
  Économie et Société françaises (avec CD-Rom)
  Europe et Union européenne
  La Fonction publique
  Sciences et techniques (avec CD-Rom)
  La France et ses régions
  Les collectivités territoriales

Jean-François GUÉDON

Brigitte SIMONOT

QCM
DES CONCOURS
ADMINISTRATIFS
DE CATÉGORIE A

CONCOURS DES IRA
GRANDES ÉCOLES
Épreuves écrites
Préparation à l'oral
de culture générale

Troisième édition
Mise à jour par Pierre-François GUÉDON
Conseiller en formation

Mise à jour en janvier 2003

Éditions
d'Organisation

CHEZ LE MÊME ÉDITEUR

Dans la même collection

■ *Les concours de catégorie B et C*

Les épreuves de présélection
L'épreuve de l'explication de texte
L'épreuve de français
L'épreuve de QCM
L'épreuve des tests de raisonnement logique
L'épreuve de mathématique
L'épreuve de cas pratiques
L'épreuve de tableaux numériques

■ *Les concours de catégorie A*

La dissertation de culture générale
La note de synthèse
La note de synthèse économique
QCM de finances publiques
Dissertations et commentaire de textes (22 corrigés d'épreuves officielles)

■ *Les guides de préparation des concours administratifs*

Préparation des concours administratifs (toutes catégories)
Préparation des concours de catégorie A
Préparation des concours de catégorie B

■ *Les méthodes de travail*

L'entretien aux examens et concours
Rapports de stage et mémoire
Réussir la soutenance de rapports, mémoires et travaux

■ *Chronoculture, les grandes dates*

La France
L'Europe

■ *Arts et lettres*

Les époques, les courants et les genres

SOMMAIRE

INTRODUCTION

1   Qu'est-ce qu'un QCM ?

Dans une épreuve de QCM – Questionnaire à Choix Multiple – le candidat doit sélectionner la réponse juste parmi deux, trois ou quatre suggestions (et parfois plus).

Il s'agit donc, en principe, d'une réponse ponctuelle et fermée, ce qui s'oppose à la fois aux questions-réponses ouvertes et aux QROC (questions à réponses ouvertes et courtes).

Quel est l'intérêt de la formule ?

Le QCM constitue un bon test, soit pour la culture générale, soit pour les diverses disciplines des examens et concours.

Sur le plan administratif et technique, son plus grand avantage est évidemment la facilité des corrections (possibilité de traitement automatisé). Le QCM est donc employé depuis longtemps dans des examens et concours qui sont parfois de très haut niveau scientifique (exemple : internat de médecine).

Le QCM peut aussi avoir un aspect ludique, s'apparentant à un jeu de société.

Cette formule se développe-t-elle officiellement ?

La formule est de plus en plus utilisée dans les Grandes Écoles ou Instituts de formation, soit pour les concours ou examens d'entrée, soit en cours de scolarité et pour l'obtention des diplômes terminaux (cf. la réforme des DEUG, licences et maîtrises préparée en 1997 et mise en œuvre à partir de 1998).

Elle apparaît également dans des concours administratifs importants. Voir par exemple ci-après l'arrêté du 19 décembre 1997 relatif aux Instituts Régionaux d'Administration (concours interministériel de base pour l'accès aux fonctions d'Attaché ou Inspecteur, organisé par la Direction générale de l'Administration et de la Fonction publique).

1ᵉʳ exemple

Concours des I.R.A.
Arrêté du 19 décembre 1997 fixant la nature, la durée
et le programme des épreuves des concours d'entrée aux instituts
régionaux d'administration.

Titre Iᵉʳ – Nature et durée des épreuves

Section I – Concours externe

Une épreuve constituée d'une série de questions à choix multiple ou appelant une réponse courte, portant sur les connaissances générales ainsi que sur les éléments essentiels du droit public, du droit de l'Union européenne et des politiques économiques (durée : trois heures ; coefficient : 4).

Section II – Concours interne

Une épreuve constituée d'une série de questions à choix multiple ou appelant une réponse courte portant sur les éléments essentiels du droit public, du droit de l'Union européenne et des politiques économiques (durée : trois heures ; coefficient : 4).

2ᵉ exemple

Concours des Communautés européennes
Concours général des administrateurs adjoints

Épreuve de présélection

Épreuve constituée de 80 questions à choix multiple portant sur des sujets relatifs à différents domaines tels que les arts, les sciences et technologies, l'histoire, la géographie, l'économie, le droit, la politique, l'actualité, ainsi que les principaux développements de l'unification européenne et des différentes politiques communautaires.

Questions numérotées de 1 à 80.
Durée : 40 minutes.
N.B. Les réponses sont notées selon les critères suivants :
+ 1 pour réponse correcte
0 pour non réponse
– 1/3 pour réponse incorrecte

Il convient de souligner la brièveté des épreuves. Il faut traiter chaque question en moins de 30 secondes. L'épreuve s'apparente donc plutôt à un *sprint*.

2 Votre stratégie pour les QCM

Tout dépend évidemment de votre situation ... Vous pouvez les pratiquer en dilettante ou amateur distingué, pour votre plaisir ou en jeu de société.

Dans ce cas, aucun problème – si ce n'est celui de la compétition avec vous-même ou avec vos amis.

La pratique des QCM peut aider à meubler quelques journées de vacances, ou à passer des soirées agréables.

Mais ce peut être aussi une obligation impérative en situation de compétition dure, tendue, et avec la nécessité de gagner des points (... ou tout au moins de ne point trop en perdre par rapport à vos concurrents).

À vous, alors, d'apprendre à bien programmer, et de mettre au point de bonnes méthodes de travail pour le jour du concours.

Calculez bien de façon à vous donner une marge de sécurité :

– pour vérifier vos réponses ;

– pour présenter votre copie de façon impeccable.

S'il s'agit d'une épreuve mixte (exemple : QCM + QROC), vous devez traiter les QCM le plus rapidement possible : le temps ainsi gagné (... à condition de « faire un sans faute ») vous permettra de gagner de précieux points de bonification dans l'autre partie de l'épreuve.

À cet égard, une comparaison avec le patinage artistique est intéressante :

– le QCM correspond aux « figures imposées » où chaque concurrent, sauf pénalisation, devrait obtenir la note maximale ;

– les QROC, ou autres questions ouvertes, correspondent aux « figures libres », destinées à permettre aux meilleurs de mieux s'exprimer, en fournissant les réponses les plus riches.

Afin de remplir au mieux la première partie du programme, il faut parfaire à la fois votre culture (... œuvre de longue haleine et sans cesse à renouveler), votre connaissance des matières de base (... en agençant bien votre travail de révision), et votre technique – par un entraînement auquel ce livre doit contribuer à vous aider considérablement.

3   Quelques variantes

Les QCM peuvent se présenter sous diverses formes et font appel à des qualités variées, la première étant évidemment la sagacité des candidats.

Certains jurys, de temps en temps, se complaisent à imaginer quelques pièges. Par exemple, il pourrait n'exister aucune bonne réponse.

Ou encore, il peut se trouver deux ou trois bonnes réponses sur une liste, soit deux ou trois cases à cocher. Parfois même, la totalité des réponses est bonne ... (en un sens, c'est alors l'absence de piège qui peut constituer un piège !).

Dans d'autres cas, le jury peut vous demander d'effectuer un classement. Il vous faudrait alors numéroter les cases dans l'ordre souhaitable. Cela demande évidemment plus de temps.

Ce peut être, par exemple :

– l'ordre chronologique ;

– l'ordre d'importance (croissante ou décroissante) ;

– un ordre géographique (de l'est à l'ouest, ou du nord au sud) ;

Ou encore il faut effectuer un tri sur une liste (cocher plusieurs cases correspondant aux bonnes réponses ou à l'inverse cocher les réponses à exclure, notamment lorsque le jury vous demande de « trouver l'intrus » ou « chasser les intrus »). C'est généralement dans ces cas-là que le jury peut insérer des éléments humoristiques (par exemple, un mot incongru, ou une personnalité qui n'est pas du tout à sa place).

Dans une variante plus compliquée, vous pouvez avoir à classer les éléments d'un même groupe, voire de deux groupes différents. Par exemple, les membres d'une même alliance ou d'une même organisation. Ou un groupe de belligérants. Ou encore les partenaires d'une grande négociation internationale.

Quant à la notation, les jurys peuvent avoir plusieurs techniques :

– la plus simple consiste à comptabiliser seulement les bonnes réponses, de façon uniforme ;

– les questions et réponses peuvent être dotées de coefficients différents selon leur difficulté ou leur importance stratégique ;

– les mauvaises réponses peuvent être sanctionnées (exemples : un tiers de point, un demi-point ou un point de pénalisation).

Le QCM n'est donc pas si facile qu'il paraît. Si un candidat l'effectue de façon trop rapide, avec insouciance, en se fiant trop à son flair, à sa chance, à son art de la devinette, il risque d'être gravement déçu par sa note.

Le QCM est, indéniablement, non seulement une épreuve de connaissances, mais encore une épreuve de réflexion. Si le nombre des questions est élevé, en un temps très limité, c'est aussi une épreuve d'agilité intellectuelle et de maîtrise de soi.

Le degré de difficulté des questions posées

Une même question peut être facile ou difficile... tout dépend de la formulation et notamment de la fourchette choisie par le jury.

En ce qui concerne les chiffres ou les dates, si la fourchette est très large, la question est facile. Plus la fourchette se rétrécit, plus la question devient difficile.

Vous allez pouvoir en juger avec les questions suivantes, qui vous permettront de vous remettre à l'esprit quelques chiffres fondamentaux et des dates essentielles.

1. Quelle est la population globale du monde aujourd'hui ?

Chiffres en milliards d'habitants.

Exemple de grande fourchette :   ❏ 0,6 ❏ 6 ❏ 60

Exemple de fourchette plus resserrée : ❏ 5 ❏ 6 ❏ 7

Réponse : Le monde avait 2,5 milliards d'habitants en 1950. Il en a 6 milliards aujourd'hui. Il devrait atteindre 8 milliards en l'an 2018, et 9 à 10 milliards en l'an 2040. (Noter le ralentissement de la croissance).

2. Quel est l'âge de la Terre ?

Chiffres en milliards d'années.

Exemple de grande fourchette :   ❏ 0,46 ❏ 4,6 ❏ 46

Exemple de fourchette plus resserrée : ❏ 3,6 ❏ 4,6 ❏ 5,6

Réponse : L'âge de la Terre est estimé à 4,6 milliards d'années (celui du Soleil à 5 milliards).

3. Quel est le diamètre de la Terre ?

Chiffres en kilomètres.

❑ 127,5   ❑ 1 275   ❑ 12 756   ❑ 127 560   ❑ 1 275 600

Réponse : Sachant que la circonférence de la Terre est d'environ 40 000 km, vous devez facilement trouver le bon chiffre : le diamètre équatorial de la Terre est de 12 756 km.

La question aurait été beaucoup plus difficile si le jury avait formulé comme suit :

❑ 12 567   ❑ 12 657   ❑ 12 756

4. De quand date la création de l'Union européenne ?

Première formule :   ❑ 1892   ❑ 1922   ❑ 1942   ❑ 1992

Deuxième formule :   ❑ 1989   ❑ 1991   ❑ 1992   ❑ 1995

La réponse est pratiquement évidente avec la première formule. Elle est plus difficile avec la deuxième.

Réponse : L'union politique, économique et monétaire résulte du Traité de Maastricht signé le 7 février 1992 (entré en vigueur en 1993).

4   Les QCM doivent vous servir aussi à mémoriser. Utilisez intelligemment cet ouvrage

D'abord, apprendre à réfléchir et à trouver

Vous allez mettre au point des *méthodes astucieuses* de découverte, investigation et contrôle.

Mieux mémoriser

Vous allez vous donner des repères, mieux retenir les dates et chiffres-clés, et bien maîtriser les cadres spatio-temporels.

Avoir envie de réviser...

Grâce au recueil des QCM, vous allez réviser toutes vos bases en histoire, géographie, littérature....

... et d'étendre vos connaissances.

Vous aurez certainement envie d'étendre vos investigations, de compléter les séries, d'en savoir plus.

Profitez du QCM pour vous enrichir intellectuellement, de façon vivante et agréable.

Bien maîtriser les connaissances essentielles, savoir vous situer dans le temps et dans l'espace, développer vos qualités de raisonnement, c'est affirmer à la fois votre culture et votre personnalité.

Au fil de cet ouvrage, nous vous donnerons aussi quelques conseils et indications qui vous seront utiles pour toutes les épreuves orales de culture générale.

5 Les dix défauts à éviter

1. **Aller trop lentement...** et ne pas réussir à terminer l'épreuve.

2. **Aller trop vite...** et commettre beaucoup d'erreurs.
   Ne pas confondre vitesse et précipitation !

3. **Jouer trop souvent à « pile ou face »** ...
   L'épreuve n'est pas une loterie. Trop de candidats se fient au hasard, sans se donner la peine de réfléchir.
   Ne jouez à « pile ou face » qu'à titre exceptionnel. Quand vraiment vous ne pouvez pas faire autrement. Quand vous êtes pris par le temps...

4. **Laisser la panique s'instaurer** ... et ne pas être capable de réagir.

5. **Buter sur une question et s'y arrêter trop longtemps.**
   Attention : il faut vous établir une programmation pour le jour de votre concours, en réservant une marge de sécurité.
   Si vous butez sur une question, n'y perdez pas plus d'une minute.
   Passez à la suivante, et vous reviendrez sur le « trou » à la fin de l'épreuve s'il vous reste du temps.
   Une défaillance ponctuelle est moins grave qu'un arrêt au milieu de l'épreuve. Mieux vaut accepter de perdre un point, si c'est pour sauver l'essentiel.

6. **Tomber dans les pièges** ... faute de réflexion et de bon sens.

7 **Voir des pièges là où il n'y en a pas...**
C'est le défaut inverse, qui fait commettre des erreurs fatales à beaucoup de candidats.

8. **Ne pas penser aux interférences ...**
Une question peut en appeler une autre, et les deux réponses doivent être établies conjointement.
Souvent une question vous mettra sur la bonne voie pour traiter la ou les suivantes...

9. **Ne pas vérifier.**
S'il vous reste du temps, vous l'emploierez utilement à bien vérifier chacune de vos réponses.

10. **Vouloir tout changer au dernier moment...**
C'est le défaut inverse. Attention aux mauvaises inspirations qui viendraient au dernier moment.

ANNEXE
Étude des principaux cas de figures possibles... à partir d'une grande figure de l'Histoire

Il existe de nombreuses façons de présenter les QCM.

En principe, le candidat doit **sélectionner la réponse juste** parmi deux, trois ou quatre suggestions (parfois davantage). Parfois aussi, il faut sélectionner la réponse fausse ou « chasser l'erreur ».

La meilleure méthode est de vous montrer dès maintenant les **principaux cas de figures possibles** à partir d'exemples concrets.

1. Le cas le plus simple est celui où il existe **une seule bonne réponse**. Vous **devez la donner en cochant une case**. C'est bien entendu le cas le plus fréquent dans les examens et concours.

À partir d'une phrase ou d'une question, le jury vous demande de marquer :

         ❏ vrai (ou exact ou juste)   ❏ faux

ou encore   ❏ oui   ❏ non

Vous pouvez avoir aussi à cocher la bonne réponse sur une série de propositions.

Voici quelques exemples relatifs à **un grand personnage historique** : le Général de Gaulle.

△ Le Général de Gaulle est-il né en France ?

     ❏ oui   ❏ non

Le Général de Gaulle est né à Lille, dont il est le plus illustre des enfants.

△ Henri de Gaulle, père du Général, était professeur d'Histoire.

     ❏ vrai   ❏ faux

C'est vrai, et le jeune Charles eut très vite la passion de l'Histoire.

△ Charles de Gaulle a effectué ses études au petit séminaire, puis au Grand séminaire.

     ❏ exact   ❏ faux

Faux. Charles de Gaulle a effectué ses études dans l'établissement privé où son père était professeur, puis dans un collège de jésuites.

2. Exemples de cas où il vous faut cocher deux cases

a. Parfois le jury vous dira expressément qu'il faut cocher deux cases.

Exemple 1. Cochez les deux grandes écoles par lesquelles est passé le Général de Gaulle.

     ❏ École Polytechnique
     ❏ École nationale des Chartes
     ❏ École spéciale militaire de Saint-Cyr
     ❏ École supérieure de guerre
     ❏ École Nationale d'Administration

Charles de Gaulle est entré en 1910 à l'École spéciale militaire de Saint-Cyr, puis en 1922 à l'École supérieure de guerre.

Pénalisation pour la réponse E.N.A., pour cause d'anachronisme (elle a été créée en 1945-46, par le Général de Gaulle lui-même).

Exemple 2. Cochez les noms de deux auteurs dont la lecture a particulièrement marqué le jeune Charles de Gaulle.

❏ Maurice Barrès   ❏ André Malraux
❏ François Mauriac   ❏ Charles Péguy
❏ Jean-Paul Sartre   ❏ Antoine de Saint-Exupéry

Pour des motifs de chronologie, les deux seules réponses possibles sont
Maurice Barrès (1862-1923) et Charles Péguy (1873-1914). En cochant
un autre nom, vous commettriez un anachronisme.

b. Dans d'autres cas, il faudra cocher deux cases, sans indication particulière (cf. aussi le point suivant).

Il peut arriver qu'une réponse principale soit évidente, et qu'une seconde
réponse s'impose également. Voici un exemple.

△ Où le Général de Gaulle a-t-il été enterré ?

❏ à Paris   ❏ à Lille
❏ à Colombey-les-deux-Églises
❏ en Champagne   ❏ en Lorraine

Il fallait cocher Colombey, mais aussi la Champagne. (Mais non la
Lorraine. Quand on pense au Général, on peut penser à la Lorraine, et
il a effectivement choisi une résidence proche de la Lorraine. Mais
Colombey est dans l'arrondissement de Chaumont, en Haute-Marne,
donc dans la région Champagne).

Voici un autre exemple où deux réponses semblent acceptables.

△ Où Charles de Gaulle fut-il fait prisonnier pendant la Grande Guerre ?

❏ à la bataille de la Marne   ❏ à Douaumont
❏ en Picardie   ❏ à Verdun

Ayant été blessé trois fois, Charles de Gaulle fut fait prisonnier par les
Allemands en 1916, pendant la grande bataille de Verdun. Plus préci-
sément, c'était à Douaumont. Il peut donc sembler utile de cocher les
deux cases.

3. Exemples de cas où il vous faut cocher un nombre de cases indéterminé

Le jury vous présente une série de propositions, mais sans indication précise. Vous pouvez avoir à cocher une, ou deux, ou trois cases, parfois la
totalité.

Évidemment, vous ne pouvez pas tout savoir... Il vous faudra donc quelquefois vous fier à votre flair.

Cochez les propositions exactes.

Série 1

- ❏ Charles de Gaulle a gagné à seize ans un concours de rédaction d'une pièce en vers.
- ❏ Il a été un an simple soldat dans un régiment d'infanterie.
- ❏ Après avoir été blessé et capturé devant Verdun, il chercha à de multiples reprises à s'évader d'Allemagne.
- ❏ Il n'a jamais réussi à apprendre à parler allemand.

Série 2

- ❏ Charles de Gaulle a été reçu premier au concours de Saint-Cyr.
- ❏ Il a été ensuite professeur d'Histoire.
- ❏ Le capitaine de Gaulle a rencontré sa future épouse au bal de Saint-Cyr en 1920.
- ❏ Le capitaine de Gaulle a été envoyé en mission en Pologne en 1919.

Série 3

- ❏ Dans les années 1930, un seul homme politique français prit en considération les propositions du colonel de Gaulle concernant l'emploi des armes blindées : ce fut Paul Reynaud.
- ❏ Charles de Gaulle fut nommé général de brigade à titre temporaire en mai 1940.
- ❏ Il devint le 5 juin 1940 Sous-secrétaire d'État à la défense et à la guerre dans le cabinet de Paul Reynaud.
- ❏ Le Général de Gaulle a quitté Bordeaux pour Londres le 17 juin 1940 dans un avion mis à sa disposition par Winston Churchill.
- ❏ Le Général de Gaulle fut élevé à la dignité de Maréchal de France à titre posthume.

Réponses

Série 1 : exact, sauf la dernière.

Charles de Gaulle a bien été lauréat d'un concours grâce à la rédaction d'une pièce en vers. Il a bien été un an simple soldat, au 33e régiment d'infanterie, à Arras (à l'époque, les futurs officiers devaient effectuer un séjour d'une année comme simples soldats dans un corps de troupe). Il a bien cherché à s'évader d'Allemagne ... mais sa haute taille le fit toujours repérer.

Charles de Gaulle était très doué pour le latin et les langues étrangères. En particulier, il parlait fort bien l'allemand. La dernière réponse est donc fausse.

Série 2 : exact, sauf la première.

Charles de Gaulle a été reçu 119e sur 700 admis, ce qui est honorable, mais il n'a pas été major de Saint-Cyr. Il en est sorti 13 e en 1913. Il y est revenu en 1921 comme professeur d'Histoire militaire.

Auparavant, il avait été envoyé en mission en Pologne ; beaucoup plus tard en visite officielle dans ce pays en 1967, le Président de Gaulle put s'adresser aux Polonais dans leur langue maternelle, d'où un grand enthousiasme populaire.

Série 3 : exact, sauf la dernière. Les trois généraux élevés à la dignité de Maréchal de France ont été Leclerc, de Lattre et Koenig.

4. Exemples de cas où il vous faut trouver l'erreur

Exemple . Trouver l'erreur parmi ces titres des trois tomes des *Mémoires de guerre* du Général de Gaulle.

- ❑ L'Appel
- ❑ Le Salut
- ❑ Le Renouveau
- ❑ L'Unité

Les *Mémoires de guerre* du Général de Gaulle comportent trois tomes successifs : *L'Appel, L'Unité, Le Salut.*

Le Renouveau est le premier tome des *Mémoires d'espoir.* Il porte sur la période 1958-1962. Le second tome, *L'Effort,* est resté inachevé.

Les jurys emploient souvent l'expression *chassez l'intrus.*

Chassez l'intrus parmi ces listes de Ministres du Général de Gaulle :

Série 1

- ❑ Raymond Barre
- ❑ Michel Debré
- ❑ Couve de Murville
- ❑ Edgar Faure
- ❑ Giscard d'Estaing

Série 2

- ❑ Robert Buron
- ❑ André Malraux
- ❑ Louis Joxe
- ❑ François Mauriac
- ❑ Antoine Pinay

Réponses

Série 1 : Raymond Barre est un fidèle gaulliste, mais du temps du Général, il était Professeur des Universités et expert en économie. Il a été Premier ministre de 1976 à 1981.

Série 2 : François Mauriac (1885-1970), Prix Nobel de littérature en 1952, était un gaulliste fervent, mais n'a jamais été ministre.

5. Les phrases à compléter

Certains jurys préparent des séries de phrases que le candidat doit compléter. En voici un exemple.

Série 1

Après l'appel du 18 juin, le Gouvernement britannique reconnut au Général de Gaulle le statut de ❑ ministre plénipotentiaire ❑ chef d'état-major ❑ chef des Français libres ❑ Chef des Volontaires de la France (1).

Une première victoire fut remportée en mars 1941 par le général Leclerc à ❑ Brazzaville ❑ Dakar ❑ Koufra ❑ Nouakchott (2). Les efforts pour organiser et coordonner la Résistance française de l'intérieur aboutirent à la création du ❑ BAO ❑ CNR ❑ DNT ❑ MDB ❑ RPR (3).

Après la Libération, le Général de Gaulle fut désigné par la première Assemblée nationale constituante comme président du ❑ BAC ❑ CNR ❑ GPRF ❑ RPR (4). Mais ses désaccords avec les partis politiques sur les institutions le conduisirent à démissionner en ❑ janvier 1946 ❑ novembre 1946 ❑ janvier 1947 ❑ décembre 1947 (5).

Série 2

Le Général de Gaulle est revenu au pouvoir le 1er juin 1958 comme ❑ Premier ministre ❑ Président du Conseil ❑ Président de la République (1). Le 4 septembre 1958, place de la République, il présenta aux Français un projet de ❑ nouvelle législation ❑ Communauté Européenne ❑ nouvelle Constitution ❑ réorganisation militaire et territoriale (2).

Les élections législatives de novembre 1958 furent remportées par ❑ les Radicaux ❑ les Socialistes ❑ le PC ❑ l'UNR ❑ l'UDF (3). Le nouveau Président prit ses fonctions le 8 janvier 1959 et nomma comme Premier ministre ❑ Georges Pompidou ❑ Jacques Chaban-Delmas ❑ Michel Debré ❑ Jacques Chirac ❑ Maurice Couve de Murville.

Série 3

Le 16 septembre 1959, le Général de Gaulle proposa à l'Algérie ❑ l'autodéfense ❑ l'autodétermination ❑ la séparation (1). L'indépendance devint effective en 1962 après les accords d' ❑ Alger ❑ Évian ❑ Vichy ❑ Vittel (2). Par référendum du 28 octobre 1962, le peuple français décida de faire élire le Président de la République au suffrage ❑ restreint ❑ universel ❑ direct ❑ indirect ❑ proportionnel (3). Aux élections présidentielles de décembre 1965, le Général de Gaulle gagna au second tour par 55 % des voix contre ❑ Michel Debré ❑ Georges Pompidou ❑ François Mitterrand ❑ Valéry Giscard d'Estaing (4). Le Général de Gaulle décida de quitter le pouvoir à la suite de son échec au référendum du ❑ 13 mai 1968 ❑ 14 juillet 1968 ❑ 27 avril 1969 ❑ 4 septembre 1970.

Réponses

Série 1 : (1) Chef des Français libres. (2) Victoire de Leclerc à Koufra (groupe d'oasis qui étaient occupées par les troupes de Mussolini au sud de la Libye). (3) CNR Conseil national de la Résistance. (4) GPRF Gouvernement provisoire de la République française. (5) Le général démissionna le 20 janvier 1946 et revint au pouvoir seulement en juin 1958.

Le MDB est le Mouvement de Défense de la Bicyclette, sympathique mouvement écologiste. Le RPR, Rassemblement pour la République, a été créé par Jacques Chirac en 1976.

Série 2 : (1) Président du Conseil. (2) Nouvelle Constitution, approuvée par référendum le 28 septembre 1958. (3) L'UNR, Union pour la Nouvelle République, remporta les élections législatives de novembre 1958, et le Général de Gaulle remporta les élections présidentielles de décembre 1958. (L'UDF n'existait pas à cette époque). (4) Michel Debré fut nommé Premier ministre en janvier 1959.

Série 3 : (1) L'autodétermination. (2) Accords d'Évian. (3) Suffrage universel direct (cocher deux cases). (4) Victoire sur Mitterrand aux présidentielles de décembre 1965. (5) Échec du référendum sur la régionalisation et la réforme du Sénat le 27 avril 1969.

6. Quelques exemples de pièges.

Voici des exemples de cas pouvant se révéler embarrassants pour les candidats :
– aucune réponse n'est bonne (piège par défaut),
– toutes les réponses sont bonnes ou s'imposent (piège par excès),
– une bonne réponse s'impose à l'évidence, mais une seconde peut se révéler aussi nécessaire.

Exemple 1. Cochez les titres des premières œuvres de Charles de Gaulle.

Série 1
   ❑ Les Conquérants
   ❑ La Condition humaine
   ❑ L'Espoir
   ❑ La Voie royale

Il ne fallait cocher aucune case. Toutes ces œuvres sont d'André Malraux.

Série 2
   ❑ La discorde chez l'ennemi
   ❑ Le Fil de l'épée
   ❑ Vers l'armée de métier
   ❑ La France et son armée

Il fallait cocher toutes les cases.

NB : En toute rigueur, pour ces premières œuvres, il ne faut pas écrire « le Général de Gaulle ». À l'époque où il les a écrites, il avait des grades allant de capitaine à colonel.

Exemple 2. Cochez sur ces listes les noms des Premiers ministres nommés par le Général de Gaulle.

Série 1
   ❑ Vincent Auriol   ❑ Léon Blum
   ❑ René Coty   ❑ Edgar Faure
   ❑ René Pleven   ❑ Robert Schuman

Il ne fallait cocher aucune case. Vincent Auriol et René Coty ont été Présidents de la IVe République. Les autres ont été Présidents du Conseil.

Série 2

❏ Michel Debré ❏ Georges Pompidou
❏ Maurice Couve de Murville

Il fallait cocher les trois cases : ce sont bien, dans l'ordre chronologique, les trois Premiers ministres nommés par le Général de Gaulle de 1959 à 1968-69.

Exemple 3. Où le Général de Gaulle est-il né ?

❏ à Colombey ❏ à Lille ❏ à Paris
❏ en Lorraine ❏ dans le Nord

Si vous le savez, il faut cocher Lille. Mais ne pas oublier le Nord, puisque Lille est le chef-lieu de ce département.

Exemple 4. Cochez les lieux liés à l'histoire du Général de Gaulle.

❏ Brazzaville ❏ Colombey-les-deux-Églises
❏ Lille ❏ Paris
❏ Le Petit-Clamart

Il fallait cocher toutes les cases. Brazzaville était la capitale de l'Afrique équatoriale française, ralliée à la France libre dès l'été 1940 ; lors de la Conférence de Brazzaville, en janvier 1944, le Général de Gaulle prononça un grand discours sur les rapports devant s'établir entre la France et ses colonies, annonce de la décolonisation. Au Petit-Clamart, le 22 août 1962 eut lieu un attentat perpétré par des partisans de l'Algérie française, auquel le Général de Gaulle échappa miraculeusement.

Exemple 5. Cochez les dates liées à l'histoire du Général de Gaulle.

❏ 22 novembre 1890 ❏ 18 juin 1940
❏ 24-25 août 1944 ❏ 1er juin 1958
❏ 9 novembre 1970

Outre sa date de naissance et celle de sa mort, vous trouvez l'appel du 18 juin, le jour de la Libération de Paris et celui du défilé triomphal sur les Champs-Élysées, puis la date de son investiture comme Président du Conseil. Il fallait donc cocher toutes les cases.

Autres types de QCM : les éléments à classer

Plusieurs types de **classements** peuvent vous être demandés par le jury :

– classement par ordre chronologique (des événements, des œuvres littéraires ou artistiques, des personnages historiques),

– classement géographique (exemple : le jury vous donne une liste de pays, de régions ou de villes, et il vous faut les classer du nord au sud ou de l'ouest à l'est),

– classement par ordre croissant ou décroissant (notamment pour des statistiques en économie ou en démographie ; ou encore, en géographie, pour la hauteur des sommets ou la longueur des fleuves),

– divers types de classement logique (assembler les identiques ou les analogues, chasser les intrus...).

Vous pouvez aussi avoir à effectuer des opérations croisées à partir de deux listes.

Exemple : à partir d'une liste de peintres et d'une liste d'œuvres célèbres, le jury vous demandera d'associer à chaque peintre le titre de son tableau. Idem pour des listes de romans ou essais, et des listes d'auteurs, écrivains, philosophes.

Vous trouverez divers exemples de classement logique dans notre livre de la même collection METHOD'SUP : *Les tests de raisonnement logique* par Jean-François GUÉDON et Valérie CLISSON.

Voir aussi les neuf volumes de *QCM de culture générale* dans la collection *Les Indispensables*.

PREMIERS TESTS,
POUR VOUS EXERCER

1 Tests en 40 questions Première série (*)

Prenez votre chronomètre, ou bien faites attention à votre montre ou à votre horloge. Il faut vous exercer à répondre en moins de vingt minutes.

Il s'agit de questions variées, se situant à un bon niveau A, en histoire-géographie, arts et lettres, sciences et techniques.

Elles ont été « mélangées » à volonté, comme le ferait un jury.

1. Quel pays a pour devise « Dieu et mon droit » ?
   - ❑ a. Allemagne
   - ❑ b. Belgique
   - ❑ c. France (Ancien Régime)
   - ❑ d. Grande-Bretagne

2. L'une de ces affirmations concernant Persée est fausse.
   - ❑ a. C'est le fils de Zeus et Danaé.
   - ❑ b. C'est le nom du dernier roi de Macédoine.
   - ❑ c. C'est le nom du fondateur de Persépolis.
   - ❑ d. C'est le nom d'une constellation.

3. Comment s'appelle le détroit situé entre la Russie et l'Alaska ?
   - ❑ a. Dardanelles
   - ❑ b. Détroit de Béring
   - ❑ c. Détroit du Kazakhstan
   - ❑ d. Détroit du Kamtchatka

4. Quel est le nom de la grande île située entre le Groenland et les territoires du nord du Canada ?
   - ❑ a. Baffin
   - ❑ b. Terre-Neuve
   - ❑ c. Vancouver
   - ❑ d. Victoria

(*) Les réponses et commentaires sont en p. 186.

5. Qu'est-ce que le Spitzberg ?

❏ a. une grande île norvégienne
❏ b. un grand golfe de l'Alaska
❏ c. un sommet des Alpes suisses
❏ d. une spécialité de gâteau glacé

6. L'un de ces quatre noms ne désigne pas le plus haut sommet du monde (8 850m).

❏ a. Everest
❏ b. Karakorum
❏ c. Sagarmatha
❏ d. Solmo Lungma ou Chomolungma

7. Quelle est la vitesse de la lumière ?

❏ a. 10 000 km/h
❏ b. 100 000 km/h
❏ c. 1 million km/h
❏ d. 1 milliard km/h

8. Quelle est la vitesse minimale requise pour quitter l'attraction terrestre ?

❏ a. 60 mètres par seconde
❏ b. 1 200 mètres par seconde
❏ c. 11 200 mètres par seconde
❏ d. plus de 16 000 mètres par seconde

9. Quelle est la vitesse de rotation de la Terre autour du Soleil ?

❏ a. 7 km/h
❏ b. 700 km/h
❏ c. 7 000 km/h
❏ d. 107 000 km/h

10. Quelle est, mesurée à l'Équateur, la vitesse de rotation de la Terre sur elle-même ?

❏ a. 7 km/h
❏ b. 74 km/h
❏ c. 674 km/h
❏ d. 1 674 km/h

11. Quel est le nom du télescope spatial américain placé en orbite par la navette Discovery ?

- ❏ a. Hamilton
- ❏ b. Hubble
- ❏ c. Newton
- ❏ d. Palomar

12. Quelle est la périodicité du retour de la Comète de Halley ?

- ❏ a. 7 à 8 mois
- ❏ b. 7 à 8 ans
- ❏ c. 75 à 76 ans
- ❏ d. 7 à 8 siècles

13. En quelle année a eu lieu l'accident nucléaire de Tchernobyl ?

- ❏ a. 1976
- ❏ b. 1981
- ❏ c. 1986
- ❏ d. 1991

14. Quel est le premier producteur de houille dans le monde ?

- ❏ a. Allemagne
- ❏ b. Chine
- ❏ c. États-Unis
- ❏ d. Russie

15. Quel est l'ancien nom de l'Ile Maurice ?

- ❏ a. Ile d'Angleterre
- ❏ b. Ile de Bretagne
- ❏ c. Ile de France
- ❏ d. Ile de Hollande

Quel est son statut actuel ?

- ❏ a. Colonie anglaise
- ❏ b. Colonie hollandaise
- ❏ c. État indépendant
- ❏ d. Territoire d'outre-mer français

16. Parmi ces produits pharmaceutiques, retrouvez la vitamine B 12.

- ❏ a. chlorhydrate de pyridoxine
- ❏ b. cyanocobalumine anhydre
- ❏ c. mononitrate de thiamine
- ❏ d. riboflavine

Retrouvez la vitamine PP.
- ❏ a. acétate de tocophérol
- ❏ b. acide ascorbique
- ❏ c. amide nicotinique
- ❏ d. palmitate

17. Quel est le point culminant de l'Amérique du Nord ?
- ❏ a. 4 200 m
- ❏ b. 5 200 m
- ❏ c. 6 200 m
- ❏ d. 7 200 m

18. Quel est le point culminant de l'Amérique du Sud ?
- ❏ a. 4 700 m
- ❏ b. 5 700 m
- ❏ c. 6 700 m
- ❏ d. 7 700 m

19. Quel est le point culminant de la Belgique ?
- ❏ a. 400 m
- ❏ b. 500 m
- ❏ c. 600 m
- ❏ d. 700 m

20. Liste de grandes salles d'opéras. Chassez l'intrus.
- ❏ a. Bayreuth : Festspielhaus
- ❏ b. Berlin : Deutsche Oper
- ❏ c. Salzbourg : Salzburger Festspiele
- ❏ d. Vienne : Schönbrunn

21. Trouvez sur cette liste de preux chevaliers l'un des plus célèbres compagnons de Jeanne d'Arc.
- ❏ a. François Centlivre
- ❏ b. Jean Dunois
- ❏ c. Liénart d'Amiens
- ❏ d. Bertrand Ouillon

22. Une de ces œuvres n'est pas de Shakespeare (1564-1616).
- ❏ a. Chacun dans son caractère
- ❏ b. Les Joyeuses commères de Windsor
- ❏ c. Le Marchand de Venise
- ❏ d. La Tempête

23. Une de ces œuvres n'est pas de Daniel Defoe (1660-1731).

- ❏ a. Le Capitaine Singleton
- ❏ b. Ivanhoé
- ❏ c. Moll Flanders
- ❏ d. Robinson Crusoë

24. Une de ces œuvres n'est pas de Friedrich Hegel (1770-1831).

- ❏ a. Critique de la raison pure
- ❏ b. La phénoménologie de l'esprit
- ❏ c. Encyclopédie des sciences philosophiques
- ❏ d. Leçons sur la philosophie de l'histoire

25. Quel est le nombre d'os du squelette humain ?

- ❏ a. 50
- ❏ b. 100
- ❏ c. 200
- ❏ d. 400

26. De quand date l'apparition sur la Terre des premiers mammifères ?

- ❏ a. 5 000 millions d'années
- ❏ b. 350 millions d'années
- ❏ c. 200 millions d'années
- ❏ d. 3 millions d'années

27. Quelle est la langue la plus parlée dans le monde ?

- ❏ a. Anglais
- ❏ b. Espagnol
- ❏ c. Hindi
- ❏ d. Mandarin

28. Chassez l'intruse parmi ces langues négro-africaines :

- ❏ a. bambara
- ❏ b. bouriate
- ❏ c. peulh
- ❏ d. soussois

29. Qu'est-ce que le volapük ?

- ❏ a. un oiseau préhistorique
- ❏ b. un dialecte finno-ougrien
- ❏ c. une langue internationale artificielle
- ❏ d. une pâtisserie hongroise

30. Quand la population de la Terre atteindra-t-elle son sixième milliard d'habitants ?

❏ a. c'est déjà fait
❏ b. 2008
❏ c. 2018
❏ d. 2040

31. Quel est le plus étendu de ces États européens ?

❏ a. Allemagne
❏ b. Espagne
❏ c. Norvège
❏ d. Suède

32. Quel est le plus étendu de ces quatre grands pays ?

❏ a. Brésil
❏ b. Canada
❏ c. Chine
❏ d. États-Unis

33. Quel est le nombre annuel de décès dans le monde ?

❏ a. 5 millions
❏ b. 50 millions
❏ c. 150 millions
❏ d. 500 millions

34. Quelle est la plus récente de ces grandes éruptions volcaniques ?

❏ a. Ile de Santorin (Grèce)
❏ b. Katmaï (Alaska)
❏ c. Krakatoa (Iles de la Sonde)
❏ d. Pinatubo (Philippines)

35. En 1984, une fuite d'isocyanate de méthyle a fait plus de 100 000 victimes, dont plus de 3 000 morts. Où a eu lieu cette catastrophe ?

❏ a. États-Unis
❏ b. Inde
❏ c. Italie
❏ d. U.R.S.S.

36. Une de ces œuvres n'est pas de Freud.

- ❏ a. L'interprétation des rêves
- ❏ b. Le rire
- ❏ c. Psychopathologie de la vie quotidienne
- ❏ d. Introduction à la psychanalyse

37. Un de ces films de Fritz Lang n'a pas été tourné en Allemagne.

- ❏ a. Furie
- ❏ b. M. le Maudit
- ❏ c. Métropolis
- ❏ d. Les Trois Lumières

38. Une de ces villes n'est pas sur la mer Adriatique.

- ❏ a. Ancône
- ❏ b. Florence
- ❏ c. Trieste
- ❏ d. Venise

39. Une de ces villes n'est pas en Sicile.

- ❏ a. Catane
- ❏ b. Messine
- ❏ c. Palerme
- ❏ d. Tarente

40. L'un de ces fleuves n'est pas un affluent du Pô.

- ❏ a. Adda
- ❏ b. Garigliano
- ❏ c. Tessin
- ❏ d. Trébie

2 Tests en 40 questions Deuxième série (*)

1. Qui obtint le premier prix Nobel de Physique ?

- ❏ a. Emil von Behring
- ❏ b. Albert Einstein
- ❏ c. Jacobus van't Hoff
- ❏ d. Wilhelm Roentgen

(*) Les réponses et commentaires sont en p. 191.

2. Qui fut le premier homme lancé dans l'espace ?

- ❑ a. Edwin Aldrin
- ❑ b. Neil Armstrong
- ❑ c. Youri Gagarine
- ❑ d. Alan Shepard

3. Qu'est-ce que le Colisée ?

- ❑ a. un célèbre temple d'Athènes
- ❑ b. le plus grand monument romain
- ❑ c. un grand théâtre de l'époque victorienne, au centre de Londres
- ❑ d. le plus grand gratte-ciel construit à New-York dans les années 1930

4. Combien de molaires comporte la dentition humaine ?

- ❑ a. 6
- ❑ b. 8
- ❑ c. 10
- ❑ d. 12

5. Sur cette liste de collines historiques, trouvez celle qui n'est pas romaine.

- ❑ a. Acropole
- ❑ b. Palatin
- ❑ c. Quirinal
- ❑ d. Vatican

6. En quelle année la Grande Armée de Napoléon a-t-elle pris Moscou ?

- ❑ a. 1811
- ❑ b. 1812
- ❑ c. 1813
- ❑ d. 1814

7. Quel est l'hymne national américain ?

- ❑ a. La bannière étoilée
- ❑ b. In God we trust
- ❑ c. Dixieland
- ❑ d. Remember the Alamo

8. De combien d'États se composent les États-Unis ?

- ❑ a. 46
- ❑ b. 48
- ❑ c. 50
- ❑ d. 52

9. Qu'est-ce que le Balaton ?

- ❏ a. un grand lac
- ❏ b. un grand fleuve
- ❏ c. une variété de chiens
- ❏ d. un médicament

10. Qu'est-ce que l'Appenzell ?

- ❏ a. un lac autrichien
- ❏ b. un comté des Pays-Bas
- ❏ c. une rivière allemande
- ❏ d. un canton suisse

11. Qu'est-ce que le Surinam ?

- ❏ a. un nouveau type de médicament permettant de lutter contre la migraine
- ❏ b. une ancienne colonie hollandaise
- ❏ c. un recueil de poèmes de la religion hindoue
- ❏ d. l'un des temples les plus célèbres d'Indonésie

12. Qu'est-ce que la saccharine ?

- ❏ a. une célèbre ballerine (fin du XIXe siècle)
- ❏ b. un imide sulfo-benzoïque
- ❏ c. une hormone
- ❏ d. une plante médicinale

13. Où est situé le lac de Thoune ?

- ❏ a. en Allemagne
- ❏ b. aux Pays-Bas
- ❏ c. en Irlande
- ❏ d. en Suisse

14. Quand a été réalisée la première transplantation cardiaque (= greffe du cœur) ?

- ❏ a. 1947
- ❏ b. 1957
- ❏ c. 1967
- ❏ d. 1977

15. Voici la liste des végétaux thallophytes. Chassez l'intrus.

❑ a. algues
❑ b. champignons
❑ c. lichens
❑ d. mousses

16. Quel est le pays d'origine du grand acteur et cinéaste Erich von Stroheim ?

❑ a. Allemagne
❑ b. Autriche
❑ c. États-Unis
❑ d. Suède

17. De qui est le film *Le septième sceau* ?

❑ a. Robert Aldrich
❑ b. Ingmar Bergman
❑ c. Franck Capra
❑ d. Carl Dreyer

18. Quel est le premier pays musulman du monde ?

❑ a. l'Arabie Saoudite
❑ b. le Bangladesh
❑ c. l'Indonésie
❑ d. le Pakistan

19. Quelle est la planète la plus proche du soleil ?

❑ a. Mercure
❑ b. Neptune
❑ c. Pluton
❑ d. Vénus

20. Quel traité a mis fin à la guerre de Succession d'Espagne ?

❑ a. Aix-la-Chapelle
❑ b. Paris
❑ c. Utrecht
❑ d. Versailles

21. De qui est *La Divine Comédie* ?

❏ a. Pietro Aretino (L'Arétin)
❏ b. Giovanni Boccaccio (Boccace)
❏ c. Dante Alighieri
❏ d. Francesco Petrarca (Pétrarque)

22. De qui est *Le Prince de Hambourg* ?

❏ a. Hegel
❏ b. Kant
❏ c. Kleist
❏ d. Schiller

23. De qui est *Pygmalion* ?

❏ a. Platon
❏ b. Shakespeare
❏ c. G.B. Shaw
❏ d. H.G. Wells

24. De qui est le grand roman social intitulé *Les raisins de la colère* ?

❏ a. Sinclair Lewis
❏ b. Henry Miller
❏ c. John dos Passos
❏ d. John Steinbeck

25. À quel pays appartient l'île de Karpathos ?

❏ a. Grèce
❏ b. Roumanie
❏ c. Russie
❏ d. Turquie

26. Les États-Unis sont entrés dans la Première Guerre mondiale :

❏ a. en 1915
❏ b. en 1916
❏ c. en 1917
❏ d. en 1918

27. Le lagopède est :

❏ a. une ancienne monnaie orientale
❏ b. un haut fonctionnaire assyrien
❏ c. une figure géométrique
❏ d. un gallinacé

28. Le Limpopo est :
- ❏ a. l'hymne national d'un État africain
- ❏ b. une région du Congo
- ❏ c. un affluent du Nil
- ❏ d. un fleuve d'Afrique du Sud

29. Le Kobudo est :
- ❏ a. un art martial japonais
- ❏ b. une forme de théâtre oriental
- ❏ c. une variété de poésie africaine
- ❏ d. un élément du culte vaudou

30. Les crotales antiques sont :
- ❏ a. une ancienne monnaie romaine
- ❏ b. une variété de serpents venimeux, très répandus en Sicile
- ❏ c. des chants religieux grecs
- ❏ d. des petites cymbales ou castagnettes servant notamment à accompagner les danses dans la Grèce antique

31. Lequel de ces musiciens est encore en vie ?
- ❏ a. Bob Dylan
- ❏ b. Jimi Hendrix
- ❏ c. John Lennon
- ❏ d. Jim Morrison

32. *La Montagne magique* est une œuvre de :
- ❏ a. Bertolt Brecht
- ❏ b. Hermann Hesse
- ❏ c. Ernst Jünger
- ❏ d. Thomas Mann

33. Qu'est-ce que *L'annonce faite à Marie* ?
- ❏ a. une fresque de Fra Angelico
- ❏ b. un oratorio de Jean-Sébastien Bach
- ❏ c. une pièce de Paul Claudel
- ❏ d. un roman de François Mauriac

34. L'une des plus célèbres statues de la Renaissance est *Persée avec la tête de Méduse*. Qui en est l'auteur ?
- ❏ a. Benvenuto Cellini
- ❏ b. Donatello
- ❏ c. Primatice
- ❏ d. Michel-Ange

35. Qui a écrit *Ivanhoé* ?

- ❑ a. Jane Austen
- ❑ b. Lord Byron
- ❑ c. Charles Dickens
- ❑ d. Sir Walter Scott

36. Qui a peint *Les Grandes Baigneuses* ?

- ❑ a. Paul Cézanne
- ❑ b. Salvador Dali
- ❑ c. Juan Miro
- ❑ d. Pablo Picasso

37. Le film *La Dolce Vita* a été réalisé par :

- ❑ a. Alberto Lattuada
- ❑ b. Michelangelo Antonioni
- ❑ c. Federico Fellini
- ❑ d. Roberto Rossellini

38. Voici des œuvres de grands musiciens russes. Chassez l'intrus.

- ❑ a. Apothéose de la danse
- ❑ b. Dans les steppes de l'Asie Centrale
- ❑ c. Une nuit sur le mont chauve
- ❑ d. Le sacre du printemps

39. Sur cette liste des négociateurs du Traité de Versailles (1919), chassez l'intrus.

- ❑ a. Georges Clemenceau
- ❑ b. Lloyd George
- ❑ c. Franklin Roosevelt
- ❑ d. Vittorio Orlando

40. Quel fut le Président des États-unis assassiné par John Wilkes Booth ?

- ❑ a. James Garfield (1881)
- ❑ b. John Kennedy (1963)
- ❑ c. Abraham Lincoln (1865)
- ❑ d. William Mac Kinley (1881)

Première partie

VOS DOMAINES D'ÉTUDES

1   La culture générale

Vingt grandes œuvres de la pensée européenne (*)

Il vous faut connaître les auteurs, les dates de quelques grandes œuvres.

Les réponses aux questions suivantes vous permettront de les retrouver et de les retenir.

1. Quand situez-vous le Traité d'Aristote intitulé *Politique* ?

    ❑ Avant notre ère
❑ VIIe siècle	❑ IVe siècle	❑ Ier siècle

    ❑ Au cours de notre ère
❑ Ier siècle	❑ IIe siècle	❑ IIIe siècle

2. Quand situez-vous *la Cité de Dieu* de Saint-Augustin ?

    ❑ Avant notre ère
❑ Ve siècle	❑ IIIe siècle	❑ Ier siècle

    ❑ Au cours de notre ère
❑ Ier siècle	❑ Ve siècle	❑ VIIIe siècle

3. Retrouvez le titre du chef-d'œuvre de science politique écrit par Machiavel.

❑ le Comte	❑ le Duc	❑ le Marquis
❑ le Prince	❑ le Roi	❑ le Souverain

4. Retrouvez le titre du roman politique et social écrit par Thomas More.

❑ la Chimère	❑ l'Illusion	❑ le Mirage
❑ le Rêve	❑ Rêverie d'un penseur solitaire	
❑ l'Utopie		

5. Quand situez-vous le *Petit traité de la liberté humaine*, de Martin Luther ?

❑ XIVe	❑ XVe	❑ Début du XVIe
❑ Fin du XVIe	❑ Début du XVIIe	❑ Fin du XVIIe

(*) Les réponses et commentaires sont en p. 195.

6. Qui a écrit *l'Institution de la Religion chrétienne* ?

❑ Jean Calvin   ❑ René Descartes   ❑ Martin Luther
❑ Blaise Pascal   ❑ Saint-Ignace de Loyola

7. Quand René Descartes a-t-il publié *le Discours de la Méthode* ?

❑ 1547   ❑ 1597   ❑ 1637
❑ 1657   ❑ 1697   ❑ 1747

8. Retrouvez le titre du chef-d'œuvre de Thomas Hobbes.

❑ David et Goliath   ❑ Charybde et Scylla   ❑ Léviathan
❑ Prospero   ❑ Au soir de la Pensée

9. Quand situez-vous le *Traité de théologie politique* de Baruch Spinoza ?

❑ 1370   ❑ 1470   ❑ 1570
❑ 1670   ❑ 1770

10. Quand situez-vous le *Traité sur le gouvernement civil* de John Locke ?

❑ 1490   ❑ 1590   ❑ 1690
❑ 1790   ❑ 1890

11. Retrouvez le titre du chef-d'œuvre de Montesquieu.

❑ De la Démocratie en Amérique
❑ Discours sur l'Égalité
❑ l'Esprit des Lois
❑ les Lois de l'Esprit
❑ la République moderne

12. Retrouvez le titre d'un ouvrage de Jean-Jacques Rousseau.

Discours sur l'origine de :
❑ la démocratie   ❑ l'égalité
❑ la fraternité   ❑ l'inégalité   ❑ la liberté

13. Chassez les intrus sur cette liste des auteurs et collaborateurs de *l'Encyclopédie*.

❑ D'Alembert   ❑ Descartes   ❑ Diderot
❑ Montesquieu   ❑ Rousseau   ❑ Tocqueville
❑ Voltaire

14. Trouvez une expression permettant de qualifier l'ouvrage d'Adam Smith *Recherches sur la nature et les causes de la richesse des nations.*

❑ Apologie du capitalisme libéral
❑ Critique du capitalisme
❑ Précurseur du socialisme
❑ Malthusianisme et protectionnisme

15. Trouvez le titre d'un ouvrage célèbre de Thomas Malthus.

❑ Essai sur l'entendement humain
❑ Essai sur le principe de population
❑ Essai sur les principes de la religion réformée
❑ Traité d'économie politique

16. Retrouvez le titre d'un ouvrage de Tocqueville.

❑ L'Amérique de la démocratie
❑ De la Démocratie en Amérique
❑ Des Libertés en Amérique
❑ La Révolution au pouvoir
❑ La Séparation des pouvoirs

17. Retrouvez la date du *Manifeste du Parti Communiste.*

❑ 1818   ❑ 1848   ❑ 1868
❑ 1878   ❑ 1888

18. Retrouvez le titre d'un ouvrage de Frédéric Nietzsche.

❑ L'avenir du Surhomme   ❑ Ainsi parlait Zarathoustra
❑ Le Génie de la race   ❑ La Race suprême

19. Retrouvez le titre d'un ouvrage de Keynes, en cochant trois cases.

Théorie générale de :
❑ l'analyse économique   ❑ l'économie
❑ l'emploi   ❑ l'intérêt
❑ la monnaie   ❑ la politique
❑ la synthèse politique

20. Cochez deux cases pour retrouver le titre d'un ouvrage de Lord William Beveridge.

❑ La Sécurité sociale   ❑ Un salaire égal
❑ Du travail pour tous   ❑ La libre entreprise
❑ Dans une société libre   ❑ Dans un État moderne

Les grands penseurs en Europe, de Socrate à Einstein (*)

1. Cochez les bonnes propositions concernant **Socrate.**

❏ son père était roi
❏ sa mère était sage-femme
❏ il admirait les sophistes
❏ il resta célibataire
❏ il s'illustra comme marin
❏ il nous a laissé des œuvres écrites très variées : comédies, essais, poésies
❏ il a disparu lors d'une traversée en Méditerranée
❏ sa maxime la plus célèbre est « Connais-toi toi-même ».

2. Retrouvez le nom d'un théologien et philosophe du XIIIe siècle qui s'illustra aussi en mathématiques, astronomie et sciences de la nature.

Il fut un grand précurseur de la méthode expérimentale et de la pensée moderne.
❏ Abélard   ❏ Bacon   ❏ Boccace
❏ Sorbon

3. Quand situez-vous Didier **Erasme** ?

❏ 1469-1536   ❏ 1494-1553   ❏ 1553-1610
❏ 1564-1616

Chassez l'intruse parmi ses œuvres :
❏ *Essai sur le libre arbitre*
❏ *L'Éloge de la Folie*
❏ *L'Institution du Prince chrétien*
❏ *Le Manuel du Chevalier chrétien*
❏ *L'Utopie*

4. Sachant que **Copernic** étudia à Cracovie, retrouvez sa nationalité.

❏ allemand   ❏ anglais   ❏ français
❏ polonais   ❏ russe   ❏ ukrainien

5. Cochez la profession du père de **Galilée.**

❏ astronome   ❏ mathématicien
❏ musicien   ❏ physicien
Précision : les trois autres fonctions ont été exercées par Galilée lui-même.

(*) Les réponses et commentaires sont en p. 196.

6. Quelle reine célèbre fréquenta René **Descartes** ?

  ❏ Elisabeth d'Angleterre   ❏ Christine de Suède
  ❏ Marie-Thérèse d'Autriche   ❏ Marie Stuart
  ❏ la Reine Antoinette

7. Cochez les dates de naissance et décès de Blaise **Pascal.**

  ❏ 1475   ❏ 1525   ❏ 1583
  ❏ 1623   ❏ 1662   ❏ 1713
  ❏ 1756   ❏ 1792   ❏ 1823
  ❏ 1886

8. À quel fruit est associé le nom de **Newton** ?

  ❏ la banane   ❏ la cerise   ❏ la poire
  ❏ la pomme   ❏ aucun fruit particulier
  ❏ un légume : la pomme de terre

9. Montesquieu publia l'un des premiers chefs-d'œuvre de la science politique *De l'esprit des lois*. En quelle année ?

  ❏ 1548   ❏ 1648   ❏ 1748
  ❏ 1788   ❏ 1848

10. Sous quel nom est connu François-Marie **Arouet** ?

  ❏ Diderot   ❏ Montesquieu   ❏ Rousseau
  ❏ Voltaire

Combien de temps vécut-il ?
  ❏ 38 ans   ❏ 54 ans   ❏ 68 ans
  ❏ 84 ans

11. Chassez l'intruse parmi ces œuvres de Jean-Jacques **Rousseau.**

  ❏ Le Contrat social
  ❏ Confessions
  ❏ Candide
  ❏ Emile
  ❏ Discours sur les Sciences et les Arts
  ❏ Discours sur l'origine de l'inégalité
  ❏ Julie ou la Nouvelle Héloïse
  ❏ Les rêveries du promeneur solitaire

12. Denis **Diderot**, écrivain et philosophe, consacra un labeur ardent à de nombreux domaines des sciences. Il en fut distrait seulement par un voyage auprès d'une grande impératrice. En quel pays ?

❑ Allemagne ❑ Autriche ❑ Russie
❑ Suède

13. De quelle nationalité était Emmanuel **Kant** ?

❑ allemand ❑ anglais ❑ autrichien
❑ français ❑ suisse ❑ autre

14. En quelle période situez-vous **Goethe** ?

❑ 1649-1715 ❑ 1689-1755 ❑ 1749-1832
❑ 1832-1889 ❑ 1869-1944

15. Voici la liste des œuvres de Friedrich **Engels**. Cochez sur cette liste celles qui sont communes avec Karl Marx.

❑ 1 – Esquisse d'une critique de l'économie politique
❑ 2 – La situation de la classe laborieuse en Angleterre
❑ 3 – La Sainte famille
❑ 4 – L'idéologie allemande
❑ 5 – Le Manifeste du parti communiste
❑ 6 – La guerre des paysans
❑ 7 – La campagne pour la constitution du Reich
❑ 8 – Révolution et contre-révolution en Allemagne
❑ 9 – La guerre civile aux États-Unis
❑ 10 – La question militaire en Prusse et le parti ouvrier allemand
❑ 11 – Critique des programmes de Gotha et d'Erfurt
❑ 12 – La Dialectique de la nature
❑ 13 – Le Capital (derniers tomes)

16. Cochez les intruses parmi les œuvres suivantes de Karl **Marx**.

a) jusqu'à 1848
❑ Sur la question juive
❑ Contribution à la critique de la philosophie du droit de Hegel
❑ Critique de la raison pure
❑ Critique de la raison pratique
❑ Misère de la philosophie
❑ Le Manifeste du parti communiste
❑ La Sainte famille
❑ L'idéologie allemande

b) de 1848 à 1883

- ❏ Travail salarié et capital
- ❏ Contribution à la critique de l'économie politique
- ❏ Le fil de l'épée
- ❏ Le Capital (premier tome en 1867)
- ❏ La lutte de classes en France
- ❏ Le 18 Brumaire de Louis Bonaparte
- ❏ La guerre civile en France en 1871
- ❏ Vers l'armée de métier
- ❏ Critique des programmes de Gotha et d'Erfurt

17. Trouvez l'intruse parmi ces œuvres de Frédéric **Nietzsche.**

- ❏ L'origine de la tragédie (1872)
- ❏ L'année terrible (1872)
- ❏ Considérations inactuelles (1873-1876)
- ❏ Humain trop humain (1878)
- ❏ Aurores (1881)
- ❏ Le Gai Savoir (1883-1887)
- ❏ Par-delà le bien et le mal (1886)
- ❏ La généalogie de la morale (1887)
- ❏ Le crépuscule des idoles
- ❏ L'Antéchrist
- ❏ Le cas Wagner
- ❏ Ecce Homo (1888)
- ❏ Ainsi parlait Zarathoustra (1883-1885)

18. De quelle nationalité était Sigmund **Freud** ?

❏ allemand	❏ autrichien	❏ russe
❏ suisse	❏ tchèque	

19. De quelle nationalité était **Bergson** ?

❏ allemand	❏ anglais	❏ autrichien
❏ français	❏ norvégien	❏ suédois

20. Cochez la nationalité d'origine d'Albert **Einstein**, puis celle qu'il a acquise.

❏ allemand	❏ américain	❏ anglais
❏ français	❏ italien	❏ russe

Vingt personnalités marquantes du XXe siècle en Europe (*)

Beaucoup de classifications sont possibles. Voici celles que nous avons retenues :

– les héros des deux guerres ;

– les monstres de l'histoire ;

– les hommes de l'Est ;

– les bâtisseurs de l'Europe.

Bien entendu, d'autres catégories encore mériteraient d'être retenues, notamment :

– les grands penseurs,

– les hommes de lettres ;

– les artistes ;

– les grands savants...

Des Q.C.M. particuliers leur sont consacrés.

Vous pouvez en poursuivre le recensement, et vous constituer des fichiers personnels.

Remarque sur l'intitulé et le choix des personnalités.

Nous avons écrit « personnalités marquantes » et non pas « grands hommes » ou « personnages illustres ».

En effet, nous devions logiquement faire figurer Mussolini, Hitler ou Staline qui ont bien marqué le XXe siècle, mais de façon sanglante.

Il fallait bien retenir leur nom, sinon on nous aurait reproché de les avoir oubliés. Malgré le culte dont ils ont été l'objet dans leur pays, voire sur la scène internationale, nous ne pouvons les qualifier de « grands hommes ».

Pour respecter la morale et l'histoire, il aurait fallu les faire figurer dans une série « les monstres de l'humanité ».

(*) Les réponses et commentaires sont en p. 199.

Heureusement quand même, on ne peut constituer une liste particulière de dix ou vingt monstres de cet acabit (...si ce n'est en reprenant les noms de leurs séides).

△ *Les héros des deux guerres*
Georges Clemenceau
Winston Churchill
Charles de Gaulle

△ *Les Monstres de l'histoire*
Hitler
Mussolini
Staline

△ *Les hommes de l'Est*
Lénine
Khrouchtchev
Gorbatchev
Eltsine
Lech Walesa
Jean-Paul II

△ *Les bâtisseurs de l'Europe*
Konrad Adenauer
Willy Brandt
Helmut Kohl
Alcide de Gasperi
Paul-Henri Spaak
Jean Monnet
Robert Schuman
Jacques Delors

1. Où est né Georges Clemenceau ?

❏ Alsace ❏ Lorraine ❏ Vendée

Quand a-t-il été rappelé au pouvoir ?
❏ 1914 ❏ 1915 ❏ 1916
❏ 1917 ❏ 1918

Quels furent ses partenaires pour la négociation du Traité de Versailles ?
❏ Churchill ❏ Hitler ❏ Lloyd George
❏ Orlando ❏ Roosevelt ❏ Wilson

Trois noms à cocher.

Fut-il élu Président de la République ?
❏ oui   ❏ non

2. Quelles furent les fonctions exercées par Winston Churchill ?

❏ Ambassadeur à Paris
❏ Secrétaire de l'Amirauté
❏ Ministre des munitions
❏ Ministre de la guerre
❏ Chancelier de l'Échiquier
❏ Premier Lord de l'Amirauté
❏ Premier ministre
❏ Secrétaire général de l'O.N.U.
❏ Président de la Commission de la C.E.E.

Que se passa-t-il aux élections de 1945 ?
❏ Il remporta un triomphe
❏ Il fut battu par les travaillistes
❏ Il avait déjà arrêté définitivement toute activité politique

Quels étaient ses passe-temps favoris ?
❏ l'alpinisme   ❏ le cyclotourisme   ❏ l'histoire
❏ la peinture   ❏ la pétanque

3. Quelle est la ville natale de Charles de Gaulle ?

❏ Bordeaux   ❏ Colombey-les-deux-Églises
❏ Lille   ❏ Paris   ❏ Strasbourg

Par quelle grande école est-il passé ?
❏ E.N.A   ❏ E.N.S   ❏ Polytechnique
❏ Saint-Cyr

Cochez les propositions exactes :
❏ De Gaulle fut nommé ministre de la Défense en 1938
❏ Il partit à Londres en 1939
❏ Il devint chef du Gouvernement provisoire en 1940
❏ Il démissionna en 1944
❏ Il reprit le pouvoir en 1946

4. Où est né Adolf Hitler ?

❏ en Autriche   ❏ en Bavière   ❏ à Berlin
❏ en Prusse Orientale

S'est-il toujours appelé Hitler ?
❏ oui   ❏ non

À quelle école s'était-il destiné ?
❏ Administration ❏ Beaux-Arts ❏ Ingénieur
❏ Polytechnique ❏ Ponts et chaussées ❏ Musique
❏ Conservatoire d'art dramatique

Chassez les intrus parmi ces premiers compagnons d'Hitler au parti nazi.
❏ Goering ❏ Guderian ❏ Hess
❏ Rommel ❏ Rosenberg ❏ Goebbels

Quand Hitler est-il devenu Chancelier du Reich ?
❏ 1913 ❏ 1923 ❏ 1933
❏ 1943

5. En quelle année est né Mussolini ?

❏ 1873 ❏ 1883 ❏ 1899
❏ 1903

Dans quel parti a-t-il milité au cours de ses jeunes années ?
❏ communiste ❏ fasciste ❏ socialiste

A-t-il participé à la Première Guerre mondiale ?
❏ oui ❏ non

De quand date le parti fasciste ?
❏ 1901 ❏ 1911 ❏ 1921
❏ 1931 ❏ 1941

Quel titre s'est-il attribué ?
❏ Avanti ❏ Cesar ❏ Condottiere
❏ Duce

Quand a-t-il pris le pouvoir ?
❏ 1902 ❏ 1912 ❏ 1922
❏ 1932 ❏ 1942

Qu'est-ce que le Pacte d'Acier ?
❏ un pacte conclu avec les industriels d'Italie du Nord
❏ un pacte conclu avec Staline, l'« homme d'acier ».
❏ un pacte conclu avec Hitler en 1939.

6. Sous quel nom est né Staline ?

❏ Alexandre Borodine
❏ Joseph Vissarionovitch Djougatchvili
❏ Alexandre Konstantinovitch Glazounov
❏ Mikhaïl Ivanovitch Glinka
❏ Alexandre Nicolaïevitch Scriabine

Où effectua-t-il ses études ?
❏ dans une école d'ingénieurs
❏ aux Beaux-Arts
❏ au séminaire orthodoxe
❏ à la faculté de Droit
❏ à l'académie militaire

Quelles furent ses premières hautes fonctions politiques ?
❏ Commissaire aux Sports
❏ Commissaire du peuple aux Nationalités
❏ Inspecteur général des Armées
❏ Directeur de la Police secrète

En quelle année devint-il Secrétaire général du Parti Communiste ?
❏ 1902   ❏ 1912   ❏ 1922
❏ 1932   ❏ 1942   ❏ 1952

7. Sous quel nom est né Lénine ?

❏ Ivan Alexeïevitch Bounine
❏ Mikhaïl Alexandrovitch Cholokhov
❏ Vladimir Ilitch Oulianov
❏ Alexandre Sergueïevitch Pouchkine
❏ Ivan Sergueïevitch Tourgueniev

Retrouvez le titre d'un ouvrage politique important ?
❏ que choisir ?   ❏ que dire ?   ❏ que faire ?
❏ que sais-je ?

Chassez l'intruse parmi ses œuvres :
❏ Le Développement du capitalisme en Russie
❏ Matérialisme et Empiriocriticisme
❏ Du Droit des nations à l'autodétermination
❏ L'État et la Révolution
❏ L'Ordre de Lénine
❏ Le Gauchisme, maladie infantile du Communisme

8. Situez Nikita Khrouchtchev.

❏ 1854-1921   ❏ 1874-1951   ❏ 1894-1971
❏ 1914-1991

Quand est-il devenu Premier Secrétaire du Parti communiste ?
❏ 1903   ❏ 1923   ❏ 1943
❏ 1953   ❏ 1973

Quand a-t-il quitté le pouvoir ?
❏ 1924   ❏ 1934   ❏ 1944
❏ 1954   ❏ 1964

Par quelle politique s'est-il particulièrement illustré ?
❏ la désinflation   ❏ la décentralisation   ❏ la dékoulakisation
❏ la déstalinisation ❏ la restalinisation
❏ la réouverture des Églises
❏ la redistribution des terres aux paysans

9. Retrouvez l'année de naissance de Mikhaïl Gorbatchev.

❏ 1891   ❏ 1911   ❏ 1931
❏ 1951

Quand devint-il Secrétaire général du Parti communiste de l'Union soviétique ?
❏ 1945   ❏ 1955   ❏ 1965
❏ 1975   ❏ 1985

Quand dut-il quitter le pouvoir ?
❏ 1971   ❏ 1981   ❏ 1991
❏ 1996   ❏ Il est toujours président en titre de l'URSS.

Lui arriva-t-il d'être déclaré incapable, « pour raisons de santé », d'exercer le pouvoir ?
❏ oui   ❏ non

Quels ont été les deux maîtres-mots de sa politique ?
❏ assouplissement   ❏ décentralisation   ❏ démocratie
❏ libéralisme   ❏ populisme   ❏ restructuration
❏ transparence   ❏ vérité

A-t-il obtenu un prix Nobel ?
❏ oui   ❏ non

10. Retrouvez l'année de naissance de Boris Eltsine.

❏ 1921   ❏ 1931   ❏ 1941
❏ 1951   ❏ 1961

Quand fut-il élu Président du Parlement en Russie ?
❏ 1960   ❏ 1970   ❏ 1980
❏ 1990

Quand fut-il élu Président de la Fédération de Russie ?
❏ 1961   ❏ 1971   ❏ 1981
❏ 1991   ❏ Il n'a jamais occupé ces fonctions

A-t-il obtenu un Prix Nobel ?
❑ oui   ❑ non

11. Quelle est la nationalité de Lech Walesa ?

❑ hongroise   ❑ polonaise   ❑ serbe
❑ slovaque   ❑ tchèque

Quel est son métier d'origine ?
❑ ajusteur   ❑ électricien   ❑ fraiseur
❑ secrétaire   ❑ tourneur

Dans quelle ville travaillait-il ?
❑ Belgrade   ❑ Bratislava   ❑ Budapest
❑ Cracovie   ❑ Gdansk   ❑ Prague
❑ Sarajevo

A-t-il obtenu un Prix Nobel ?
❑ oui   ❑ non

Quand est-il devenu Chef de l'État dans son pays ?
❑ 1960   ❑ 1970   ❑ 1980
❑ 1990

12. Quelle est la nationalité d'origine du Pape Jean-Paul II ?

❑ albanaise   ❑ allemande   ❑ balte
❑ hongroise   ❑ polonaise   ❑ roumaine
❑ slovaque   ❑ tchèque

Quel était son nom ?
❑ Jerzy Andrzewski   ❑ Tadeus Borowski
❑ Witold Gombrowicz   ❑ Janusz Korczak
❑ Henryk Sienkiewicz   ❑ Stanislas Witkiewicz
❑ Karol Wojtyla   ❑ Andrzej Zulawski

Quand a-t-il été élu Pape ?
❑ 1958   ❑ 1968   ❑ 1978
❑ 1988

13. Retrouvez l'année de naissance de Konrad Adenauer.

❑ 1856   ❑ 1876   ❑ 1906
❑ 1936

De quelle grande ville fut-il maire ?
❑ Berlin   ❑ Cologne   ❑ Francfort
❑ Hambourg   ❑ Munich

Quel parti a-t-il dirigé ?
- ❏ démocrate-chrétien (CDU)
- ❏ chrétien-social (CSU)
- ❏ extrême-droite (NPD)
- ❏ ligue chrétienne
- ❏ social-démocrate (SPD)

Quand devint-il Chancelier ?

❏ 1939	❏ 1949	❏ 1959
❏ 1969		

Combien de temps le resta-t-il ?

❏ 4 ans	❏ 6 ans	❏ 8 ans
❏ 12 ans	❏ 14 ans	

Avec quel Président français entretint-il des liens particulièrement étroits ?

❏ Lebrun	❏ Auriol	❏ Coty
❏ De Gaulle	❏ Pompidou	❏ Giscard
❏ Mitterrand		

14. Willy Brandt portait-il un nom d'emprunt ?

❏ oui	❏ non

Où avait-il émigré à l'avènement du nazisme ?

❏ France	❏ Norvège	❏ Palestine
❏ URSS		

Au sein de quel parti a t-il milité ?

❏ chrétien-démocrate	❏ communiste
❏ libéral	❏ social-démocrate

Fut-il maire d'une ville importante ?

❏ oui	❏ non

Si oui laquelle ?

❏ Bonn	❏ Hambourg	❏ Munich
❏ Berlin-Ouest		

Combien de temps fut-il chancelier de la République fédérale ?

❏ 1 an	❏ 5 ans	❏ 10 ans
❏ 15 ans	❏ il ne fut jamais chancelier	

A-t-il obtenu le prix Nobel de la Paix ?

❏ oui	❏ non

15. Retrouvez la date de naissance d'Helmut Kohl.

❏ 1910 ❏ 1920 ❏ 1930
❏ 1950

À quel parti appartient-il ?
❏ CDU ❏ CSU ❏ SPD
❏ aucun parti

Quand est-il devenu chancelier ?
❏ 1952 ❏ 1962 ❏ 1972
❏ 1982 ❏ 1992

16. Quelle était la nationalité d'Alcide De Gasperi ?

❏ belge ❏ française ❏ italienne
❏ luxembourgeoise

À quel parti appartenait-il ?
❏ démocratie chrétienne ❏ parti communiste
❏ parti libéral ❏ parti socialiste

À quelle « Internationale » fut-il accusé d'appartenir ?
❏ blanche ❏ rose ❏ rouge
❏ noire

17. Quelle était la nationalité de Paul-Henri Spaak ?

❏ anglaise ❏ belge ❏ française
❏ luxembourgeoise ❏ néerlandaise

Cochez la fonction qu'il n'a pas exercée :
❏ Ministre des Affaires étrangères
❏ Premier ministre
❏ Président de l'Assemblée consultative du Conseil de l'Europe
❏ Président de la C.E.C.A.
❏ Secrétaire général de l'O.N.U.
❏ Secrétaire général de l'O.T.A.N.

18. Retrouvez l'année de naissance de Jean Monnet.

❏ 1868 ❏ 1878 ❏ 1888

Dans quelle organisation internationale exerça-t-il très jeune de hautes responsabilités ?
❏ C.E.C.A. ❏ C.E.E. ❏ O.N.U.
❏ S.D.N. ❏ U.N.E.S.C.O.

Quel organisme a-t-il créé auprès du général de Gaulle ?
❑ le Commissariat au Plan   ❑ la D.A.T.A.R.
❑ l'E.N.A.   ❑ le District de la Région parisienne

19. À quel parti appartenait Robert Schuman ?

❑ M.R.P.   ❑ P.C.   ❑ S.F.I.O.
❑ U.D.S.R.

Un des actes fondateurs de l'Union européenne est une *Déclaration* qu'il a prononcée sous l'inspiration de Jean Monnet. À quelle date ?
❑ 1930   ❑ 1940   ❑ 1950
❑ 1960

Où ?
❑ à l'Élysée   ❑ à Matignon
❑ dans la Cour carrée du Louvre   ❑ au salon de l'horloge
❑ à l'O.N.U.   ❑ devant le Parlement britannique

20. Retrouvez la date de naissance de Jacques Delors.

❑ 1905   ❑ 1915   ❑ 1925
❑ 1945   ❑ 1955

Cochez les fonctions qu'il a occupées :
❑ Chef de service à la Banque de France
❑ Chef du Service des Affaires sociales au Commissariat général du Plan
❑ Secrétaire général du Comité interministériel pour la Formation professionnelle et la promotion sociale.
❑ Conseiller du Premier ministre Jacques Chaban-Delmas
❑ Professeur associé de gestion des entreprises à l'Université de Paris IX-Dauphine
❑ Fondateur du Club Échanges et Projets
❑ Parlementaire européen
❑ Ministre de l'Économie et des Finances
❑ Ministre des Affaires Étrangères
❑ Premier ministre
❑ Président de la Commission des communautés européennes

Est-ce à lui qu'est dû l'Acte unique européen ?
❑ oui   ❑ non

Est-ce qu'un ensemble de mesures importantes a été dénommé « paquet Delors » ?
❑ oui   ❑ non

Y a-t-il eu un accord important sur l'Espace économique européen ?
❏ oui ❏ non

A-t-il une fille célèbre ?
❏ oui ❏ non

Vingt personnalités marquantes du XXe siècle dans le monde (*)

Depuis la Seconde Guerre mondiale, le Président des États-Unis d'Amérique est considéré comme l'homme le plus puissant du monde. Il faut donc bien connaître les principaux présidents depuis Franklin Delano Roosevelt.

Nous en traitons donc huit. Pour mémoire, nous mentionnons seulement les moins glorieux : Gerald Ford (1974-1976), Jimmy Carter (1976-1980), Lyndon Johnson (1964-1968).

1. Quand situez-vous Franklin Roosevelt ?

❏ 1872-1940 ❏ 1882-1945 ❏ 1892-1950
❏ 1900-1964

Cochez les années au cours desquelles il a été élu :
❏ 1924 ❏ 1928 ❏ 1932
❏ 1936 ❏ 1940 ❏ 1944
❏ 1948 ❏ 1952

Quel fut le nom donné à son programme économique et social contre la grande crise ?
❏ Brain Trust ❏ Congress Act ❏ New Deal
❏ New Frontier ❏ New Society

Cochez ses réalisations :
1 – ❏ Agricultural Adjustment Act (A.A.A)
2 – ❏ National Industrial Recovery Act (N.I.R.A)
3 – ❏ Kennedy Space Center (K.S.C)
4 – ❏ National Aeronautic and Space Administration (N.A.S.A)
5 – ❏ Tennessee Valley Authority (T.V.A)

(*) Les réponses et commentaires sont en p. 204.

Cochez les grandes conférences internationales auxquelles il a participé :

❑ Casablanca   ❑ Québec   ❑ Le Caire
❑ Téhéran   ❑ Yalta   ❑ Bandung
❑ Messine

Roosevelt avait-il une bonne santé ?
❑ oui   ❑ non

2. Truman devint-il Président sans avoir été initialement élu en cette qualité ?

❑ oui   ❑ non

Truman fut-il élu Président ?
❑ oui   ❑ non

Cochez les bonnes propositions :
❑ il s'opposa au lancement des bombes atomiques sur le Japon
❑ il lança un plan important d'aide économique à l'Europe (European Recovery Programm)
❑ il est à l'origine de la création de l'organisation du Traité de l'Atlantique nord (OTAN)
❑ il refusa d'intervenir en Corée

3. Cochez les bonnes propositions concernant Eisenhower.

Il est né en :
❑ 1860   ❑ 1890   ❑ 1920

Il entra à l'École militaire de :
❑ Harvard   ❑ M.I.T   ❑ West Point

Carrière militaire :
❑ 1942 Commandant en chef pour le débarquement en Afrique du Nord
❑ Campagne de Tunisie
❑ Campagne de Sicile
❑ Campagne du Caucase
❑ 1943 Commandant en Chef des forces alliées en Europe
❑ 1945 Débarquement en Normandie
❑ 9 mai 1945 : il reçoit la capitulation allemande à Berlin
❑ responsable des forces militaires de l'O.T.A.N en 1950

Carrière politique :
❑ investi par le parti démocrate pour les élections à la présidence
❑ élu en 1948   ❑ élu en 1952   ❑ élu en 1956
❑ élu en 1960

4. Cochez les bonnes propositions concernant le Président Kennedy.

Il est né en :
❑ 1887   ❑ 1917   ❑ 1937
❑ 1947

Son prénom était :
❑ Arthur   ❑ John   ❑ Joseph
❑ Robert

Sa famille était :
❑ catholique ❑ protestante ❑ orthodoxe
❑ descendante des Mormons

et d'origine:
❑ allemande   ❑ anglaise   ❑ irlandaise `
❑ italienne

Que fit-il pendant la Seconde Guerre mondiale ?
❑ il était trop jeune pour être mobilisé   ❑ il était trop vieux
❑ il déserta   ❑ il fut aviateur   ❑ il fut officier de
                                                marine

Il fit carrière au parti républicain :
❑ vrai   ❑ faux

Il fut élu Président en :
❑ 1952   ❑ 1956   ❑ 1960
❑ 1964   ❑ 1968

Trouvez le thème de sa campagne :
❑ Combat pour la paix   ❑ New Deal
❑ Nouvelle frontière   ❑ République nouvelle

Où a-t-il été assassiné ?
❑ Dallas   ❑ Houston   ❑ Los Angeles
❑ San Francisco

5. Quand situez-vous Richard Nixon ?
❑ 1880-1936   ❑ 1893-1946   ❑ 1903-1970
❑ 1913-1994   ❑ Il est toujours en vie

Joua-t-il un rôle important aux États-Unis avant de devenir Président ?
❑ oui   ❑ non

A-t-il gagné les élections de 1960 ?
❑ oui   ❑ non

A-t-il gagné
❑ en 1964   ❑ en 1968   ❑ en 1972
❑ en 1976 ?

A-t-il renforcé l'intervention américaine au Vietnam ?
❑ oui   ❑ non

Dans quel scandale a-t-il été compromis ?
❑ Abbeygate   ❑ Nixongate   ❑ Rollergate
❑ Watergate

6. Quels ont été les professions exercées par Ronald Reagan ?

❑ banquier   ❑ comédien   ❑ pasteur
❑ présentateur à la télévision   ❑ reporter sportif

De quel État a-t-il été gouverneur ?
❑ Alabama   ❑ Californie   ❑ New York
❑ Texas   ❑ Arizona

Quand a-t-il été élu Président ?
❑ 1968   ❑ 1972   ❑ 1976
❑ 1980   ❑ 1984   ❑ 1988
❑ 1992

Quel a été son programme ?
❑ conservateur   ❑ progressiste   ❑ libéral sur le plan économique

❑ énergique sur le plan international   ❑ programme de repli

Quel leader soviétique a-t-il rencontré ?
❑ Gorbatchev   ❑ Khrouchtchev   ❑ Staline
❑ Trotski   ❑ Eltsine

A-t-il œuvré pour le réarmement ?
❑ oui   ❑ non

Quel scandale a entaché la fin de sa présidence ?
❑ Irakgate   ❑ Irangate   ❑ Irongate
❑ Watergate   ❑ On a révélé qu'il était toujours doublé pour les scènes importantes de ses westerns.

7. En quelle année est né Georges Bush père ?

❑ 1894   ❑ 1904   ❑ 1914
❑ 1924   ❑ 1948

Cochez les propositions exactes :
- ❏ le plus jeune pilote de l'aéronavale
- ❏ décoré pendant la guerre du Pacifique
- ❏ diplômé de Yale
- ❏ fonda une compagnie de pétrole au Texas
- ❏ élu à la fois au Sénat et à la Chambre des Représentants en 1966 et 1968
- ❏ sous l'étiquette démocrate
- ❏ nommé ambassadeur à l'O.N.U. en 1971
- ❏ élu Président du parti démocrate en 1973
- ❏ représentant des États-Unis en Chine en 1975
- ❏ directeur de la C.I.A. en 1976

(Pour vous aider : trois propositions sont fausses)

A-t-il été Vice-Président ?
❏ oui   ❏ non

Quand a-t-il été élu Président ?
❏ 1980   ❏ 1984   ❏ 1988
❏ 1992   ❏ 1996   ❏ 2000

8. Quand est né Bill Clinton ?
❏ 1916   ❏ 1926   ❏ 1936
❏ 1946   ❏ 1956

De quel État a-t-il été gouverneur ?
❏ Alabama   ❏ Arkansas   ❏ Californie
❏ Virginie

Quand a-t-il été élu Président ?
❏ 1984   ❏ 1988   ❏ 1992
❏ 1996   ❏ 2000

Quel est le prénom de son épouse ?
❏ Barbara   ❏ Hillary   ❏ Jackie
❏ Pamela   ❏ Marylin   ❏ Madona

Qui a-t-il choisi comme Vice-Président ?
❏ Warren Christopher   ❏ Al Gore
❏ Dan Quayle   ❏ Henry Ross Perot

9. Quand situez-vous Peron ?
❏ 1895-1945   ❏ 1895-1974   ❏ 1895-1995
❏ Né en 1915, il est toujours en vie

Quel pays a-t-il dirigé ?
❏ Albanie   ❏ Argentine   ❏ Brésil
❏ Cuba   ❏ Mexique

Sa femme fut une héroïne très populaire. Quel était son prénom ?
❏ Alba　　　　　　❏ Eva　　　　　　❏ Isabelle
❏ Maria　　　　　　❏ Monica　　　　　❏ Teresa

10. Quand situez-vous Fidel Castro ?

❏ 1907-1957　　　❏ 1917-1968　　　❏ 1927-1988
❏ Né en 1927, il est toujours en vie

Quand a-t-il pris le pouvoir ?
❏ 1939　　　　　　❏ 1949　　　　　　❏ 1959
❏ 1969

Trouvez le nom d'un de ses compagnons de guerre.
❏ Batista　　　　　❏ Che Guevara　　❏ Noriega
❏ Peron　　　　　　❏ Bolivar

La C.I.A. aida des réfugiés anticastristes à tenter un débarquement en 1961. Où ?
❏ Baie des Anges　　❏ Baie des Baigneurs　❏ Baie des Cochons

L'U.R.S.S. voulut implanter à Cuba des fusées nucléaires. Mais Kennedy en obtint le retrait. En quelle année ?
❏ 1942　　　　　　❏ 1952　　　　　　❏ 1962
❏ 1972　　　　　　❏ 1982

11. Sous quel nom était né Tito ?

❏ Broz　　　　　　❏ Dubrovnik　　　❏ Travnik
❏ Tuzla　　　　　　❏ sous le nom de Tito
❏ sous un nom inconnu : c'était un enfant trouvé.

Quand le situez-vous ?
❏ 1872-1944　　　❏ 1882-1954　　　❏ 1892-1980
❏ 1912-1992　　　❏ né en 1922, il est toujours vivant.

Fit-il la guerre de 1914 ?
❏ oui　　　　　　　❏ non

Dans quel parti a-t-il milité ?
❏ communiste　　　❏ démocrate　　　❏ libéral
❏ socialiste　　　　❏ voulant être maréchal, il se consacra exclusivement à sa carrière militaire, et ne milita dans aucun parti.

A-t-il pris part à la guerre d'Espagne ?
❏ oui　　　　　　　❏ non

A-t-il combattu pendant la Seconde Guerre mondiale ?
❏ non ❏ oui, dans l'Armée rouge
❏ dans l'armée allemande
❏ dans la guerilla yougoslave
❏ dans les Forces françaises libres

Quelles furent ses fonctions en 1944 ?
❏ Il était en prison en Allemagne
❏ Il était au Goulag en Sibérie
❏ Il devint Président du Conseil

A-t-il toujours été un féal de Staline ?
❏ oui ❏ non

12. Quand situez-vous Gamal Abdel Nasser ?

❏ 1858-1918 ❏ 1888-1940 ❏ 1918-1970
❏ 1938-1990 ❏ né en 1948, il est toujours en vie

Avec les « officiers libres », il renversa le roi Farouk. En quelle année ?
❏ 1912 ❏ 1922 ❏ 1932
❏ 1952 ❏ 1972 ❏ 1982

Quand a-t-il nationalisé le Canal de Suez ?
❏ 1916 ❏ 1926 ❏ 1936
❏ 1946 ❏ 1956 ❏ 1966

Cochez les dates de deux défaites militaires graves.
❏ 1936 ❏ 1946 ❏ 1956
❏ 1967 ❏ 1977 ❏ 1987

Avec quel pays a-t-il formé une « République arabe unie ? »
❏ Arabie ❏ Irak ❏ Iran
❏ Israël ❏ Syrie

Comment est-il mort ?
❏ de vieillesse ❏ des suites d'une longue maladie
❏ de mort subite ❏ assassiné par les Frères musulmans
❏ il est toujours en vie.

13. Quand situez-vous Patrice Lumumba ?

❏ 1915-1965 ❏ 1925-1961 ❏ 1925-1975
❏ 1935-1995 ❏ Né en 1945, il est toujours en vie

Quelle est sa nationalité ?
- ❏ angolais
- ❏ africain du Sud
- ❏ brésilien
- ❏ congolais

14. Quand situez-vous Nelson Mandela ?

- ❏ 1868-1948
- ❏ 1898-1978
- ❏ 1918-1988
- ❏ Né en 1918, il est toujours en vie

D'où est-il originaire ?
- ❏ Angola
- ❏ Congo
- ❏ Nigeria
- ❏ Transkei

De quelle famille ?
- ❏ esclaves
- ❏ famille princière
- ❏ ouvriers mineurs
- ❏ fils de pasteur

Quand a-t-il pris le pouvoir ?
- ❏ 1954
- ❏ 1974
- ❏ 1994
- ❏ Il n'a jamais été au pouvoir

A-t-il obtenu un prix Nobel ?
- ❏ oui
- ❏ non

15. Quand situez-vous David Ben Gourion ?

- ❏ 1854-1913
- ❏ 1874-1933
- ❏ 1874-1953
- ❏ 1874-1973

Quand proclama-t-il l'indépendance de l'État d'Israël ?
- ❏ 1908
- ❏ 1918
- ❏ 1938
- ❏ 1948
- ❏ 1958
- ❏ 1968

16. Retrouvez la date de naissance de Mao-Tsé-Toung :

- ❏ 1873
- ❏ 1893
- ❏ 1913
- ❏ 1933

et celle de sa mort :
- ❏ 1956
- ❏ 1966
- ❏ 1976
- ❏ 1986
- ❏ 1996

Quel fut son premier emploi ?
- ❏ bibliothécaire
- ❏ ingénieur
- ❏ moine
- ❏ officier

Joua-t-il un rôle dès la constitution du parti communiste chinois ?
- ❏ oui
- ❏ non

Fut-il toujours l'adversaire du Kuo-Min-Tang ?
❏ oui   ❏ non
(mouvement nationaliste longtemps dirigé par Tchang-Kaï-Chek)

Quand situez-vous l'épisode de la « longue marche » ?
❏ 1914   ❏ 1924   ❏ 1934
❏ 1944

De quand date la proclamation de la République populaire chinoise ?
❏ 1929   ❏ 1939   ❏ 1949
❏ 1959

Quel est le titre le plus connu de Mao-Tsé-Toung ?
❏ le Petit livre blanc ❏ le Petit livre noir
❏ le Petit livre rouge ❏ mon Combat   ❏ Que faire ?

17. Chou-en-laï fut l'un des plus connus des compagnons de Mao-Tsé-Toung.

Fit-il des études en France ?
❏ oui   ❏ non

Fut-il toujours fidèle à Mao ?
❏ oui   ❏ non

18. Quand situez-vous Gandhi ?

❏ 1819-1898   ❏ 1859-1938   ❏ 1869-1948
❏ 1909-1968   ❏ 1919-1991

Quel fut son premier métier ?
❏ ambassadeur   ❏ avocat   ❏ moine
❏ officier

Comment fut-il surnommé ?
❏ Gujerat   ❏ Maharashtra   ❏ Mahatma
❏ Pendjab   ❏ Rajasthan   ❏ Sikkim

Quand l'Inde a-t-elle obtenu son indépendance ?
❏ 1917   ❏ 1927   ❏ 1937
❏ 1947   ❏ 1957

Comment a-t-il fini ?
❏ Gandhi a été assassiné
❏ Il s'est suicidé
❏ Il a été condamné à mort
❏ Il a été tué dans un accident d'automobile

19. Quand situez-vous Nehru ?

❏ 1859-1914   ❏ 1869-1934   ❏ 1879-1944

❏ 1889-1964   ❏ 1919-1984   ❏ Né en 1920, il est toujours en vie

Cochez les bonnes propositions :

❏ ami de Gandhi   ❏ ennemi de Gandhi   ❏ fils d'Indira Gandhi

❏ fut le Premier ministre de l'Inde   ❏ refusa d'écrire en anglais

Comment était-il appelé ?

❏ Atharva   ❏ Pandit   ❏ Rig Veda

❏ Sama   ❏ Yajour

20. Quand situez-vous Indira Gandhi ?

❏ 1854-1917   ❏ 1877-1947   ❏ 1907-1957

❏ 1917-1984   ❏ 1927-1994

❏ née en 1947, elle est toujours en vie.

Trouvez ses liens de parenté :

❏ femme de Gandhi   ❏ fille de Gandhi   ❏ femme de Nehru

❏ fille de Nehru   ❏ femme de Rajiv Gandhi

❏ fille de Rajiv Gandhi   ❏ mère de Rajiv Gandhi

Quelles fonctions a-t-elle exercées ?

❏ ambassadeur en Grande-Bretagne

❏ collaboratrice de Gandhi

❏ présidente du Congrès

❏ impératrice des Indes

❏ Premier ministre

Comment est-elle décédée ?

❏ de mort naturelle

❏ assassinée par des musulmans

❏ assassinée par des sikhs

❏ assassinée par des tamouls

❏ elle est toujours en vie

2 Les Arts

Les Arts constituent depuis toujours un domaine essentiel de la culture générale.

Tout candidat aux examens et concours doit avoir des lumières sur les grands courants artistiques, les grandes époques et les grandes œuvres.

Nous vous recommandons, dans la même collection, l'ouvrage consacré aux *ARTS ET LETTRES* par M.J. GOURMELIN et D. SERRE-FLOER-SHEIM. Voir aussi la première partie du tome 1 des *QCM DE CULTURE GÉNÉRALE (Lettres et Arts)*, par J.F. GUÉDON et Isabelle de LOUPY.

Nous vous recommandons de travailler plus particulièrement sur votre discipline artistique de prédilection, sur quelques grands artistes et leurs œuvres – pour pouvoir en parler au jury lors des épreuves de conversation (le jury vous demandera souvent quel est votre artiste ou votre œuvre préféré).

D'après notre expérience des concours, les questions les plus fréquentes portent sur la peinture, la musique et le cinéma. Pensez aussi à la sculpture et à l'architecture.

Nous vous présentons maintenant des questions portant sur :

➢ les mouvements artistiques du XXe siècle,

➢ l'architecture et l'urbanisme dans le monde du XXe siècle,

➢ le cinéma et nos régions.

Vous aurez ainsi un panorama assez varié des diverses formes d'art au cours de notre siècle.

Les Mouvements Artistiques du XXe siècle (*)

Nous vous proposons trois séries de questionnaires sur :

△ La musique au XXe siècle

△ Les mouvements internationaux récents

△ Pablo Picasso

(*) Les réponses et commentaires sont en p. 212.

△ La musique au XXᵉ siècle

1. Parmi ces grands musiciens allemands, lequel est de notre siècle ?

    ❑ Jean-Sébastien Bach   ❑ Ludwig van Beethoven
    ❑ Johannes Brahms   ❑ Georg Friedrich Haendel
    ❑ Karlheinz Stockhausen   ❑ Georg Philipp Telemann
    ❑ Richard Wagner

2. Parmi ces musiciens autrichiens, quels sont ceux qui ont composé au XXᵉ siècle ?

    ❑ Alban Berg   ❑ Franz Joseph Haydn
    ❑ Wolfgang Amadeus Mozart   ❑ Arnold Schönberg
    ❑ Franz Schubert   ❑ Johann Strauss

3. Qui a composé la musique de *West Side Story* ?

    ❑ Leonard Bernstein   ❑ George Gerschwin
    ❑ Walter Piston   ❑ Quincy Porter
    ❑ Dimitri Tiomkin

4. Cochez l'intrus parmi ces musiciens français du XXᵉ siècle .

    ❑ André Boucourechliev   ❑ Pierre Boulez
    ❑ Maurice Jarre   ❑ Marcel Landowski
    ❑ Michel Legrand   ❑ Olivier Messiaen
    ❑ Jacques Offenbach   ❑ Iannis Xenakis

5. Herbert von Karajan est-il toujours en vie ?

    ❑ oui   ❑ non

6. Cochez la bonne case concernant la cantatrice Maria Callas.

    ❑ alto   ❑ contralto   ❑ mezzo
    ❑ soprano

7. Quel était le surnom de Louis Armstrong ?

    ❑ Go down Moses   ❑ Hello Dolly   ❑ Neil
    ❑ Satchmo   ❑ Fats   ❑ Dizzy

8. Trouvez les Français parmi ces musiciens de jazz.

    ❑ Louis Amstrong   ❑ Aimé Barelli   ❑ Count Basie
    ❑ Sidney Bechet   ❑ Claude Bolling   ❑ Dave Brubeck
    ❑ Cab Calloway   ❑ Ray Charles   ❑ Bill Coleman

❏ Chick Corea ❏ Fats Domino ❏ Duke Ellington
❏ Erroll Garner ❏ Dizzy Gillespie ❏ Didier Lockwood
❏ Claude Luter ❏ Thelonious Monk ❏ Jelly Roll Morton
❏ Art Pepper ❏ Michel Petrucciani ❏ Artie Shaw

9. D'où est originaire le reggae ?

❏ Angleterre ❏ Cuba ❏ Jamaïque
❏ New York

10. Chassez l'intrus sur cette liste des lieux de festivals célèbres.

❏ Dylan ❏ Hyde Park ❏ Wight
❏ Woodstock

△ Les mouvements internationaux récents

Voici une liste de mouvements, dans l'ordre alphabétique, et les définitions dans le désordre.

Rendez à chacun sa bonne définition.

Série 1

❏ Action painting ❏ Art cinétique ❏ Art cybernétique
❏ Art féministe ❏ Art pauvre

a. Les artistes intègrent dans leur œuvre un mouvement produit par un moteur. Ou encore des variations de lumière ou de pesanteur.
b. Utilisation d'ordinateurs. En Amérique : computer art.
c. Confrontation de formes et de matières avec utilisation de matériaux bruts : bois, cordes, terre.
d. Technique où le geste du peintre joue le rôle le plus important. Exemple : projections ou organisations de coulées de couleurs liquides.
e. Artistes sensualistes représentant les formes symboliques inhérentes aux femmes.

Série 2

❏ Bad painting ❏ Body Art ❏ Conceptual Art
❏ Copy Art ❏ Figuration libre

a. Activité où prédomine la réflexion sur l'art.
b. Utilisation des photocopieurs. Electrographie.
c. Exécution rapide avec des couleurs vives. S'inspire des bandes dessinées, des graffitis. Ou encore du rock, ou même de l'esprit punk.

d. Peinture apparue en réaction contre le bon goût et l'intellectualisme.

e. L'artiste se met en scène lui-même dans des actions éphémères. Utilisation de la vidéo.

Série 3

❑ Graffitisme   ❑ Hyperréalisme   ❑ Land'Art
❑ Mec'Art   ❑ Minimal Art

a. Mouvement tendant à reproduire la réalité sans aucune émotion. Notamment reproduction d'après des photos.

b. Utilisation de grands paysages (déserts, côtes, vallées, volcans... coloration des eaux des fleuves).

c. Courant voulant réduire les formes à leurs éléments les plus simples (carrés ou cubes, rectangles, parallélépipèdes...).

d. Mouvement créé par des gangs dans le Bronx. Issu des graffitis du métro de New-York. Pourrait se rattacher au Pop'Art.

e. Report photographique par sérigraphie.

Série 4

❑ Happening   ❑ Nouveau réalisme
❑ Nouvel expressionnisme   ❑ Nouvelle figuration
❑ Op'Art

a. Expression grandiloquente de l'angoisse et de la douleur.

b. Figuration narrative. Mode figuratif. Bandes dessinées, ou montages d'actualités utilisés à des fins critiques.

c. Création d'une situation ne pouvant se reproduire. Forme de spectacle pratiquée par des musiciens, plasticiens, peintres, sculpteurs.

d. Création d'illusions d'optiques par le jeu de formes géométriques.

e. Courant européen parallèle au Pop'Art, et utilisant des objets. Affiches découpées, utilisation de tubes de couleur, objets collés sur une table ou sur un mur.

Série 5

❑ Muralisme   ❑ Pop'Art   ❑ Précisionnisme
❑ Serrafisme   ❑ Zebra

a. Création d'objets surréalistes. Assemblages. Ensemble des formes prises par la culture populaire diffusée par les mass media.

b. Œuvres figuratives donnant une impression de relief.

c. Fresques et décorations sur les murs des villes.

d. Images froides, simples, voire cyniques. Cf. aussi la photo de presse.

e. Paysages urbains et industriels.

6. Quelle est la signification de TAG ?

❏ Tendresse, amour, générosité   ❏ Tous avant à gauche
❏ Trait anti-graphisme   ❏ Trans-avant-garde

△ Pablo Picasso

À l'oral des concours, vous pourrez avoir à parler d'un artiste à votre choix, ou de votre artiste préféré, ou encore des grandes œuvres qui ont votre préférence.

Beaucoup de candidats choisissent, en peinture, Claude Monet (1840-1926) et les Impressionnistes – qui ont fait assurément le plus grand honneur à l'art français.

Si le jury vous demande de choisir un artiste du XXe siècle, c'est sans doute le nom de Pablo Picasso qui s'impose : il a été l'un des artistes les plus novateurs et les plus prolifiques de tous les temps.

1. Pouvez-vous situer Pablo Picasso ?

❏ 1871-1953   ❏ 1881-1973   ❏ 1901-1993
❏ Né en 1911, il est toujours en vie

2. Situez la ville où il est né (N) et celle où il s'est établi pour ses dernières années (A).

❏ Barcelone   ❏ Madrid   ❏ Malaga
❏ Mougins   ❏ Nice   ❏ Paris
❏ Séville

3. À partir de quand a-t-il été très célèbre ?

❏ 1920   ❏ 1940   ❏ 1960
❏ 1980

4. D'après la couleur dominante de ses œuvres, rappelez les deux premières grandes périodes de l'art de Picasso (marquez 1 et 2).

❏ période bleue   ❏ période jaune   ❏ période noire
❏ période orange   ❏ période verte   ❏ période rose

5. Retrouvez le nom du bâtiment de Montmartre où il a vécu cinq ans lors de ses débuts à Paris.

❏ L'Assommoir   ❏ La Bastille   ❏ Le Bateau-Lavoir
❏ L'Hôtel du Nord   ❏ La Péniche

6. Quel est le titre du tableau considéré comme le premier du cubisme ?

❏ Lola   ❏ Les demoiselles d'Avignon
❏ Les demoiselles de Rochefort   ❏ Les parapluies de Cherbourg
❏ Une chambre en ville

7. Qui est considéré avec Picasso comme l'inventeur du cubisme ?

❏ Braque   ❏ Cézanne   ❏ Manet
❏ Monet

8. De quand date *Guernica* ?

❏ 1917   ❏ 1927   ❏ 1937
❏ 1947   ❏ 1957   ❏ 1967
❏ 1977

9. Trouvez l'intruse parmi ces œuvres de Picasso.

Série 1

❏ La Femme aux Pains   ❏ Autoportrait à la palette
❏ Les joueurs de cartes   ❏ Portrait de Gertrude Stein

Série 2

❏ Portrait d'Ambroise Vollard   ❏ Le Pigeon aux petits pois
❏ Le Port de l'Estaque   ❏ Nature morte à la chaise cannée

10. Quelles furent les diverses activités de Picasso ?

❏ céramique   ❏ lithographie
❏ sculpture   ❏ illustration de livres

11. Picasso a-t-il un musée à Paris ?

❏ oui   ❏ non

L'architecture et l'urbanisme dans le monde au XXᵉ siècle (*)

△ Les grands architectes du XXᵉ siècle

1. Trouvez l'intrus parmi ces grands architectes étrangers du XXᵉ siècle.

❏ Alvar Aalto ❏ Walter Gropius ❏ Jacques Hittorff
❏ Ludwig Mies Van des Rohe ❏ Carlos Ott
❏ Bernard Tschumi ❏ Oscar Niemeyer

2. Trouvez l'intrus parmi ces architectes célèbres.

❏ Emile Aillaud ❏ Jean Balladur ❏ Henry Bernard
❏ Georges Candilis ❏ Paul Chemetov ❏ Guillaume Gillet
❏ Jean Nouvel ❏ Dominique Perrault ❏ Christian de
                                                          Portzamparc
❏ Roger Taillibert ❏ Georges Wolinski ❏ Bernard Zehrfuss

3. Cochez les deux noms qui doivent aller ensemble.

❏ Auzelle ❏ Belmont ❏ Castro
❏ Gaudin ❏ Jeanneret ❏ Le Corbusier
❏ Zublena

4. Trouvez l'intruse parmi ces œuvres de Le Corbusier.

❏ Cité radieuse de Marseille
❏ Cité-jardin de Bordeaux-Pessac
❏ Cité-refuge de l'Armée du Salut
❏ Ensembles de Briey et Nantes-Rezé
❏ Pavillon suisse de la cité universitaire (Paris)
❏ Plan directeur et grands édifices de Chandigarh (Inde)
❏ Chapelle Notre-Dame du Haut à Ronchamp
❏ Château d'Azay-le-Rideau

5. Trouvez l'intrus parmi ces architectes de la Cité des Sciences et de l'Industrie de la Villette.

❏ Fainsilber ❏ Peï ❏ De Portzamparc
❏ Reichen ❏ Robert ❏ Tschumi

Pour vous mettre sur la voie : il a travaillé au Grand-Louvre.

(*) Les réponses et commentaires sont en p. 216.

△ **Les grandes réalisations de l'architecture moderne**

6. Trouvez l'erreur parmi ces constructions récentes.

❏ Bibliothèque nationale de France (1994)
❏ Cathédrale de Saint-Denis (1966)
❏ Faculté des Sciences (place Jussieu, 1965)
❏ Grande Arche de la Défense (1989)
❏ Tour Maine-Montparnasse (1973)

7. Trouvez l'erreur parmi ces grands monuments parisiens.

❏ Institut du Monde asiatique (1968)
❏ Institut du Monde arabe (1987)
❏ Opéra de la Bastille (1989)
❏ Palais de l'U.N.E.S.C.O. (1958)
❏ Siège du Parti Communiste (1970, place du Colonel Fabien)

8. Trouvez l'erreur sur cette liste de grands stades.

❏ Palais des sports (Paris, 1960)
❏ Palais omnisports de Paris-Bercy (P.O.P.B., 1983)
❏ Stade du Parc des Princes (Paris, 1972)
❏ Stade du Paris-Saint-Germain (Paris, 1982)
❏ Stade Sébastien-Charléty (Paris, 1994)
❏ Stade de France à Saint-Denis (construit en 1996-1997 pour la Coupe du monde de football de 1998)

9. Quelle est la place la plus grande du monde ?

❏ place de la Concorde à Paris   ❏ place des Quinconces à Bordeaux
❏ place Saint-Marc à Venise   ❏ place Tienanmen à Pékin

10. Cochez la longueur minimale des ponts les plus longs du monde.

❏ 3 km   ❏ 10 km   ❏ 15 km
❏ 20 km   ❏ 30 km   ❏ 50 km

11. Est-ce que des gratte-ciel récents dépassent 500 m ?

❏ oui   ❏ non

12. Est-ce que des mâts de télévision dépassent 500 m ?

❏ oui   ❏ non

➤ Le Cinéma et nos régions (*)

Le cinéma a rendu compte de la vie de nos régions, de nos villes et de nos villages.

Il l'a fait tantôt avec réalisme, avec parfois un souci documentaire avéré, tantôt avec lyrisme et poésie, en opérant une transformation poétique de nos paysages, de nos rues, de nos maisons.

Dans le choix spécifique des régions, c'est sans doute la Provence qui apparaît le plus souvent. C'est dû, bien sûr, à la beauté de ses paysages, à leur caractère souvent pittoresque et au charme de ses habitants... Bien sûr aussi, au talent de ses écrivains, comme Jean Giono ou Marcel Pagnol, dont les œuvres ont souvent été reprises par les cinéastes.

Dans d'autres cas, le choix d'une province ou d'une ville est sans doute le fruit du hasard.

Certaines œuvres sont très « typées » sur le plan régional, d'autres non.

À vous de pouvoir en parler au jury, lors de vos épreuves orales, avec tact et discernement. Bien entendu, s'il s'agit de votre région d'origine, une certaine érudition sera toujours la bienvenue.

1. Cette chronique de Claude Chabrol met en scène la Bretagne d'antan.
   - ❏ La Complainte de Jean Quémeneur
   - ❏ Jean-François de Nantes
   - ❏ Le Cheval d'orgueil
   - ❏ La Paimpolaise

2. Drame de Marc Allégret, d'après la pièce d'Alphonse Daudet, avec Raimu et Gaby Morlay.
   - ❏ L'Arlésienne
   - ❏ La Provençale
   - ❏ La Marseillaise
   - ❏ Tartarin de Tarascon

3. Retrouvez les trois films de la célèbre *trilogie provençale* de Marcel Pagnol.
   - ❏ Angèle
   - ❏ Jofroi
   - ❏ le Schpountz
   - ❏ César
   - ❏ Manon des Sources
   - ❏ Fanny
   - ❏ Marius

(*) Les réponses et commentaires sont en p. 218.

4. Retrouvez les acteurs de la célèbre partie de cartes de *Marius*.

Les personnages provençaux :
1 – ❏ M. Brun   2 – ❏ César   3 – ❏ Escartefigue
4 – ❏ Panisse

Les acteurs :
a – ❏ Charpin   b – ❏ Dullac   c – ❏ Raimu
d – ❏ Robert Vattier

5. Une fille de paysans des Alpes provençales se laisse séduire par un proxénète marseillais. Retrouvez son prénom dans le drame réalisé par Marcel Pagnol.

❏ Angèle   ❏ Angélique   ❏ Anne
❏ Annette   ❏ Annie   ❏ Anne-Marie

6. Pagnol, la Provence et de grands acteurs.... Retrouvez un binôme célèbre de Claude Berri sur cette liste de films.

❏ Jean de Florette   ❏ Le cinéma de Papa   ❏ Le maître d'école
❏ Manon des Sources ❏ Un moment d'égarement
❏ Le vieil homme et l'enfant

7. Drame paysan : un film tourné sur trois ans pour enregistrer les travaux gigantesques qui détournèrent le cours de la Durance, d'après l'œuvre de Jean Giono.

❏ L'eau à la bouche ❏ L'eau vive   ❏ Les eaux printanières
❏ Eaux profondes   ❏ La rivière d'argent ❏ La rivière de nos
❏ Rivière sans retour   amours

8. Retrouvez un film basé notamment sur l'opposition entre la cuisine normande et la cuisine provençale.

❏ La bouillabaisse   ❏ La cuisine au beurre ❏ La cuisine à la crème
❏ La cuisine des anges   ❏ Les olives du paradis

9. Dans ce film de Claude Chabrol, un étudiant parisien revient dans son village natal de la Creuse.

❏ Le beau Claude   ❏ Le beau Gérard
❏ Le beau Serge   ❏ Un village du Limousin

10. Un vieux paysan vendéen voit tous ses enfants quitter l'un après l'autre le travail de la terre.

❑ La terre ❑ La terre de nos ancêtres
❑ Terre interdite ❑ La terre qui meurt ❑ Terre sans pardon

11. Dans un village charentais vivent quatre générations qui ne s'entendent pas toujours très bien, mais lavent leur linge sale en famille. Une magistrale peinture du milieu paysan réalisée par Jacques Becker.

❑ La bataille du cognac ❑ Le coup de Jarnac
❑ Goupi Mains rouges ❑ Le retour à la terre
❑ Le Doux et Le Vigan

12. À Nantes, une danseuse de cabaret attend depuis sept ans le retour du père de son enfant. Un film de Jacques Demy. La photographie de Raoul Coutard nous offre la vision d'un Nantes magique où les rues et les cafés sont les lieux d'un conte de fées doux-amer.

❑ Aimée ❑ Lola ❑ Lolita
❑ Les demoiselles de Nantes
❑ Les parapluies de Nantes

13. Plusieurs films furent réalisés d'après un célèbre roman de Gustave Flaubert mettant en scène la bourgeoisie de province, en Normandie.

❑ La cousine Bette ❑ Le cousin Pons ❑ Madame Bovary
❑ Le lys dans la vallée ❑ Le père Goriot

14. Un drame de Claude Chabrol, d'après le Colonel Rémy, dans un village du Jura en 1941. Entre la zone libre et la zone occupée, la ligne de démarcation est gardée jour et nuit par les patrouilles allemandes. C'est l'enjeu de mille espoirs d'évasion.

❑ Dans la ligne de mire
❑ La ligne de démarcation
❑ Le soleil se lève à l'aube
❑ Le soleil tombe sur le Jura
❑ Patrouille à l'aube

15. En Camargue, l'histoire d'une amitié entre un enfant et un cheval sauvage. Un film d'Albert Lamorisse.

❑ Le cheval d'orgueil ❑ Le cheval et l'enfant
❑ Crin blanc ❑ L'étalon sauvage

16. Histoire et géographie. Clermont-Ferrand et l'Auvergne pendant les années 40 à 45, la guerre, la défaite et l'occupation allemande. Un documentaire historique de Marcel Ophüls.

❏ Amours et patrie   ❏ Le chagrin et la pitié
❏ Chagrins d'amour   ❏ Pitié pour la France

17. Une tragédie de la mine dans un village du Nord. Une chronique de Louis Daquin écrite avec des mineurs et soumise à leur critique. Un film à la fois documentaire et poétique sur la vie de la mine.

❏ Le jour se lève
❏ Le point du jour
❏ La tragédie de la mine

Et voici maintenant trois films consacrés à Paris

---

18. *Paris 1900*, de Nicole Védris, a obtenu le Prix Louis-Delluc en 1947. Quel est le genre de ce film ?

❏ Action   ❏ Documentaire   ❏ Policier
❏ Drame sentimental

19. En quelle période se situe *Paris brûle-t-il ?*

❏ Moyen Âge   ❏ Révolution
❏ 1914   ❏ 1944

20. Retrouvez le titre d'une comédie de Pierre Granier-Deferre, réalisée en 1965 d'après le roman de René Fallet. Charles Aznavour incarne un vendeur de la Samaritaine qui rencontre une ravissante jeune Anglise (Susan Hampshire), dans un Paris déserté.

❏ Les Amours de Paris
❏ Paris au mois d'août
❏ Vacances parisiennes
❏ Une Anglaise à Paris

3 Les Lettres

Dans le *QCM de culture générale Histoire – Arts et Lettres – Monde actuel*, nous avons consacré des chapitres substantiels aux Lettres et aux grandes époques littéraires.

Nous vous invitons donc à vous y reporter : vous ferez ainsi une excellente révision du programme classique des lycées et collèges. Voici dans les grandes lignes, ce qu'il vous faut connaître pour affronter le concours.

1. Les grandes époques littéraires, de l'Antiquité à nos jours.

Pour d'autres épreuves écrites ou orales (explication de texte, commentaire, conversation avec le jury), vous devez pouvoir caractériser chaque grande époque.

2. Les diverses formes littéraires (ou genres littéraires).

Vous devez connaître et pouvoir bien juger chacune des formes multiples qui font la richesse de la littérature : la poésie, le théâtre, le roman...

Ou encore les grands thèmes traités, notamment depuis le XVIIIᵉ siècle.

3. Les auteurs et leurs œuvres.

Vous devez souvent pouvoir situer chaque auteur dans son époque, et citer ses différentes œuvres.

Ou encore, à partir d'un titre, retrouver la date d'une œuvre et son auteur.

4. Le vocabulaire littéraire.

La littérature et l'analyse littéraire ont leur vocabulaire spécifique. Pour de multiples épreuves, il faut bien le connaître.

Vous trouverez des lexiques et définitions dans trois ouvrages publiés par les mêmes auteurs :

➤ *L'analyse de texte*

➤ *L'explication de texte*

➤ *L'épreuve de français*

par Jean-François GUÉDON et Isabelle de LOUPY.

Nous vous proposons de vous exercer maintenant à partir des questionnaires suivants :

➤ Vingt grandes œuvres littéraires en Europe,

➤ Vingt grands noms des lettres au XXe siècle.

Vingt grandes œuvres littéraires en Europe (*)

1. Cochez sur cette liste les œuvres d'Homère.

❑ *Cantates homériques*
❑ *Contes de la Grèce antique*
❑ *l'Enéide*
❑ *l'Iliade*
❑ *l'Odyssée*

En quel siècle le situez-vous ?
❑ IXe siècle avant notre ère   ❑ VIIe
❑ V^e ❑ IIIe ❑ Ier
❑ IIIe siècle de notre ère   ❑ VII ^{e}

2. Voici des œuvres d'Eschyle.

Quelle est la pièce qui célèbre la victoire de Salamine ?
❑ *Les Suppliantes*   ❑ *les Perses*
❑ *Les sept contre Thèbes*   ❑ *Prométhée enchaîné* ❑ *l'Orestie*

3. Trouvez le titre d'un dialogue de Platon.

❑ *Les Agapes*   ❑ *Le Banquet*   ❑ *La Cène*
❑ *La grande bouffe*   ❑ *Le Repas*

4. Cochez les œuvres de Virgile.

❑ *les Bucoliques*   ❑ *les Chants du crépuscule*
❑ *les Géorgiques*   ❑ *les Orientales*
❑ *les Rayons et les ombres*   ❑ *les Voix intérieures*

5. Quand situez-vous *la Divine Comédie* de Dante ?

❑ IIIe siècle   ❑ VIIIe siècle   ❑ XIe siècle
❑ XIVe siècle   ❑ XVIIe siècle

(*) Les réponses et commentaires sont en p. 221.

6. Retrouvez le titre du chef-d'œuvre de l'humaniste hollandais Didier Erasme (1469-1536).

❑ *les contes de la folie*   ❑ *l'Éloge de la Folie*
❑ *la Folie de l'Éloge*   ❑ *la Folie de l'Histoire*
❑ *l'Histoire de la Folie*

7. Chassez l'intruse parmi ces œuvres de William Shakespeare.

❑ *Jules César*   ❑ *le Cid*   ❑ *Macbeth*
❑ *Othello*   ❑ *la Tempête*

8. Retrouvez le titre d'une pièce de Ben Jonson (1572-1637).

❑ *Vologne*   ❑ *Volpone*   ❑ *Vulcain*
❑ *la Vulgate*   ❑ *Vulpian*

9. Qui a créé *Don Quichotte* ?

❑ Cervantès   ❑ Daniel Defoe   ❑ Picasso
❑ Salvador Dali   ❑ Sancho Pança

10. Retrouvez le titre du premier ouvrage fondamental de René Descartes.

❑ *le Discours de la Méthode*
❑ *la Méthode du discours*
❑ *les Méditations métaphysiques*
❑ *Principes de philosophie*

Pour mémoire : la première vérité de son système est « Je pense, donc je suis ».

11. À quelle époque situez-vous les *Pensées* de Pascal ?

❑ Fin du Moyen Âge   ❑ Renaissance   ❑ Milieu du XVIIe siècle
❑ Siècle des lumières ❑ XIXe siècle

12. Retrouvez le titre d'un grand poème biblique de John Milton.

❑ *Adam et Eve*   ❑ *la Jérusalem délivrée*
❑ *Jérusalem retrouvée*   ❑ *le Paradis perdu*
❑ *la Tentation éternelle*

13. Qui a créé le personnage de *Robinson Crusoë* ?

❑ Daniel Defoe   ❑ Hergé
❑ Jean-Jacques Rousseau   ❑ Jonathan Swift

14. Retrouvez le titre d'un ouvrage célèbre de Jonathan Swift.

❑ *les aventures fantastiques*   ❑ *les contes drolatiques*
❑ *le pays de Lilliput*   ❑ *les voyages de Gulliver*

15. Combien de romans comporte la *Comédie humaine* ?

❑ 15   ❑ 20   ❑ 30
❑ 50   ❑ près de 100

16. Cochez les noms de deux personnages réunis dans un roman célèbre de R.L. Stevenson.

❑ Sherlock Holmes   ❑ Mr Hyde
❑ Dr Jekyll   ❑ Commissaire Maigret
❑ Hercule Poirot   ❑ Docteur Watson

17. Qui a créé le personnage d'*Anna Karénine* ?

❑ Alexandre Borodine   ❑ Eugène Onéguine
❑ Nicolaï Rimski-Korsakov   ❑ Léon Tolstoï
❑ Piotr Ilitch Tchaïkovski

18. Sur cette liste de grands mythes de la civilisation européenne, retrouvez le titre d'une brillante comédie de G.B. Shaw.

❑ *Orphée*   ❑ *Prométhée*   ❑ *Pygmalion*
❑ *Sisyphe*

19. Trouvez le titre d'une tragédie de l'ambiguïté écrite par Luigi Pirandello.

❑ *Chacun sa vérité*   ❑ *Le songe d'une nuit d'été*
❑ *Vérités et mensonges*   ❑ *La Vérité*

20. À quel terme de géographie est associé le mot Goulag dans un titre célèbre d'Alexandre Soljenitsyne ?

❑ Archipel   ❑ Montagne   ❑ Océan
❑ Vallée

Vingt grands noms des lettres au XXe siècle (*)

1. Voici la liste des écrivains français ayant obtenu le Prix Nobel de littérature depuis 1944. Trouvez l'intrus.

❏ Albert Camus ❏ André Gide ❏ François Mauriac
❏ Sully Prudhomme ❏ Jean-Paul Sartre ❏ Saint-John Perse
❏ Claude Simon ❏ Gao Xin Jian

2. Trouvez l'intruse parmi ces œuvres d'Heinrich Böll.

❏ Le train était à l'heure ❏ Où étais-tu Adam ?
❏ Ainsi parlait Zarathoustra ❏ Les deux sacrements
❏ L'honneur perdu de Katharina Blum
❏ Portrait de groupe avec dames
❏ Femmes devant un paysage fluvial

3. Trouvez l'intruse parmi ces œuvres de Bertolt Brecht.

❏ L'Opéra de quat'sous
❏ Maître Puntila et son valet Matti
❏ La résistible ascension d'Arturo Ui
❏ Mère courage et ses enfants
❏ Elisabeth Hauptmann
❏ Le Cercle de craie caucasien

4. Trouvez l'intruse parmi ces œuvres d'Elias Canetti.

❏ Masse et Puissance ❏ Le territoire de l'Homme
❏ La conscience des mots ❏ Le secret de l'horloge
❏ L'angoisse du gardien de buts au moment du penalty

5. Trouvez l'intruse parmi ces œuvres de Friedrich Dürrenmatt.

❏ La ville ❏ Le juge et son bourreau
❏ Le contrat social ❏ Le soupçon
❏ La visite de la vieille dame

6. Une de ces œuvres d'Umberto Eco a été transposée au cinéma par Jean-Jacques Annaud.

❏ La guerre des faux ❏ Le nom de la rose
❏ Le pendule de Foucault ❏ La bombe du général

7. Trouvez un roman célèbre intrus parmi ces œuvres de Nadine Gordimer.

❏ Un monde d'étrangers ❏ Fille de Burger
❏ Pleure ô pays bien-aimé ❏ Ceux de July
❏ Quelque chose là-bas ❏ Un caprice de la nature

(*) Les réponses et commentaires sont en p. 223.

8. Trouvez l'intruse parmi ces œuvres de Gabriel Garcia Marquez.

❏ Les étrangers de la banane   ❏ Pas de lettre pour le Colonel
❏ Les yeux d'Elsa   ❏ La mauvaise heure
❏ Cent ans de solitude   ❏ L'automne du patriarche
❏ Chronique d'une mort annoncée ❏ L'amour au temps du choléra

9. Trouvez les intrus dans ces œuvres de Graham Greene.

Série 1

❏ C'est un champ de bataille   ❏ Tueur à gages
❏ Au service de sa majesté   ❏ Notre agent à la Havane
❏ Le ministère de la peur

Série 2

❏ L'orient-express   ❏ Le rocher de Brighton
❏ Orange mécanique   ❏ La puissance et la gloire
❏ Le Fond du problème

10. Chassez l'intruse parmi ces œuvres d'Ernest Hemingway.

❏ Le soleil se lève aussi   ❏ L'adieu aux armes
❏ Les neiges du Kilimandjaro   ❏ La grosse galette
❏ Pour qui sonne le glas ?   ❏ Le vieil homme et la mer

11. Quelle était la nationalité d'Arthur Koestler ?

❏ allemande   ❏ anglaise   ❏ française
❏ hongroise   ❏ russe

Lequel de ses romans évoque les procès de Moscou ?
❏ Le testament espagnol   ❏ Le zéro et l'infini
❏ Arrivée et départ   ❏ L'âge de l'insatisfaction
❏ Une flèche dans l'azur   ❏ L'écriture invisible
❏ Le Yogi et le commissaire   ❏ Promesse et réalisation

12. Un traité d'Avicenne s'est glissé parmi ces œuvres de Naguib Mahfouz.

❏ Le passage des miracles   ❏ Canon de la médecine
❏ Trilogie cairote   ❏ Bavardage sur le Nil
❏ Les enfants de notre quartier

13. Pablo Neruda est un poète chilien qui a obtenu le Prix Nobel de littérature en 1971. Trouvez l'intruse parmi ses œuvres.

❏ Résidence sur la terre ❏ L'Espagne au cœur
❏ Mémorial de l'Ile noire ❏ Le cimetière marin
❏ J'avoue que j'ai vécu

14. Trouvez l'intruse parmi ces œuvres de Jorge Semprun.

❏ Le grand voyage ❏ Noces de sang
❏ La guerre est finie
❏ La deuxième mort de Ramon Mercader
❏ Netchaïev est de retour

15. Trouvez l'intruse parmi ces œuvres d'Alexandre Soljenitsyne.

Série 1
❏ Une journée d'Ivan Denissovitch
❏ Le docteur Jivago
❏ Le pavillon des cancéreux
❏ La maison de Matriona
❏ Le premier cercle

Série 2
❏ L'archipel du Goulag ❏ Le Don paisible
❏ La main droite ❏ Août 14
❏ La roue rouge

Série 3
❏ Lénine à Zurich ❏ L'inconnu de Krétchékova
❏ Le chêne et le veau ❏ Anna Karénine
❏ Des voix sous les décombres

16. Trouvez l'intrus parmi ces œuvres d'Evelyn Waugh.

❏ Le déclin et la chute ❏ L'espion qui venait du froid
❏ Scoop ❏ Retour à Brideshead
❏ Officiers et gentlemen

17. Lequel de ces écrivains américains épousa Marylin Monroe ?

❏ Aucun ❏ Truman Capote ❏ Arthur Miller
❏ John Steinbeck ❏ Tennessee Williams

18. Trouvez le nom d'un grand auteur irlandais qui a écrit principalement en français depuis 1945.

❏ Beckett ❏ Behan ❏ O'Casey
❏ O'Flaherty ❏ G.B. Shaw

19. Trouvez le nom d'un Prix Nobel japonais.

❑ Akihito   ❑ Hiro-Hito   ❑ Kawabata

❑ Tojo   ❑ Yamamoto

20. Retrouvez la nationalité de ces Prix Nobel.

❑ Alexandre   ❑ Asturias   ❑ Cela

❑ Garcia Marquez   ❑ Montale   ❑ Neruda

❑ Paz   ❑ Naipaul   ❑ Fo

❑ Saramango

a. Chili   b. Colombie   c. Espagne

d. Guatemala   e. Italie   f. Mexique

g. Trinité   h. Portugal

4 Histoire

L'histoire est une discipline clé pour les épreuves de culture générale et pour celles qui portent sur les Institutions.

Elle donne les références indispensables pour bien traiter les grands problèmes de notre société et de notre civilisation, et les repères nécessaires pour bien tracer les cadres spatio-temporels.

L'enseignement de l'histoire tend maintenant essentiellement à permettre l'analyse des grandes évolutions. Mais la part d'histoire événementielle reste importante dans les concours, notamment à l'oral. Il en va de même, évidemment, pour les épreuves de QCM.

Par définition, les QCM ne peuvent porter que sur des points précis : les hommes (leur nom, leurs titres, leurs œuvres), les dates, les grands événements. Ils auront l'avantage de vous les remettre en mémoire, et de vous donner ainsi de bons cadres spatio-temporels.

Comment réviser dans cet esprit ?

La solution la plus simple et la plus économique est de reprendre vos manuels d'histoire si vous les avez gardés. C'est toujours une lecture agréable (et qui a l'avantage de pouvoir s'effectuer par petites fractions de temps, chapitre par chapitre).

Pour bien vous entraîner aux QCM tout en reprenant la mesure des grandes évolutions depuis l'Antiquité, vous utiliserez avec profit le *QCM de Culture Générale* (tome 1) de la collection *Les Indispensables de la Culture Générale* dont la première partie est consacrée à l'Histoire et aux Arts et Lettres. Chaque grande période y fait l'objet d'un chapitre spécifique. Vous y retrouverez vos repères, ainsi que les grands noms et les grandes dates.

Trois centres d'intérêt plus spécifiques doivent être soulignés pour les concours administratifs : l'histoire institutionnelle, l'histoire de la vie politique, l'histoire de l'Europe.

D'autres volumes de cette collection vous aideront à bien travailler ces domaines.

Vingt grandes questions sur l'Histoire du XXe siècle en Europe (*)

1. Où fut signé le Traité mettant fin à la Première Guerre mondiale ?

❏ Berlin   ❏ Bruxelles   ❏ Londres
❏ Paris   ❏ Saint-Pétersbourg   ❏ Moscou
❏ New York   ❏ Versailles   ❏ Washington

2. Cochez les années de pouvoir de Staline.

❏ 1905-1939   ❏ 1914-1940   ❏ 1918-1941
❏ 1922-1953   ❏ 1933-1964   ❏ 1941-1975

3. Quand Hitler a-t-il pris le pouvoir en Allemagne ?

❏ 1923   ❏ 1929   ❏ 1933
❏ 1939

4. Retrouvez sur cette liste les années de pouvoir de Mussolini en Italie.

❏ 1883-1923   ❏ 1914-1944   ❏ 1922-1943
❏ 1933-1954   ❏ 1945-1977

5. Cochez les années de pouvoir du général Franco en Espagne.

❏ 1914-1936   ❏ 1918-1938   ❏ 1936-1954
❏ 1936-1975

6. Cochez les dates de début et fin de la Seconde Guerre mondiale en Europe.

❏ 1.09.1938 à 6.06.1944   ❏ 1.09.1939 à 8.05.1945
❏ 10.05.1940 à 1.09.1945   ❏ 3.07.1940 à 11.11.1945

7. Retrouvez la date de l'armistice entre la France et l'Allemagne.

❏ 3 septembre 1939   ❏ 22 janvier 1940   ❏ 22 juin 1940
❏ 3 septembre 1940

8. Sur le front russe en 1942-1943, une grande bataille marqua un tournant décisif de la Seconde Guerre mondiale. Où eut-elle lieu ?

❏ Léningrad   ❏ Moscou   ❏ Odessa
❏ Stalingrad   ❏ Yalta

(*) Les réponses et commentaires sont en p. 226.

9. Retrouvez le nom du commandant en chef des troupes américaines et alliées en Europe de 1943 à 1945.

❏ Bradley   ❏ Clark   ❏ Eisenhower
❏ Montgomery   ❏ Patton   ❏ Ridgway

10. Cochez les pays européens restés neutres pendant la Seconde Guerre mondiale.

❏ Bulgarie   ❏ Espagne   ❏ Finlande
❏ Grèce   ❏ Portugal   ❏ Roumanie
❏ Suède   ❏ Suisse   ❏ Turquie

11. Une conférence internationale devait fixer le sort de l'Allemagne après la fin de la Seconde Guerre mondiale. Où se tint-elle ?

❏ Londres   ❏ Paris   ❏ Potsdam
❏ San Francisco   ❏ Yalta

Qui furent les participants ?
❏ Attlee   ❏ Churchill   ❏ De Gaulle
❏ Roosevelt   ❏ Staline   ❏ Truman
❏ Mao Zedong

12. De quand date l'Organisation européenne de coopération économique ?

❏ 1918   ❏ 1928   ❏ 1938
❏ 1948   ❏ 1958

Quel est le sigle actuellement en vigueur ?
❏ OBDE   ❏ OCDE   ❏ OECE
❏ ORCE

Où est son siège ?
❏ Berlin   ❏ Genève   ❏ Londres
❏ Paris   ❏ Rome

13. Le Traité de Rome créa la Communauté économique européenne (CEE, ou Marché Commun) et la Communauté européenne de l'énergie atomique (CECA, ou Euratom). De quand date-t-il ?

❏ 1937   ❏ 1947   ❏ 1957
❏ 1967   ❏ 1977   ❏ 1987

14. Qui fut le partenaire du Général de Gaulle pour la réconciliation franco-allemande ?

❏ Adenauer   ❏ Ehrard   ❏ Kiesinger
❏ Willy Brandt   ❏ Helmut Schmidt ❏ Helmut Kohl

15. En 1972 fut adopté un *hymne européen*, avec un arrangement musical spécial d'Herbert von Karajan. De quelle œuvre célèbre a-t-il-été extrait ?

❑ une cantate de Jean-Sébastien Bach
❑ une symphonie de Beethoven
❑ le *Faust* de Gounod
❑ un opéra de Mozart

16. Cochez sur cette liste les six pays fondateurs des Communautés européennes.

❑ Allemagne   ❑ Belgique   ❑ France
❑ Grande-Bretagne ❑ Italie   ❑ Norvège
❑ Luxembourg   ❑ Pays-Bas   ❑ Portugal
❑ Suède

17. Cochez les années de pouvoir de Gorbatchev en URSS.

❑ 1969-1981   ❑ 1975-1986   ❑ 1985-1991
❑ 1989-1995

18. Retrouvez les dates d'édification et de fin du « mur de Berlin ».

❑ 1945-1979   ❑ 1951-1984   ❑ 1961-1989
❑ 1971-1995

19. Voici une liste des Premiers ministres de Grande-Bretagne. Pouvez-vous les classer dans l'ordre chronologique ?

Série 1

❑ Attlee   ❑ Chamberlain   ❑ Churchill
❑ Eden   ❑ Mac Millan

Série 2

❑ Blair   ❑ Major   ❑ Thatcher

20. Retrouvez les dates essentielles concernant l'histoire de l'Autriche.

a ❑ Anschluss
b ❑ Constitution de la République fédérale
c ❑ Entrée dans l'Union européenne
d ❑ Indépendance retrouvée sous condition de neutralité

❑ 1920   ❑ 1938   ❑ 1955
❑ 1995

Vingt grandes questions sur l'Histoire du XXe siècle dans le monde (*)

1. Cochez les années au cours desquelles Franklin Delano Roosevelt a été au pouvoir aux États-Unis.

❑ 1900-1908   ❑ 1918-1932   ❑ 1932-1936
❑ 1932-1940   ❑ 1933-1945

2. Que s'est-il passé à Pearl Harbour ?

❑ un bombardement nucléaire
❑ une attaque japonaise contre les États-Unis
❑ le torpillage d'un grand paquebot par un sous-marin
❑ un tremblement de terre meurtrier

3. Trouvez le nom de l'Empereur du Japon au pouvoir pendant la Seconde Guerre mondiale.

❑ Akihito   ❑ Hiro-Hito   ❑ Tojo
❑ Yamamoto

4. Cochez les noms des participants à la Conférence de Yalta.

❑ Churchill   ❑ De Gaulle   ❑ Mao Zedong
❑ Roosevelt   ❑ Staline

Où est Yalta ?
❑ Biélorussie   ❑ Crimée   ❑ Turquie
❑ Extrême-Orient   ❑ Ukraine (ex.URSS)

5. Cochez les dates de début et fin de la Seconde Guerre mondiale en Extrême-Orient.

❑ 1.09.1939 à 6.07.1944   ❑ 1.09.1940 à 6.11.1944
❑ 7.12.1940 à 8.05.1945   ❑ 7.12.1941 à 15.08.1945

6. Retrouvez le nom du commandant en chef des forces alliées dans le Pacifique pendant la Seconde Guerre mondiale.

❑ Dwight Eisenhower   ❑ Douglas Mac Arthur
❑ George Marshall   ❑ Chester Nimitz

7. Quand ont été lancées des bombes atomiques sur le Japon ?

❑ 1941   ❑ 1943   ❑ 1944
❑ 1945   ❑ 1946

(*) Les réponses et commentaires sont en p. 229.

8. Une conférence internationale se tint en 1945 pour élaborer la Charte des Nations-Unies. Où ?

❏ Genève   ❏ Londres   ❏ Moscou
❏ New York   ❏ Paris   ❏ San Francisco

9. De quand date l'indépendance de l'Inde ?

❏ 1917   ❏ 1937   ❏ 1947
❏ 1957   ❏ 1967   ❏ 1977

10. Quand situez-vous les années de pouvoir de Mao Zedong ?

❏ 1914-1949   ❏ 1920-1954   ❏ 1931-1959
❏ 1949-1974   ❏ 1954-1994

11. Cochez les dates de la guerre d'Indochine et la guerre du Vietnam.

❏ 1931-1941   ❏ 1939-1945   ❏ 1946-1954
❏ 1955-1963   ❏ 1965-1975   ❏ 1968– 1978

12. En quelles années les Khmers Rouges furent-ils au pouvoir au Cambodge ?

❏ 1936-1939   ❏ 1942-1945   ❏ 1948-1951
❏ 1968-1971   ❏ 1975-1978   ❏ 1981-1984

13. De quand date la création de l'État d'Israël ?

❏ 1909   ❏ 1919   ❏ 1929
❏ 1939   ❏ 1949

14. Quand le canal de Suez fut-il nationalisé par l'Égypte ?

❏ 1936   ❏ 1946   ❏ 1956
❏ 1966   ❏ 1976   ❏ 1986

15. Quel nom a été donné à l'opération lancée pour libérer le Koweït en 1991 ?

❏ Bouclier du désert   ❏ Opération Tonnerre
❏ Tempête du Désert   ❏ Tonnerre sur le désert

16. De 1967 à 1970, la région orientale du Nigeria peuplée par les Ibos chercha à vivre dans l'indépendance. Quel était son nom ?

❏ Akwa   ❏ Biafra   ❏ Calabar
❏ Ehugu   ❏ Owerri   ❏ Port-Harcourt
❏ Umuahia   ❏ Uyo

17. Quand Nelson Mandela est-il devenu Président de l'Afrique du Sud ?

❏ 1964 ❏ 1974 ❏ 1984
❏ 1994

18. Qu'évoque pour vous l'affaire de l'Amoco Cadiz ?

❏ une catastrophe écologique
❏ une catastrophe nucléaire
❏ l'échouage d'un pétrolier géant
❏ la rupture d'un grand barrage

19. Que s'est-il passé à Bhopal ?

❏ un gigantesque incendie ❏ une explosion nucléaire
❏ une fuite de gaz toxique ❏ un raz de marée
❏ un tremblement de terre

Où est-ce ?
❏ Chine ❏ États-Unis ❏ Inde
❏ Italie ❏ Russie

20. Où situez-vous Tchernobyl ?

❏ Biélorussie ❏ Pologne ❏ Russie
❏ Sibérie ❏ Ukraine

Quand a eu lieu la catastrophe ?
❏ 1956 ❏ 1966 ❏ 1976
❏ 1986 ❏ 1996

5 Géographie

Dans les épreuves de QCM, la géographie est essentiellement le domaine des lieux et des chiffres.

Comment réviser ? Ne reprenez vos manuels scolaires que s'ils sont récents. Pour les lieux, il sera bon de disposer d'un Atlas. Pour les chiffres, vous pouvez acquérir ou consulter des recueils de statistiques, notamment les publications de l'INSEE (Institut national de la statistique et des études économiques). Quand vous voyez des tableaux dans la presse, vous pouvez les découper ou les photocopier, ou recopier les chiffres essentiels pour vous constituer un recueil de fiches.

Vous trouverez de nombreux QCM de géographie dans les trois premiers tomes de nos QCM DE CULTURE GÉNÉRALE :

Tome 1 – Monde actuel

Tome 2 – Économie et société française

Tome 3 – Europe et Union européenne

Connaissance du monde (*)

Nous vous proposons de répondre à deux séries de vingt questions qui vous sont présentées par ordre de difficulté croissante.

Niveau 1

△ Données élémentaires : Connaissances scolaires

Niveau 2

△ Connaissances générales : Vos acquis du collège ou du lycée

Ces tests doivent permettre de vérifier votre maîtrise de notions élémentaires sur le monde actuel.

Pour vous mettre dans les conditions des concours, il vous faut essayer de traiter une série de vingt questions en moins de vingt minutes. Et même si possible en dix minutes seulement.

_____

(*) Les réponses et commentaires sont en p. 233.

Les exigences des jurys sont parfois élevées. La multiplicité des questions et la brièveté du temps imparti accroissent la sélectivité de l'épreuve.

△ Niveau 1 – Données élémentaires Connaisances scolaires

Voici vingt questions faciles pour commencer. Essayez de les traiter rapidement. Nous espérons que vous obtiendrez vingt sur vingt.

Il s'agit de questions classiques. Vous devriez normalement pouvoir trouver immédiatement la bonne réponse. À défaut, un minimum de réflexion devrait vous mettre le plus souvent sur la bonne voie.

Nous avons ajouté quelques questions complémentaires de niveau plus élevé, notamment des classements à effectuer. Vous pourrez y consacrer plus de temps, à tête reposée, après vos vingt QCM.

1. Quelle est la longueur de la circonférence de la Terre ?

❑ 6 000 km ❑ 20 000 km ❑ 40 000 km
❑ 60 000 km

2. Quelle est la superficie des terres émergées (chiffre arrondi) ?

❑ 5 millions de km² ❑ 50 ❑ 150
❑ 1 500

3. Classez ces divers éléments du Nord au Sud.

❑ Équateur ❑ Pôle Nord
❑ Pôle Sud ❑ Tropique du Cancer
❑ Tropique du Capricorne

4. Quelles sont les régions les plus arrosées du globe ?

❑ équatoriales ❑ méditerranéennes ❑ polaires
❑ tropicales

5. Quelle est le plus grand des continents ?

❑ Afrique ❑ Amérique ❑ Asie
❑ Europe ❑ Océanie

Question subsidiaire : classez-les par ordre de superficie décroissante.

6. Quel est le plus grand océan du monde ?

❏ Océan Arctique ❏ Océan Atlantique ❏ Océan Indien
❏ Océan Pacifique

Question subsidiaire : classez-les par ordre de superficie décroissante.

7. Quelle est la plus grande île du monde ?

❏ Australie ❏ Bornéo ❏ Groenland
❏ Madagascar ❏ Nouvelle-Guinée ❏ Sumatra

Question subsidiaire : classez-les par ordre de superficie décroissante.

8. Quelle est la plus grande île d'Europe ?

❏ Chypre ❏ Corse ❏ Crête
❏ Sardaigne ❏ Sicile

Exercice complémentaire : effectuez le classement de 1 à 5.

9. Où est situé le plus grand désert du monde ?

❏ Amérique du Sud ❏ Amérique du Nord et Centrale ❏ Asie
❏ Australie ❏ Afrique septentrionale

10. Quelle est la terre la plus au Sud ?

❏ le cap de Bonne Espérance ❏ le cap Horn
❏ les îles Kerguelen ❏ le pôle Sud

11. Y a-t-il un continent arctique ?

❏ oui ❏ non

12. Quel est le plus grand fleuve du monde ?

Attribuez à chaque grand fleuve sa longueur et son continent.
❏ Amazone ❏ Nil ❏ Ob
❏ Volga

1 – 7 000 km 2 – 6 700 km 3 – 5 400 km
4 – 3 700 km

a – Afrique b – Amérique c – Asie
d – Europe

13. Quel est le fleuve le plus puissant du monde ?

❏ Amazone ❏ Congo ❏ Mississippi
❏ Nil ❏ Yang-Tsé-Kiang ou Fleuve Bleu

Exercice complémentaire : effectuer le classement d'après le débit, qui se calcule en milliers de m^3 par seconde.

14. Où est situé le plus haut sommet du monde ?

❏ Afrique   ❏ Amérique   ❏ Asie
❏ Europe

15. À quelle attitude est le plus haut sommet d'Europe ?

❏ 1 800 m   ❏ 2 800 m   ❏ 3 800 m
❏ 4 800 m   ❏ 5 800 m   ❏ 8 800 m

16. Quel est le plus haut sommet du Japon ?

❏ Fuji-Yama   ❏ Kawabata   ❏ Marayama
❏ Mishima   ❏ Nakagami   ❏ Kenzaburo Oé
❏ Tsushima

17. Quel est le plus haut sommet de l'Afrique ?

❏ Cameroun   ❏ Kenya   ❏ Kilimandjaro
❏ Piton des Neiges ❏ Ruwenzori

18. Quel est le plus haut sommet de l'Amérique ?

❏ Aconcagua   ❏ Chimborazo   ❏ Mont Mc Kinley
❏ Pic d'Orizaba   ❏ Popocatepetl

19. Quel est le point culminant de l'Amérique du Nord ?

❏ 4 200 m   ❏ 5 200 m   ❏ 6 200 m
❏ 7 200 m   ❏ 8 200 m

19 bis. Quel est le point culminant de l'Amérique du Sud ?

❏ 3 000 m   ❏ 4 000 m   ❏ 5 000 m
❏ 6 000 m   ❏ 7 000 m

20. Quel est le plus haut des grands plateaux du monde ?

❏ Altiplano   ❏ Pamir   ❏ Plateau éthiopien
❏ Tibet

△ Niveau 2 – Connaissances générales
Vos acquis du collège ou du lycée

1. Quand la population de la Terre atteindra-t-elle son sixième milliard d'habitants ?

❏ c'est déjà fait   ❏ 2008   ❏ 2018
❏ 2028

2. Quelle est la densité moyenne de la population sur Terre ?

    ❏ 10   ❏ 20   ❏ 30
    ❏ 40   ❏ 50   ❏ 100

3. Quel est le taux moyen de natalité dans le monde ?

    ❏ 3 pour mille   ❏ 6 pour mille   ❏ 9 pour mille
    ❏ 12 pour mille   ❏ 24 pour mille

4. Quelle est le taux moyen de mortalité dans le monde ?

    ❏ 3 pour mille   ❏ 6 pour mille   ❏ 9 pour mille
    ❏ 12 pour mille   ❏ 15 pour mille

5. Quelle est l'excédent naturel annuel de la population dans le monde ?

    ❏ négatif   ❏ néant   ❏ 10 millions
    ❏ 30 millions   ❏ 60 millions   ❏ 90 millions

6. Quelle est la population de l'Afrique ?

    ❏ 50 millions d'habitants   ❏ 150 millions
    ❏ 800 millions   ❏ 1 500 millions

7. Voici les différentes parties de l'Amérique. Classez-les dans l'ordre décroissant de la population.

    ❏ Amérique centrale et Mexique
    ❏ Amérique du Nord (États-Unis et Canada)
    ❏ Amérique du Sud   ❏ Caraïbes

8. Quelle est la population de l'Asie ?

    ❏ 350 millions d'habitants   ❏ 3,8 milliards
    ❏ 6,5 milliards   ❏ 8,5 milliards

9. Quelle est la population de l'Europe ?

    Cochez deux chiffres : sans et avec la Russie.
    ❏ 150 millions d'habitants   ❏ 300 millions
    ❏ 600 millions   ❏ 750 millions

10. Quelle est la population de l'Océanie ?

    ❏ 10 millions d'habitants   ❏ 30   ❏ 50
    ❏ 100

11. En Afrique, quel est l'État le plus étendu ?

❑ Afrique du Sud   ❑ Algérie   ❑ Angola
❑ Lybie   ❑ Nigéria
❑ République du Congo   ❑ Soudan
❑ Tchad

12. En Afrique, quel est l'État le plus peuplé ?

❑ Afrique du Sud   ❑ Algérie   ❑ Égypte
❑ Nigéria   ❑ République du Congo
❑ Soudan

Pour vous mettre sur la voie : c'est un État anglophone d'Afrique noire (hémisphère Nord).

13. En Amérique, quel est l'État le plus étendu ?

❑ Argentine   ❑ Brésil   ❑ Canada
❑ États-Unis   ❑ Mexique

14. En Amérique, quel est l'État le plus peuplé ?

❑ Argentine   ❑ Brésil   ❑ Canada
❑ États-Unis   ❑ Mexique

15. En Asie, quel est l'État le plus étendu ?

❑ Arabie saoudite   ❑ Chine   ❑ Inde
❑ Indonésie   ❑ Iran   ❑ Kazakhstan
❑ Mongolie

Question subsidiaire : effectuer le classement par ordre de superficie décroissante.

16. En Asie, quel est l'État le plus peuplé ?

❑ Chine   ❑ Inde   ❑ Indonésie
❑ Japon   ❑ Bangladesh ❑ Pakistan

Question subsidiaire : effectuer le classement par ordre de population décroissante.

17. En Europe, quel est l'État le plus étendu ?

❑ Allemagne   ❑ Espagne   ❑ France
❑ Russie   ❑ Suède   ❑ Ukraine

18. En Europe, quel est l'État le plus peuplé ?

❏ Allemagne   ❏ Espagne   ❏ France
❏ Italie   ❏ Royaume-Uni   ❏ Russie
❏ Ukraine

Question subsidiaire : effectuer le classement par ordre de population décroissante.

19. En Océanie, quel est l'État le plus étendu ?

❏ Australie   ❏ Nouvelle-Calédonie
❏ Nouvelle-Zélande   ❏ Papouasie-Nouvelle Guinée

20. En Océanie, quel est l'État le plus peuplé ?

❏ Australie   ❏ les Fidji
❏ Nouvelle-Calédonie (territoire d'Outre-Mer français)
❏ Nouvelle-Zélande   ❏ Papouasie-Nouvelle Guinée

Connaissance de la France (*)

Nous vous proposons de répondre à trois séries de questions qui vous sont présentées par ordre de difficulté croissante. Vous devriez normalement obtenir dix sur dix aux deux premières séries.

Niveau 1

➢ Données élémentaires : Connaissances scolaires

Niveau 2

➢ Connaissances générales : Vos acquis du collège

Niveau 3

➢ Connaissances générales : Vos acquis du lycée

Le temps à y consacrer

Vous avez au total cinquante questions. Il faudrait les traiter en une heure au maximum. Ce n'est pas si facile, car certaines questions du dernier questionnaire impliquent des classements, parfois complexes.

Si vous y parvenez en une demi-heure, ou même en vingt-cinq minutes (soit trente secondes pour chaque question réponse), c'est vraiment une très bonne performance.

_____

(*) Les réponses et commentaires sont en p. 239.

Observations sur le fond

Ces questions ont été conçues avec un double objectif pédagogique :

– vous faire réviser toutes les données essentielles sur la France ;

– effectuer un premier test en géographie régionale.

Vous serez ainsi en mesure de réaliser un premier bilan de vos connaissances géographiques.

Prolongements : Vous pouvez aussi vous exercer dans l'optique des épreuves orales de culture générale (conversation avec le jury), en donnant des réponses plus développées et commentées.

△ **Niveau 1 – Données élémentaires Connaissances scolaires**

Voici d'abord dix questions faciles. Vous devriez pouvoir trouver les réponses immédiatement. À l'oral, les jurys exigeraient des réponses précises immédiates.

1. Superficie de la France, en milliers de km^2.

❏ 51 000 km^2 ❏ 551 000 km^2 ❏ 5 500 000 km^2
❏ 55 millions km^2

2. Population de la France, en millions d'habitants.

❏ 0,6   ❏ 6   ❏ 60
❏ 600

3. Point culminant de notre pays. Où est situé le Mont Blanc ?

❏ Alpes   ❏ Pyrénées   ❏ Massif central
❏ Le Mont Blanc n'est pas le point culminant

Quel est sa hauteur ?
❏ 480m   ❏ 1 800 m   ❏ 4 800 m
❏ 14 800 m   ❏ 48 000 m

4. La France est décrite comme pouvant s'inscrire dans un hexagone presque régulier. Quel en est le nombre de côtés ?

❏ 3 côtés   ❏ 4 côtés   ❏ 5 côtés
❏ 6 côtés   ❏ 7 côtés   ❏ 8 côtés

5. Cochez les diverses nuances du climat de France.

❏ Climat à tendance continentale ❏ Climat de moussons
❏ Climat équatorial   ❏ Climat méditerranéen
❏ Climat océanique   ❏ Climat tropical

6. Cochez sur cette liste les fleuves qui prennent leur source en France.

❏ Garonne   ❏ Loire   ❏ Rhin
❏ Rhône   ❏ Seine

7. Mettez en correspondance nos provinces et nos montagnes.

❏ Auvergne   ❏ Dauphiné   ❏ Flandre
❏ Franche-Comté   ❏ Lorraine   ❏ Savoie

a. Alpes   b. Jura   c. Massif central
d. Vosges

8. Voici quatre grandes capitales régionales. Inscrivez en face de chacune sa région et son orientation.

❏ Lille   ❏ Rennes   ❏ Strasbourg
❏ Toulouse

1. Est   2. Nord   3. Ouest
4. Sud-Ouest

Régions
a. Alsace   b. Bretagne   c. Midi-Pyrénées
d. Nord-Pas-de-Calais

9. Cochez les régions célèbres pour leurs grands vins.

❏ Alsace   ❏ Aquitaine   ❏ Bourgogne
❏ Champagne

10. Cochez les régions d'élevage.

❏ Auvergne   ❏ Bretagne   ❏ Limousin
❏ Normandie   ❏ Poitou-Charentes

△ Niveau 2 – Connaissances générales Vos acquis du collège

Ces questions vous paraîtront sans doute un peu plus difficiles. Nous espérons cependant que vous obtiendrez dix sur dix.

1. Quel est le nombre de régions de la France métropolitaine ?

❏ 2   ❏ 4   ❏ 8
❏ 16   ❏ 21   ❏ 33

2. Quel est le nombre total de départements français ?

❏ 50   ❏ 75   ❏ 90
❏ 95   ❏ 100

3. Quel est le nombre de communes en France métropolitaine ?

❏ 360   ❏ 3 600   ❏ 36 000
❏ 360 000

4. Cochez les pays limitrophes de la France.

1. Au Nord-Est
❏ Belgique   ❏ Danemark   ❏ Luxembourg
❏ Pays-Bas

2. À l'Est
❏ Allemagne   ❏ Autriche   ❏ Luxembourg
❏ Suisse

3. Au Sud-Est
❏ Grèce   ❏ Italie   ❏ Liechtenstein
❏ Suisse

4. Au Sud
❏ Espagne   ❏ Italie   ❏ Portugal

5. Sur la liste des départements suivants, marquez **P** pour la plaine et **M** pour montagne.

❏ Aisne   ❏ Ariège   ❏ Cantal
❏ Nord   ❏ Oise   ❏ Pas-de-Calais
❏ Savoie   ❏ Somme   ❏ Vosges

6. Cochez sur cette liste les départements alpins.

❏ Alpes-Maritimes ❏ Alpes-de-Haute-Provence
❏ Hautes-Alpes   ❏ Creuse   ❏ Drôme
❏ Isère   ❏ Savoie   ❏ Haute-Savoie
❏ Var   ❏ Haute-Vienne

7. Cochez sur cette liste les départements alsaciens.

❏ Meurthe-et-Moselle ❏ Meuse   ❏ Moselle
❏ Bas-Rhin   ❏ Haut-Rhin   ❏ Vosges

8. Cochez sur cette liste les départements viticoles.

❏ Calvados   ❏ Charente   ❏ Charente-Maritime
❏ Côte-d'Or   ❏ Finistère   ❏ Gironde
❏ Bas-Rhin   ❏ Haut-Rhin   ❏ Saône-et-Loire

9. Quelle est la longueur des côtes de la France métropolitaine ?

❏ 320 km   ❏ 3 200   ❏ 32 000
❏ 320 000

10. Quel est le pourcentage de la population urbaine ?

❏ 20 %   ❏ 50 %   ❏ 80 %
❏ 100 %

△ Niveau 3 – Connaissances générales Vos acquis du lycée

Voici une liste de trente questions. Essayez de les traiter en moins d'une demi-heure. Ce sera déjà une très bonne performance. Quand vous relirez cet ouvrage, vous vous efforcerez de les traiter en un quart d'heure. Ce sera le rythme d'un champion.

Certaines questions peuvent exiger des estimations, calculs ou comparaisons. Si vous ne trouvez pas immédiatement la bonne réponse, un minimum de réflexion devrait vous mettre sur la bonne voie. En tout état de cause, la réflexion sera souvent nécessaire pour vérifier vos réponses.

Ces questions portent sur la démographie, puis sur la géographie administrative et la géographie régionale.

1. Quelle est la superficie de la France par rapport à l'ensemble des terres émergées ?

❏ 0,01 %   ❏ 0,1 %   ❏ 0,3 %
❏ 1 %   ❏ 3 %

2. Quelle est la population de la France par rapport à celle de l'ensemble du globe ?

❏ 0,01 %   ❏ 0,1 %   ❏ 0,5 %
❏ 1 %   ❏ 5 %   ❏ 10 %

3. Par rapport à celle de l'Europe, sans la Russie, quelle est la superficie de la France ?

❑ 0,01 % ❑ 0,1 % ❑ 10 %
❑ 20 %

4. Par rapport à celle de l'Europe, sans la Russie, quelle est la population de la France ?

❑ 0,5 % ❑ 1 % ❑ 5 %
❑ 10 %

5. Trouvez le nombre annuel des naissances en France.

❑ 50 000 ❑ 150 000 ❑ 250 000
❑ 500 000 ❑ 700 000

6. Trouvez le nombre annuel de décès.

❑ 50 000 ❑ 150 000 ❑ 200 000
❑ 300 000 ❑ 500 000

7. Trouvez l'accroissement démographique naturel.

❑ moins 200 000 ❑ moins 100 000 ❑ néant
❑ plus de 100 000 ❑ plus de 200 000

8. Trouvez le taux de mortalité.

❑ 1 pour mille habitants ❑ 2 ❑ 3
❑ 5 ❑ 7 ❑ 9

9. Trouvez le taux de natalité.

❑ 12 pour mille habitants ❑ 15 ❑ 18
❑ 20 ❑ 25

10. Quelle est la longueur des frontières de la France ?

❑ 5 670 km ❑ 6 750 km ❑ 7 650 km

11. Avec quel pays la France a-t-elle la plus grande frontière terrestre ?

❑ Allemagne ❑ Belgique ❑ Espagne
❑ Italie ❑ Luxembourg ❑ Suisse

12. Quelle est, sur le territoire métropolitain, la plus grande distance Est-Ouest ?

❑ 545 km ❑ 645 km ❑ 845 km
❑ 945 km

13. Trouvez la distance Nord-Sud, entre Dunkerque et la frontière espagnole (Pyrénées-Orientales) ?

❏ 379 km　　　　❏ 793 km　　　　❏ 973 km
❏ 1 213 km

14. Lequel de ces arrondissements est au centre de la France ?

❏ Bergerac　　　　❏ Cholet　　　　❏ Compiègne
❏ Saint-Amand-Montrond　　　　❏ Saverne

15. Marquez **d** pour département et **t** pour territoire d'Outre-Mer.

❏ Guadeloupe　　❏ Guyane　　　　❏ Martinique
❏ Nouvelle-Calédonie　　　　❏ Polynésie française
❏ La Réunion　　❏ Wallis-et-Futuna

16. Quelle est la population la moins peuplée de ces collectivités territoriales d'Outre-Mer ?

❏ Guadeloupe　　❏ Martinique　　❏ La Réunion
❏ Saint-Pierre-et-Miquelon

17. Classez chacun de ces départements dans sa région.

❏ Calvados　　　❏ Finistère　　　❏ Ille-et-Vilaine
❏ Manche　　　　❏ Mayenne　　　❏ Morbihan
❏ Sarthe　　　　❏ Orne　　　　　❏ Deux-Sèvres
❏ Vendée　　　　❏ Vienne

a. Bretagne　　　b. Basse-Normandie　　c. Pays de la Loire

18. Cochez les petits massifs montagneux qui se trouvent dans la région Provence-Alpes-Côte d'Azur (PACA).

❏ Causses　　　❏ Cévennes　　　❏ Estérel
❏ Margeride　　❏ Maures
❏ Montagne-Sainte-Victoire　　　❏ Ventoux

19. Classez les îles de la France métropolitaine par ordre de superficie décroissante.

❏ Belle-Ile　　　❏ Corse　　　　❏ Groix
❏ Noirmoutier　❏ Oléron　　　　❏ Ouessant
❏ Ré　　　　　❏ La Réunion　　❏ Tahiti
❏ Yeu

20. Cochez sur cette liste les ports de la Manche.

❏ Boulogne-sur-Mer ❏ Cherbourg ❏ Dunkerque
❏ Le Havre ❏ Lorient ❏ Saint-Malo

21. Cochez sur cette liste les ports de l'Atlantique.

❏ Ars-en-Ré ❏ Bordeaux ❏ La Rochelle
❏ Les Sables-d'Olonne ❏ Lorient
❏ Nantes ❏ Noirmoutier ❏ Saint-Nazaire

22. Cochez sur cette liste les ports de la Méditerranée.

❏ Ajaccio ❏ Bastia ❏ Béziers
❏ Marseille ❏ Montpellier ❏ Nice
❏ Perpignan ❏ Sète ❏ Toulon

23. Voici une liste de dix rivières. Marquez par une lettre à quel bassin appartient chacune d'elles.

❏ Ain ❏ Allier ❏ Baïse ❏ Charente
❏ Drac ❏ Eure ❏ Meurthe
❏ Moselle ❏ Oise ❏ Sèvre-Nantaise
❏ Truyère ❏ Var ❏ Vendée
a. Garonne b. Loire c. Rhin
d. Rhône e. Seine

24. L'un de ces lacs n'est pas spécifiquement français.

❏ Lac d'Annecy ❏ Lac du Bourget ❏ Lac Chambon
❏ Lac Léman ❏ Lac Pavin

25. Cochez la région où il y a le moins de salariés.

❏ Bretagne ❏ Ile-de-France ❏ Nord-Pas-de-Calais
❏ Provence-Alpes-Côte d'Azur ❏ Rhône-Alpes

26. Cochez les régions frontalières de l'Espagne et de l'Italie, en marquant E et I.

❏ Aquitaine ❏ Auvergne
❏ Languedoc-Roussillon ❏ Limousin
❏ Midi-Pyrénées ❏ Provence-Alpes-Côte d'Azur
❏ Rhône-Alpes

27. Classez du Nord au Sud les régions riveraines de l'Atlantique.

❏ Aquitaine ❏ Bretagne ❏ Basse-Normandie
❏ Haute-Normandie ❏ Pays de la Loire ❏ Poitou-Charentes

28. Cochez sur cette liste les régions riveraines de la Manche, en remontant de l'Ouest vers le Nord-Est.

❑ Bretagne   ❑ Ile-de-France   ❑ Basse-Normandie
❑ Haute-Normandie   ❑ Nord-Pas-de-Calais   ❑ Pays de la Loire
❑ Picardie

29. Cochez sur cette liste les régions riveraines de la Méditerranée.

❑ Aquitaine   ❑ Auvergne
❑ Corse   ❑ Languedoc-Roussillon
❑ Provence-Alpes-Côte d'Azur   ❑ Rhône-Alpes

30. Cochez sur cette liste les régions qui ne sont ni maritimes ni frontalières.

❑ Auvergne   ❑ Bourgogne   ❑ Centre
❑ Ile-de-France   ❑ Limousin

6 Économie et Société

C'est un « nouveau domaine » de la culture générale dans les concours administratifs. Beaucoup de questions y sont maintenant consacrées.

Voici une typologie des questions les plus fréquentes que nous avons relevées dans les concours récents :

➢ les secteurs d'activité (primaire, secondaire, tertiaire),

➢ les acteurs de la vie économique, notamment les entreprises,

➢ le travail et l'emploi,

➢ la population (démographie, immigration, niveau de vie).

Toutes ces questions sont abondamment traitées dans notre ouvrage de la même collection : *ÉCONOMIE et SOCIÉTÉ FRANCAISES*, par J.-F. GUÉDON (ENA) et S. GELIN (Institut d'Études politiques de Strasbourg).

Voici maintenant pour vous entraîner dans des domaines variés :

➢ dix questions pour vous tester en économie ;

➢ les grandes entreprises mondiales et les grands groupes européens ;

➢ les productions stratégiques dans le monde ;

➢ dix questions portant sur les statistiques démographiques.

Dix questions pour vous tester en économie (*)

1. Voici quelques postes de dépenses par rapport à la consommation totale des ménages.

Pouvez-vous attribuer à chacun son pourcentage ?

Série 1
❏ Habillement
❏ Produits alimentaires
❏ Services médicaux et de santé

(*) Les réponses et commentaires sont en p. 246.

Pour l'année 1960 :
a. 5 %   b. 11 %   c. 33,3 %

Pour l'année en cours :
a. 6 %   b. Plus de10 %   c. Moins de 20 %

Série 2

Voici trois postes qui se trouvaient entre 10 et 15 % en 1960. Trouvez leur pourcentage actuel.
❏ Logement
❏ Meubles et matériel ménager
❏ Transports et communications

a. 7 %   b. Près de 20 %   c. 21 %

2. Quand a été créée la Banque de France ?

❏ 1600   ❏ 1700   ❏ 1800
❏ 1848   ❏ 1900   ❏ 1945

3. Quand a été créé le Conseil de politique monétaire ?

❏ 1800   ❏ 1848   ❏ 1913
❏ 1945   ❏ 1958   ❏ 1981
❏ 1993   ❏ 1999

Ses membres sont irrévocables.
❏ vrai   ❏ faux

4. Qu'est-ce-que le ou la COB ?

❏ Comité des opérateurs boursiers
❏ Commission des offres bancaires
❏ Commission des opérations de bourse
❏ Conseil des opérateurs bancaires

5. Trouvez deux marchés de création récente.

❏ GMF   ❏ MAAF   ❏ MAIF
❏ MATIF   ❏ MGEN   ❏ MONEP

6. Qu'est-ce que les OPCVM ?

❏ Organisations publiques des changes sur les valeurs et les marchés
❏ Organisations parallèles des changes sur les valeurs mobilières
❏ Organismes publics chargés de la coopération monétaire
❏ Organismes de placements collectifs en valeurs mobilières

7. Qu'est-ce que le ou la TIOP ?

❑ Taux interbancaire sur les opérations de prêt
❑ Taux interbancaire offert à Paris
❑ Taux interprofessionnel sur les opérations publiques
❑ Taxe interprofessionnelle sur les opérations pétrolières

8. Combien y a-t-il en France d'établissements de crédits ?

❑ 60   ❑ 160   ❑ 1 600
❑ 16 000   ❑ 160 000

9. Organisation du système financier français.

Outre le Trésor, la Banque de France et la Caisse des Dépôts et Consignations (CDC), les établissements de crédits peuvent être classés en six groupes :
1. les banques affiliées à l'AFB (Association française des Banques)
2. les banques mutualistes et coopératives
3. les Caisses d'épargne et de prévoyance, la Caisse nationale d'épargne
4. les caisses de crédit municipal
5. les sociétés financières
6. les institutions financières spécialisées.

Selon leur appartenance, marquez un numéro pour les établissements suivants :

❑ Banque nationale de Paris   ❑ Crédit agricole
❑ Crédit foncier de France   ❑ Crédit local de France
❑ Crédit Lyonnais   ❑ Crédit national
❑ Groupe des Banques populaires   ❑ Maisons de titres
❑ Réseau de La Poste   ❑ Réseau de l'Écureuil
❑ Société Générale   ❑ Sociétés de crédit-bail
❑ Sociétés de crédit différé   ❑ Sociétés de crédit immobilier

10. Les compartiments des marchés des capitaux.

Marquez « o » les marchés ouverts à tous les agents et « f » les marchés « fermés » réservés aux établissements de crédit. Puis « c » les marchés à court et moyen terme et « l » les marchés à long terme.

❑ Marché financier (valeurs mobilières)
❑ Marché hypothécaire (lieu d'échange de titres de créances logement)
❑ Marché interbancaire
❑ Marché des titres négociables

Les grandes entreprises mondiales et les grands groupes européens (*)

1. Quelle est la première entreprise industrielle mondiale ?

   ❏ Exxon   ❏ General Motors   ❏ Hitachi   ❏ Ford
   ❏ Mitsubishi   ❏ Mitsui   ❏ Royal Dutch Shell
   ❏ Sumitomo   ❏ Toyota   ❏ Daimler-Chrysler

2. Pouvez-vous classer les groupes automobiles européens ?

   ❏ BMW   ❏ Daimler-Benz   ❏ Fiat
   ❏ Opel   ❏ PSA Peugeot-Citroën
   ❏ Renault   ❏ Volkswagen   ❏ Volvo

3. Quel est le premier groupe agro-alimentaire européen ?

   ❏ Bat Industries (GB)   ❏ Danone (France)
   ❏ Hanson (GB)   ❏ Nestlé (Suisse)
   ❏ Unilever (Pays-Bas)

4. Dans le secteur Bâtiment et Travaux Publics, la France possède-t-elle cinq groupes parmi les huit premiers européens ?

   ❏ oui   ❏ non

5. Classez les premiers groupes industriels et tertiaires français.

   ❏ Axa   ❏ Carrefour
   ❏ Alcatel-Alsthom ❏ EDF   ❏ Total Fina ELF
   ❏ France-Telecom   ❏ Vivendi   ❏ PSA Peugeot-Citroën
   ❏ Renault   ❏ Suez-Lyonnaise des Eaux

   Combien de groupes sont à plus de 40 milliards d'euros de chiffre d'affaires annuel ?
   ❏ 3   ❏ 7   ❏ 13

6. Classez les plus grands groupes français dans le domaine bancaire.

   ❏ Banque nationale de Paris   ❏ Crédit agricole (CNCA)
   ❏ Crédit Lyonnais   ❏ Crédit industriel et commercial
   ❏ Société générale

(*) Les réponses et commentaires sont en p. 248.

Les productions stratégiques dans le monde (*)

1. Quelle est la production annuelle d'or dans le monde ?

   ❏ 400 tonnes   ❏ 2 000   ❏ 20 000
   ❏ 200 000

   Quel est le premier producteur ?
   ❏ Afrique du Sud   ❏ Australie   ❏ Canada
   ❏ États-Unis   ❏ Russie   ❏ Pérou

2. Quelle est la production d'acier dans le monde ?

   ❏ 5 millions de tonnes ❏ 50   ❏ 75
   ❏ 150   ❏ 250   ❏ 800

   Quel est le premier producteur ?
   ❏ Allemagne   ❏ Chine   ❏ États-Unis
   ❏ Japon   ❏ Russie   ❏ Inde

3. Quelle est la production de cuivre dans le monde ?

   ❏ 1 million de tonnes   ❏ 13   ❏ 25   ❏ 100

   Quel est le premier producteur ?
   ❏ Chili   ❏ Canada   ❏ États-Unis
   ❏ Indonésie   ❏ Russie   ❏ Australie

4. Quelle est la production de charbon dans le monde ?

   ❏ 5 millions de tonnes ❏ 50   ❏ 500
   ❏ 5 000   ❏ 50 000

   Quel est le premier producteur ?
   ❏ Afrique du Sud   ❏ Allemagne   ❏ Australie
   ❏ Chine   ❏ États-Unis   ❏ Inde
   ❏ Russie

5. Quelle est la production annuelle de pétrole dans le monde ?

   En millions de tonnes.
   ❏ 30   ❏ 300   ❏ 3 000
   ❏ 30 000

   Quel est le premier producteur ?
   ❏ Arabie saoudite   ❏ Chine   ❏ États-Unis
   ❏ Iran   ❏ Koweït   ❏ Mexique
   ❏ Russie   ❏ Algérie   ❏ Vénézuéla

(*) Les réponses et commentaires sont en p. 249.

6. Quelle est la production de gaz naturel dans le monde ?

❏ 2,5 milliards de m³ ❏ 25   ❏ 250
❏ 2 500   ❏ 25 000

Quel est le premier producteur ?
❏ Canada   ❏ États-Unis   ❏ Pays-Bas
❏ Royaume-Uni   ❏ Russie

7. Quelle est la production d'électricité dans le monde ?

❏ 1,3 milliard de kwh ❏ 13   ❏ 130
❏ 1 300   ❏ 13 000

Quel est le premier producteur ?
❏ Allemagne   ❏ Chine   ❏ France
❏ États-Unis   ❏ Japon   ❏ Russie

8. Quelle est la production d'énergie nucléaire dans le monde ?

❏ 2,6 milliards de kwh ❏ 26   ❏ 260
❏ 2 600   ❏ 26 000

Classez les pays producteurs.
❏ Allemagne   ❏ États-Unis   ❏ France
❏ Japon   ❏ Russie   ❏ Corée du Sud

9. Quelle est la production d'uranium dans le monde ?

❏ 35 tonnes   ❏ 350   ❏ 3 500
❏ 35 000   ❏ 350 000

Quel est le premier producteur ?
❏ Australie   ❏ Canada   ❏ États-Unis
❏ Namibie   ❏ Niger   ❏ Russie

Statistiques démographiques (*)

Les questions de démographie sont fréquentes dans les QCM.

En outre, la connaissance des chiffres essentiels est indispensable dans les épreuves de culture générale et d'économie.

(*) Les réponses et commentaires sont en p. 251.

1. Parmi ces divers chiffres, trouvez la population du monde à l'heure actuelle (a), et l'estimation pour 2025 (e).

   ❑ 800 millions   ❑ 1 milliard   ❑ 1,6 milliard
   ❑ 2,5 milliards   ❑ 6 milliards   ❑ 8 milliards
   ❑ 12 milliards

2. Quelle est la population de l'Asie ?

   ❑ 350 millions d'habitants   ❑ 700
   ❑ 1 500   ❑ 3 800

3. Quelle est la population de la Chine ?

   ❑ 130 millions d'habitants   ❑ 300
   ❑ 700   ❑ 1 300

   Quel est son accroissement annuel ?
   ❑ 6 millions   ❑ 10
   ❑ 60   ❑ 100

4. Quelle est la population de l'Inde ?

   ❑ 50 millions d'habitants   ❑ 90
   ❑ 590   ❑ 1 000

   Quel est son accroissement annuel ?
   ❑ 5 millions   ❑ 10
   ❑ 15   ❑ 50
   ❑ 100

5. Quelle est la population de l'Afrique ?

   ❑ 70 millions d'habitants   ❑ 170
   ❑ 250   ❑ 500
   ❑ 750   ❑ 800

   Quelle était la population de l'Afrique au début du siècle ?
   ❑ 50 millions d'habitants   ❑ 100
   ❑ 250   ❑ 700

   Quel chiffre pourrait-elle atteindre en l'an 2025 ?
   ❑ 50 millions d'habitants   ❑ 100
   ❑ 500   ❑ 1 500

6. Quelle est la population de l'Amérique du Nord ?

   ❑ 80 millions d'habitants   ❑ 300
   ❑ 600   ❑ 900

7. Quelle est la population de l'Amérique latine ?

❏ 50 millions d'habitants   ❏ 150
❏ 250   ❏ 500

8. Quelle est la population de l'Océanie ?

❏ 3 millions d'habitants   ❏ 30
❏ 300

9. Quelle est la population actuelle de l'Europe ?

❏ 100 millions d'habitants   ❏ 250
❏ 700   ❏ 1 500
❏ 3 000

Va-t-elle augmenter d'ici l'an 2025 ?
❏ oui   ❏ non

10. Quelle est la population de la France ?

❏ 9 millions d'habitants   ❏ 29
❏ 49   ❏ 59
❏ 69

Quelle est l'espérance de vie ?
❏ 66 ans   ❏ 78
❏ 86   ❏ 98

7 Sciences et techniques

Vous devez connaître les grands noms de la science, les grandes découvertes et les principaux progrès techniques qui ont marqué notre Histoire et vont assurer notre avenir.

Ces éléments vous seront utiles pour toutes les épreuves de culture générale : dissertation, exposé, conversation avec le jury.

Il faut penser aussi aux grands débats en cours sur les risques technologiques majeurs, sur les problèmes d'éthique et le respect des valeurs, en particulier dans le domaine des sciences de la vie et de la santé.

Les questions suivantes vont vous aider à mémoriser des données essentielles, particulièrement indispensables pour tous les concours des ministères et services techniques et pour les grands établissements scientifiques.

Questions générales (*)

1. Qui fut le principal maître d'œuvre de la première pile atomique ?
❏ Einaudi   ❏ Fanfani   ❏ Fermi
❏ Leone   ❏ Pertini   ❏ Ciampi

Où fut-elle construite ?
❏ Chicago   ❏ Milan   ❏ Rome
❏ Turin   ❏ Venise

Quand ?
❏ 1932   ❏ 1942   ❏ 1952
❏ 1962

2. Quel nom fut donné au projet de construction de la première bombe atomique ?
❏ Apollo   ❏ Hiroshima   ❏ Manhattan
❏ Nuremberg   ❏ Spoutnik   ❏ Oppenheimer
❏ aucun nom particulier

Quand eut lieu la première explosion ?
❏ 1939   ❏ 1941   ❏ 1943
❏ 1945   ❏ 1947

(*) Les réponses et commentaires sont en p. 254.

3. Au cours de quelle décennie ont été réalisées les premières expériences de télévision ?

❏ 1920   ❏ 1930   ❏ 1940
❏ 1950   ❏ 1960

4. D'où vient le mot *Radar* ?

❏ l'anglais Raymond Darblay
❏ l'américain Ray Darby
❏ l'expression Radio Army abrégée
❏ c'est un acronyme

5. D'où vient le mot laser ?

❏ l'anglais John Laser
❏ l'allemand Gustav Laser
❏ l'américain Philip Laser
❏ c'est un acronyme

6. De quelle décennie date le premier calculateur électronique ?

Et le premier transistor ?
❏ 1930   ❏ 1940   ❏ 1950
❏ 1960   ❏ 1970

7. De quelle décennie datent les premiers ordinateurs ?

❏ 1920   ❏ 1930   ❏ 1940
❏ 1950   ❏ 1960

La conquête de l'espace (*)

1. Où a volé le premier avion à réaction ?

❏ Allemagne ❏ États-Unis ❏ France
❏ Royaume-Uni ❏ URSS

2. Quand fut lancé le premier satellite ?

❏ 1917   ❏ 1927   ❏ 1937
❏ 1947   ❏ 1957

Quel était son nom ?
❏ Apollo   ❏ Discovery ❏ Laïka
❏ Spoutnik ❏ Gagarine

(*) Les réponses et commentaires sont en p. 255.

3. Quand fut lancé le premier homme dans l'espace ?

❏ 1921   ❏ 1931   ❏ 1941
❏ 1951   ❏ 1961

4. De quand datent les premiers satellites de communication ?

❏ 1952-53   ❏ 1962-63   ❏ 1972-73
❏ 1982-83

5. Quand a été réalisée la conquête de la Lune ?

❏ 1959   ❏ 1969   ❏ 1979
❏ 1989

6. Quels sont les premiers hommes ayant marché sur la Lune ?

❏ Armstrong   ❏ Aldrin   ❏ Johnson
❏ Jordan

Pour approfondir

Dans la collection *QCM de culture générale*, vous trouverez l'ouvrage de Claude DE LOUPY et Pierre-François GUÉDON, *LES SCIENCES ET TECHNIQUES*.

8 QCM politiques

La vie politique est fréquemment abordée dans les QCM, de multiples façons. À travers le droit, l'histoire et les institutions. Mais aussi dans l'actualité, notamment sur le plan électoral.

Nous vous proposons de tester vos connaissances avec les deux séries suivantes :

➤ les Chefs d'État et de Gouvernement,

➤ exercices sur les textes fondamentaux.

Les Chefs d'État et de Gouvernement (*)

Leurs noms font partie de l'histoire et de l'actualité puisque nous les traitons en début d'année 2003.

Nous avons placé en série 1 les plus importants ou les plus connus.

Les autres sont classés par grands ensembles géographiques.

Il faudra souvent distinguer entre Chef de l'État (souverain ou Président de la République) et Chef du Gouvernement (Premier ministre ou Président du Conseil).

Mais les deux fonctions peuvent être confondues :

– soit dans les dictatures, dont ce peut être un critère (un individu s'arroge tous les pouvoirs),

– soit dans les démocraties dont le régime est présidentiel (l'exécutif est unicéphale, mais le pouvoir législatif et le pouvoir judiciaire sont forts et séparés, ce qui garantit l'exercice des libertés démocratiques).

(*) Les réponses et commentaires sont en p. 256.

1. États-Unis d'Amérique.

Quel est le nom du Président ?
❏ Bush   ❏ Cheney   ❏ Clinton
❏ Gore   ❏ Washington

Quel est son prénom ?
❏ Albert   ❏ George   ❏ Hillary
❏ Jefferson   ❏ John   ❏ William

2. Fédération de Russie.

Marquez le nom du Chef de l'État élu Président en l'an 2000.
❏ Eltsine   ❏ Gorbatchev   ❏ Lebed
❏ Poutine   ❏ Tchernomyrdine ❏ Ziouganov

3. République Fédérale d'Allemagne.

Cochez le nom du Chef de l'État.
❏ Adenauer ❏ Herzog ❏ Kohl ❏ Rau ❏ Ulrich

Quel est le titre du Chef du Gouvernement ?
❏ Aucun   ❏ Chancelier   ❏ Président
❏ Premier ministre   ❏ Contrôleur général
❏ Il n'y en a pas (c'est le Chef de l'État qui joue ce rôle)

4. Royaume-Uni de Grande-Bretagne et d'Irlande du Nord.

Depuis quand la Reine Elisabeth II est-elle Chef de l'État ?
❏ 1932   ❏ 1942   ❏ 1952
❏ 1962   ❏ 1972   ❏ 1982

Qui est le Chef du Gouvernement ?
❏ Blair   ❏ Churchill   ❏ Major
❏ Thompson   ❏ Mme Thatcher

5. Japon (Nihon Koku).

Cochez le nom du Chef de l'État (E) et celui du Chef de Gouvernement (G).
❏ Akihito   ❏ Hiro-Hito   ❏ Isoroku
❏ Zurichiro   ❏ Koizumi   ❏ Yamamoto

6. République populaire de Chine.

Cochez le nom du Chef de l'État (E) et celui du Chef de Gouvernement (G), en date de janvier 1998 et jusqu'à nos jours :

❏ Li Peng   ❏ Tchang Kaï-chek   ❏ Mao Zedong
❏ Jiang Zemin   ❏ Zhu Rongji   ❏ Hu Jintao

7. Union Indienne.

Cochez le nom du Chef de l'État (E) et celui du Chef de Gouvernement (G).

❏ Gandhi   ❏ Gujral   ❏ Narayanan
❏ Nehru   ❏ Roman   ❏ Vajpayee

8. République d'Indonésie.

Trouvez le nom du Chef de l'État.

❏ Bornéo   ❏ Java   ❏ Suharto
❏ Sulawesi   ❏ Sumatra   ❏ Wahid

9. République Fédérale du Brésil.

Cochez le nom du Chef de l'État.

❏ Cardoso   ❏ Leonardo   ❏ Pelé   ❏ Da Silva
❏ Raï   ❏ Ricardo   ❏ Vava   ❏ Zico

10. République de Cuba.

En quelle année Fidel Castro a-t'il pris le pouvoir à Cuba ?

❏ 1942   ❏ 1959   ❏ 1962
❏ 1969   ❏ 1972   ❏ 1979

Exercices sur les textes fondamentaux (*)

Il vous faut bien connaître la Déclaration des Droits de l'Homme et du Citoyen du 26 août 1789, le Préambule de la Constitution du 27 octobre 1946 et les principaux articles de la Constitution du 4 octobre 1958.

Voici maintenant, pour tester votre sagacité, quelques questions sur des phrases essentielles de ces textes.

(*) Les réponses et commentaires sont en p. 258.

Déclaration des Droits

Article 1. Les hommes naissent et demeurent ❑ indépendants ❑ libres ❑ souverains ❑ égaux en droits. Les distinctions sociales ne peuvent être fondées que sur ❑ l'hérédité ❑ la lutte des classes ❑ l'utilité commune ❑ les élections ❑ les revenus.

Article 2. Le but de toute ❑ alliance internationale ❑ allocation sociale ❑ association politique est la ❑ bonification ❑ conservation ❑ promulgation des droits naturels et ❑ internationaux ❑ imprescriptibles ❑ nationaux ❑ supra-nationaux de l'homme. Ces droits sont ❑ l'abstinence ❑ la bonne chère ❑ la conduite automobile ❑ la liberté ❑ la nationalité ❑ la propriété ❑ la République ❑ la salubrité ❑ la sûreté et la résistance à l'oppression.

Pour vous aider : il faut cocher 4 cases de la dernière phrase.

Article 3. Le principe de toute ❑ adaptabilité ❑ disponibilité ❑ facilité ❑ rareté ❑ souveraineté réside essentiellement dans ❑ la loi ❑ la nation ❑ la communauté internationale. Nul corps, nul individu ne peut exercer ❑ d'action ❑ d'autorité ❑ d'exaction ❑ de représailles ❑ de sobriété ❑ de tranquillité qui n'en émane expressément.

Constitution du 4 octobre 1958

Article premier. Cochez 4 cases pour la première phrase et 3 pour la seconde.

La France est une République ❑ éclairée ❑ généreuse ❑ fédérale ❑ indivisible ❑ laïque ❑ religieuse ❑ démocratique ❑ internationale et ❑ tributaire ❑ sociale. Elle assure l'égalité devant la loi de tous les citoyens, sans distinction ❑ de fiscalité ❑ de nationalité ❑ d'origine ❑ de race ou ❑ de philosophie ❑ de secte ❑ de religion.

Elle respecte toutes les ❑ convictions ❑ grammaires ❑ manifestations ❑ croyances ❑ théories.

Article 3. La ❑ République ❑ Nation ❑ souveraineté nationale ❑ négociation des traités appartient au peuple, qui l'exerce par ses ❑ attributs ❑ décrets ❑ représentants ❑ tuteurs et par la voie ❑ de la motion de censure ❑ de la question de confiance ❑ du référendum ❑ du traité.

Le suffrage peut être ❏ aboli ❏ bénéfique ❏ direct ou ❏ progressiste ❏ successif ❏ parallèle ❏ indirect dans les conditions prévues par la Constitution. Il est toujours ❏ généreux ❏ charitable ❏ bénéfique ❏ universel ❏ actif ❏ passif ❏ égal ❏ inégal et ❏ public ❏ secret ❏ transversal ❏ vertical.

Cochez 3 cases pour la dernière phrase.

Article 4. Les ❏ divisions ❏ ministres ❏ partis ❏ régions et groupements ❏ économiques ❏ internationaux ❏ politiques ❏ sociaux concourent à l'expression ❏ du Gouvernement ❏ du Parlement ❏ du suffrage. Ils se forment et exercent leurs activités ❏ autoritairement ❏ indépendamment ❏ librement ❏ supérieurement. Ils doivent respecter les principes de la ❏ philosophie ❏ religion ❏ souveraineté nationale ❏ totalité nationale et de la ❏ centralisation ❏ décentralisation ❏ démocratie ❏ grammaire ❏ langue française.

Article 5. Le Président de ❏ l'Assemblée ❏ la Cour des Comptes ❏ la République veille au respect de ❏ l'économie ❏ l'équilibre budgétaire ❏ la démocratie ❏ la Constitution. Il assure, par ❏ sa dictature ❏ son arbitrage ❏ ses interventions, le fonctionnement régulier des pouvoirs publics ainsi que la ❏ bonne marche ❏ continuité ❏ persévérance ❏ raison de l'État.

Il est le garant de ❏ la monnaie ❏ l'équilibre des finances publiques ❏ l'indépendance nationale ❏ la sécurité de l'emploi, de l'intégrité ❏ des hommes politiques ❏ des ministres ❏ des règlements administratifs ❏ du territoire et du respect ❏ des dames ❏ des personnes âgées ❏ des traités ❏ des décisions des arbitres.

Cochez trois cases pour la dernière phrase.

Article 6. Le Président de la République est élu pour ❏ trois ❏ cinq ❏ sept ❏ neuf ans au suffrage ❏ indivisible ❏ universel ❏ direct ❏ indirect.

❾ Relations internationales

Les relations internationales tiennent une grande place dans les concours de catégorie A, que ce soit à l'écrit ou à l'oral (conversation avec le jury).

Bien entendu, beaucoup de questions sont en liaison étroite avec l'histoire et la géographie, ou encore avec l'économie.

Nous vous présentons, pour vous entraîner et réviser vos connaissances sur les Institutions, un questionnaire centré sur l'Organisation des Nations-Unies. Nous vous présenterons ensuite un QCM consacré aux Prix Nobel de la Paix.

L'Organisation des Nations-Unies (*)

1. Quand est entrée en vigueur la Charte de l'ONU ?

❏ 1905   ❏ 1915   ❏ 1925
❏ 1945   ❏ 1965

2. Chassez l'intrus parmi ces principaux organes de l'ONU.

❏ Assemblée générale
❏ Conseil constitutionnel
❏ Conseil économique et social
❏ Conseil de sécurité
❏ Secrétariat

3. Voici, dans l'ordre alphabétique, une liste de secrétaires généraux de l'ONU depuis sa fondation, ainsi que leur pays d'origine.

Il vous est demandé de la remettre dans l'ordre chronologique, en indiquant leur nationalité et leur prénom.

❏ Annan   ❏ Boutros-Ghali   ❏ Hammarskjöld
❏ Lie   ❏ Perez de Cuellar   ❏ Waldheim
❏ Thant

❏ Boutros   ❏ Dag   ❏ Javier
❏ Kofi   ❏ Kurt   ❏ Sithu U
❏ Trygve

❏ Autriche   ❏ Birmanie   ❏ Égypte
❏ Ghana   ❏ Norvège   ❏ Suède
❏ Pérou

(*) Les réponses et commentaires sont en p. 260.

4. Chassez l'intrus parmi ces organisations spécialisées de l'ONU.

Série 1
❏ BCRD   ❏ FAO   ❏ OIT
❏ UNESCO

Série 2
❏ BIRD   ❏ FMI   ❏ FINUL
❏ OMS

Série 3
❏ OACI   ❏ UPU   ❏ IUT
❏ UIT

Série 4
❏ OMM   ❏ OMI   ❏ OMPI
❏ POMPE

Série 5
❏ AID   ❏ FIDA   ❏ FIDO
❏ ONUDI

5. Chassez l'intrus parmi les organes de l'ONU.

Série 1
❏ AELE   ❏ CMA   ❏ CNUCED
❏ FNUAP

Série 2
❏ HCR   ❏ PAM   ❏ PNUD
❏ PRUNE

Série 3
❏ PNUE   ❏ UEBL   ❏ UNICEF
❏ UNU   ❏ UNRWA

6. Chassez l'intrus parmi ces organisations à statut spécial.

Série 1
❏ AIEA   ❏ GATT   ❏ GAFFE
❏ OMT

Série 2
❏ OIM   ❏ OMC   ❏ ONDE
❏ Organisation du CTBT

Les prix Nobel de la Paix (*)

Nous avons choisi de consacrer une rubrique particulière à diverses personnalités qui ont obtenu le Prix Nobel de la Paix.

Intérêt pédagogique

Leurs noms méritent d'être retenus, puisqu'ils illustrent divers aspects de l'histoire de l'humanité au XXe siècle.

Les manuels d'histoire devraient sans doute leur attribuer une plus grande place.

Avec les grands savants et les grands artistes, ce sont eux qui représentent le mieux l'honneur de l'humanité.

Plusieurs d'entre eux sont morts assassinés, victimes du fanatisme.

Pour mémoire : depuis 1901, neuf Français ont obtenu le Prix Nobel de la Paix, dont Aristide Briand en 1926. Il faut y ajouter l'organisation humanitaire MÉDECINS SANS FRONTIÈRES en 1999.

Les relations internationales tiennent une grande place dans les concours de catégorie A, que ce soit à l'écrit ou à l'oral (conversation avec le jury).

1. Cochez le nom des Sud-Africains ayant obtenu le Prix Nobel de la Paix.

   ❑ Martin Luther King   ❑ Frédéric de Klerck
   ❑ Albert-John Lutuli   ❑ Nelson Mandela
   ❑ Desmond Tutu

2. Retrouvez le nom du syndicaliste français qui obtint le Prix Nobel de la Paix en 1951.

   ❑ Léon Blum   ❑ Benoît Frachon   ❑ Léon Jouhaux
   ❑ Maurice Thorez

   Pour vous aider, son nom est lié à la naissance du syndicat CGT-FO

3. Cochez les bonnes cases concernant Albert Schweitzer.

   ❑ médecin   ❑ missionnaire   ❑ musicien
   ❑ musicologue   ❑ organiste   ❑ philosophe
   ❑ théologien

(*) Les réponses et commentaires sont en p. 263.

4. Retrouvez le nom d'un général américain qui devint Secrétaire d'État en 1947 et prépara un plan d'assistance et de reconstruction pour l'Europe.

❏ Eisenhower   ❏ Marshall   ❏ Pershing

5. Retrouvez le nom d'un pasteur noir américain qui s'est illustré dans la lutte non violente pour les droits civiques.

❏ James   ❏ Jones   ❏ King
❏ Luther   ❏ Martin

6. Trouvez le nom du juriste français qui a obtenu le Prix Nobel de la Paix en 1968.

❏ Guy Braibant   ❏ René Cassin   ❏ Georges Dupuis
❏ André de Laubadère   ❏ Georges Vedel

Pour vous aider : il travailla auprès du Général de Gaulle de 1940 à 1944, et repose maintenant au Panthéon.

7. Trouvez le nom du Secrétaire d'État américain qui obtint le Prix Nobel de la Paix en 1973 pour son rôle dans les négociations pour la paix au Vietnam.

❏ Carter   ❏ Ford   ❏ Johnson
❏ Kennedy   ❏ Kissinger   ❏ Nixon

8. Andreï Dimitrievitch Sakharov obtint le prix Nobel de la Paix en 1975 pour sa lutte en faveur des Droits de l'homme, son rôle dans la démocratisation de la vie politique en U.R.S.S. Quelle était son origine ?

❏ écrivain   ❏ ouvrier   ❏ paysan
❏ physicien   ❏ violoniste

9. Qui a obtenu le Prix Nobel de la Paix en 1978 ?

❏ Menahem Begin   ❏ David Ben Gourion
❏ Gamal Abdel Nasser   ❏ Anouar al-Sadate

10. Le syndicaliste Lech Walesa (Solidarnosc) obtint le Prix Nobel de la Paix en 1983.

Où travaillait-il ?
❏ dans une aciérie tchèque   ❏ dans une usine russe de camions
❏ dans le bâtiment à Berlin   ❏ sur un chantier naval à Gdansk

11. Retrouvez le nom d'une religieuse qui obtint le Prix Nobel de la Paix pour sa lutte contre la misère à Calcutta.

❑ Anne ❑ Camille ❑ Emmanuelle
❑ Marie ❑ Séverine ❑ Teresa

12. Trouvez le nom d'un chancelier allemand (1969-1974), ancien maire de Berlin, qui avait combattu dans les troupes norvégiennes contre les nazis.

❑ Adenauer ❑ Brandt ❑ Ehrard
❑ Kiesinger ❑ Kohl ❑ Schröder

13. Qui obtint le prix Nobel de la Paix en 1990 ?

❑ Youri Andropov ❑ Léonid Brejnev
❑ Nicolas Chvernik ❑ Mikhaïl Gorbatchev
❑ Andreï Gromyko ❑ Anastase Mikoyan
❑ Nicolas Podgorny ❑ Constantin Tchernenko

14. Qui a obtenu le Prix Nobel de la Paix en 1994 ?

❑ Yasser Arafat ❑ Shimon Peres ❑ Yitzhak Rabin

15. Qui a obtenu le Prix Nobel de la Paix en l'an 2001 ?

❑ Le Pape Jean-Paul II
❑ Le Président George Bush (États-Unis)
❑ Le Président Vladimir Poutine (Russie)
❑ Le Secrétaire général de l'ONU

16. Qui a obtenu le Prix Nobel de la Paix en 2002 ?

❑ George Bush (pére)
❑ George W.Bush (fils)
❑ Jimmy Carter
❑ Bill Clinton

1**O** Europe et Union européenne

Pourquoi faut-il mieux connaître l'Europe ?

Ce n'est pas seulement une nécessité pour les examens et concours...
C'est devenu une nécessité personnelle pour tous les citoyens européens.

L'histoire de l'Europe est notre histoire, tout comme son vécu actuel est le nôtre. Et son destin sera celui de nos enfants.

L'Europe est de longue date une composante fondamentale de notre civilisation. Tout citoyen Français est maintenant aussi un citoyen européen.

Il vous faut connaître les noms-clés et les dates phares de l'histoire européenne, le développement de notre culture, les grandes œuvres de notre civilisation.

Pour bien vous remettre en mémoire ces noms, ces dates et ces œuvres, nous vous recommandons l'ouvrage de synthèse de la même collection :

ARTS ET LETTRES
Les époques, les courants et les genres
par M.-J. GOURMELIN et D. SERRE-FLOERSHEIM.

Il vous faudra travailler de façon plus intensive l'histoire du XXe siècle. Pour bien vous remettre en mémoire les faits singuliers et les grands événements qui ont marqué l'histoire de l'Europe au XXe siècle, nous vous recommandons la lecture de l'ouvrage de synthèse publié dans la même collection :

L'Europe dans l'histoire au XXe siècle
par Bernadette GALLOUX-FOURNIER,
Agrégée de l'Université, Professeur à l'Institut d'études politiques de Paris.

Ces deux ouvrages vous donneront d'excellentes bases de culture générale, et vous seront utiles aussi pour les épreuves de dissertation ou exposé.

Enfin, pour une étude complète de l'Histoire, de la Géographie et des Institutions, nous vous recommandons le :

QCM de culture générale EUROPE ET UNION EUROPÉENNE

(aux Éditions d'Organisation, 368 pages, ouvrage mis à jour chaque année).

Nous vous proposons maintenant de vous entraîner à partir des trois séries suivantes :

➤ repères historiques pour l'Europe,

➤ vingt personnages illustres de l'histoire européenne,

➤ les institutions des pays de l'Europe des quinze.

Repères historiques pour l'Europe (*)

De l'Antiquité au XIXᵉ siècle

Voici une série de questions portant sur des dates et faits importants. Il s'agit de vérifier notamment si vous disposez bien de bons repères chronologiques.

1. Quand furent célébrés pour la première fois les Jeux Olympiques ?

   ❑ – 776   ❑ 776   ❑ 1776
   ❑ 1896

2. Qu'évoque pour vous le nom de Marathon ?

   ❑ l'un des plus beaux temples grecs
   ❑ une victoire remportée par les Grecs sur l'armée perse
   ❑ un grand concours d'éloquence remporté par Démosthène
   ❑ la plus longue des épreuves olympiques de tous les temps

3. Quel roi des Huns envahit l'est, puis l'ouest de l'Europe au milieu du Vᵉ siècle ?

   ❑ Abecassis   ❑ Attarakaï   ❑ Attila
   ❑ Attakenlob   ❑ Korolitski   ❑ Krassagrande

4. De quand date la fin de l'Empire romain d'Occident ?

   ❑ Iᵉʳ siècle   ❑ Vᵉ siècle   ❑ Xᵉ siècle

5. De quand date la fin de l'Empire romain d'Orient ?

   ❑ 453   ❑ 853   ❑ 1453
   ❑ 1853

   Quelle était sa capitale ?
   ❑ Aix-la-Chapelle ❑ Athènes   ❑ Constantinople
   ❑ Rome   ❑ Sarajevo   ❑ Vienne

(*) Les réponses et commentaires sont en p. 266.

6. Quel souverain russe fit de Moscou la « IIIe Rome » orthodoxe ?

❏ Alexandre Nevski ❏ Ivan III le Grand
❏ Ivan IV le Terrible ❏ Joseph Vissarionovitch Djougachvili

7. Près de quelle ville Charles Martel a-t-il arrêté les armées sarrasines ?

❏ Madrid   ❏ Marseille   ❏ Paris
❏ Poitiers   ❏ Turin

8. En quelle année Charlemagne a-t-il été couronné Empereur romain d'Occident ?

❏ 400   ❏ 600   ❏ 800
❏ 1000   ❏ 1200

Qui a procédé au couronnement ?
❏ le Pape   ❏ la Reine Berthe au grand pied
❏ le doyen des grands vassaux ❏ il s'est couronné lui-même

Quelle était sa capitale ?
❏ Aix-la-Chapelle ❏ Lyon   ❏ Rome
❏ Paris   ❏ Maastricht

9. Quand situez-vous les Croisades ?

❏ V^e au IXe siècle ❏ IXe au XIIe ❏ XIe au XIIIe
❏ XIIIe au XVe   ❏ XVe et XVIe

Combien y en a-t-il eu ?
❏ 3   ❏ 6   ❏ 9
❏ 12

10. En quelle année Christophe Colomb est-il arrivé en Amérique ?

❏ 1092   ❏ 1292   ❏ 1492
❏ 1692

11. Où eut lieu la bataille de Lépante ?

❏ Allemagne ❏ Espagne   ❏ France
❏ Italie   ❏ Sur mer : c'était une bataille navale

12. Que pouvait être « l'invincible Armada » ?

❏ une armée italienne
❏ une flotte espagnole
❏ une artillerie nouvelle
❏ le premier des navires cuirassés européens

13. Cochez les siècles concernés par la Guerre de Cent ans.

❏ Xe siècle ❏ XIe ❏ XIIe
❏ XIIIe ❏ XIVe ❏ XVe
❏ XVIe

14. Où s'est déroulée la Guerre des Deux Roses ?

❏ Allemagne ❏ Angleterre ❏ France
❏ Espagne ❏ Italie
❏ aucune guerre n'a a porté ce nom
❏ c'est un nom fantaisiste donné à la lutte entre deux tendances du parti socialiste

15. Sur quelle période se sont étendues les Guerres d'Italie ?

❏ 1259-1294 ❏ 1359-1394 ❏ 1494-1559
❏ 1614-1659

16. Pouvez-vous situer la Guerre de Trente Ans ?

❏ 1518-1548 ❏ 1618-1648 ❏ 1718-1748
❏ 1818-1848

17. Qui était l'alliée de la France dans la Guerre de Succession d'Autriche ?

❏ l'Angleterre ❏ l'Autriche ❏ la Prusse

18. Pouvez-vous situer la Guerre de Sept ans ?

❏ 1546-1563 ❏ 1646-1653 ❏ 1756-1763
❏ 1856-1863

19. Le plus grand Congrès européen de tous les temps se réunit de septembre 1814 à juin 1815. Où ?

❏ Berlin ❏ Londres ❏ Moscou
❏ Paris ❏ Rome ❏ Vienne

20. Parmi ces grands pays européens, y en a-t-il dont l'unification se réalisa seulement au XIXe siècle ?

❏ Allemagne ❏ Espagne ❏ France
❏ Italie ❏ Grande-Bretagne ❏ Russie

Vingt Personnages illustres de l'histoire européenne (*)

*Depuis Alexandre Le Grand et Jules César
jusqu'à Charles de Gaulle et Helmut Kohl*

Ce test vous permettra de juger si vous êtes capable de situer dans le temps les grands noms de l'histoire européenne.

1. En quel siècle situez-vous Alexandre-le-Grand ?

Avant notre ère ?
❏ 3 000 ans   ❏ 2 000 ans   ❏ 1 000 ans
❏ VIIIe siècle   ❏ IVe siècle   ❏ Ier siècle

Au cours de notre ère
❏ Ier siècle   ❏ IIIe siècle   ❏ IVe siècle

De qui était-il le fils ?
❏ Achille, roi des Myrmidons
❏ Agamemnon, roi de Mycènes
❏ Hector, défenseur de Troie
❏ Philippe de Macédoine
❏ Ulysse d'Ithaque

De qui fut-il l'élève ?
❏ Aristote   ❏ Platon   ❏ Socrate
❏ Héraclite   ❏ Parménide

2. En quel siècle situez-vous Jules César ?

Avant notre ère ?
❏ VIIe siècle   ❏ Ve siècle   ❏ IIIe siècle ❏ Ier

Au cours de notre ère ?
❏ Ier siècle   ❏ IIe ❏ IIIe
❏ IVe

3. À la fin du Ier siècle avant notre ère, qui a refait l'unité du monde méditerranéen romain ?

❏ Antoine   ❏ Lépide   ❏ Octave
❏ Virgile

(*) Les réponses et commentaires sont en p. 269.

4. Quand situez-vous Charles Martel ?

❏ 414-488   ❏ 514-562   ❏ 688-741
❏ 852-914

5. Quand situez-vous Charlemagne ?

❏ 496-552   ❏ 669-732   ❏ 742-814
❏ 832-898

6. Quand situez-vous Guillaume le Conquérant ?

❏ 827-884   ❏ 914-972   ❏ 1027-1087
❏ 1214-1272

7. À quel siècle situez-vous l'empereur germanique Frédéric Ier Barberousse ?

❏ VIIIe ❏ X^e ❏ XIIe
❏ XIVe ❏ XVIe

8. En quel siècle situez-vous Charles Quint ?

❏ XIVe ❏ XVe ❏ XVIe
❏ XVIIe ❏ XVIIIe

Cochez ses titres historiques :
❏ Empereur d'Allemagne   ❏ Prince des Pays-Bas
❏ Roi d'Espagne   ❏ Roi de France
❏ Roi de Sicile

Quelle était sa langue maternelle ?
❏ allemand   ❏ anglais   ❏ espagnol
❏ français   ❏ néerlandais

9. En quel siècle situez-vous Ivan-le-Terrible ?

❏ XIe siècle   ❏ XIIIe ❏ XVIe
❏ XVIIe ❏ XVIIIe

Combien de temps régna-t-il sur la Russie ?
❏ 5 ans   ❏ 10 ans   ❏ 20 ans
❏ 30 ans   ❏ plus de 50 ans   ❏ il n'a jamais régné

10. En quelle période situez-vous le roi d'Angleterre Henri VIII ?

❏ Moyen Âge   ❏ Renaissance   ❏ XVIIe
❏ XVIIIe ❏ XIXe

11. Quand situez-vous la reine Elisabeth Iʳᵉ d'Angleterre ?

❑ 1342-1402   ❑ 1452-1502   ❑ 1533-1603
❑ 1663-1703

12. En quel siècle situez-vous Frédéric II le Grand ?

❑ XIVᵉ   ❑ XVIᵉ   ❑ XVIIIᵉ
❑ XIXᵉ

13. Quand situez-vous le chancelier d'Autriche Metternich ?

❑ 1642-1715   ❑ 1715-1778   ❑ 1773-1859
❑ 1842-1905

14. Quand situez-vous Napoléon Bonaparte ?

❑ 1742-1799   ❑ 1752-1805   ❑ 1769-1821
❑ 1799-1848

15. Quand situez-vous la reine Victoria ?

❑ 1619-1701   ❑ 1719-1801   ❑ 1819-1901
❑ 1869-1939

16. Dans quel siècle situez-vous Alfred Nobel ?

❑ XVIIᵉ   ❑ XVIIIᵉ   ❑ XIXᵉ
❑ XXᵉ

17. Quand situez-vous Winston Churchill ?

❑ 1774-1854   ❑ 1854-1914   ❑ 1874-1965
❑ 1914-1985

18. Quand situez-vous Jean Monnet ?

❑ 1818-1878   ❑ 1868-1948   ❑ 1888-1979
❑ 1918-1988
❑ Né en 1938, Jean Monnet est toujours en vie.

19. Cochez la date de naissance et la date du décès du Général de Gaulle.

❑ 1850   ❑ 1860   ❑ 1870
❑ 1880   ❑ 1890   ❑ 1900
❑ 1910   ❑ 1920   ❑ 1930
❑ 1940   ❑ 1950   ❑ 1960
❑ 1970   ❑ 1980   ❑ 1990

20. En quelle année Helmut Kohl est-il devenu Chancelier de la République fédérale d'Allemagne ?

❏ 1972   ❏ 1982   ❏ 1992

Les institutions des pays de l'Europe des Quinze (*)

En tant que citoyens européens, nous devons non seulement connaître suffisamment bien les institutions de l'Union, mais encore nous intéresser à celles de nos partenaires.

Il vous faut connaître en principe :

– la nature du régime de chacun des États,

– le nom des Chefs d'État ou de Gouvernement considérés comme les plus importants.

Voici un questionnaire qui vous permettra de tester vos connaissances. Bien entendu, il vous faudra veiller à les actualiser.

1. Quelle est la nature du régime de l'Allemagne ?

❏ Confédération   ❏ Fédération   ❏ République
❏ Monarchie   ❏ Parlementaire   ❏ Présidentiel

Quel est le titre du Chef du Gouvernement ?
❏ Chancelier   ❏ Grand Chancelier   ❏ Garde des Sceaux
❏ Premier ministre   ❏ Président du Conseil

2. Quelle est la nature du régime de l'Autriche ?

❏ Démocratie parlementaire   ❏ Monarchie constitutionnelle
❏ Régime présidentiel   ❏ République fédérale

Est-ce un État neutre ?
❏ oui   ❏ non

3. Quelle est la nature du régime de la Belgique ?

❏ Fédéral   ❏ Confédéral   ❏ Unitaire
❏ Monarchie   ❏ République   ❏ Parlementaire
❏ Présidentiel

(*) Les réponses et commentaires sont en p. 272.

4. Quelle est la nature du régime du Danemark ?

❏ Monarchie parlementaire   ❏ Régime présidentiel
❏ République fédérale

4bis. Le Groenland est-il un État indépendant ?

❏ oui   ❏ non

5. Quelle est la nature du régime de l'Espagne ?

❏ Monarchie   ❏ République
❏ Parlementaire   ❏ Présidentiel

Depuis quand son chef de l'État est-il au pouvoir ?
❏ 1975   ❏ 1985   ❏ 1995
❏ Il n'y a pas de Chef de l'État titulaire

6. Quel est le régime de la Finlande ?

❏ Monarchie   ❏ République
❏ Régime présidentiel   ❏ Régime parlementaire

7. Cochez les éléments caractérisant le régime politique de la France.

❏ République unitaire
❏ Éléments de régime parlementaire
❏ Éléments de régime présidentiel
❏ Sa constitution date de 1958

8. Quelle est la nature du régime de la Grande-Bretagne ?

❏ Monarchie   ❏ Parlementaire   ❏ Présidentielle

De quand date le début du règne de la reine Elisabeth II ?
❏ 1932   ❏ 1942   ❏ 1952
❏ 1962   ❏ 1972

Qui est le Premier ministre ?
❏ Tony Blair   ❏ John Major   ❏ Margaret Thatcher

9. Quelle est le régime de la Grèce ?

❏ Monarchie   ❏ République
❏ Parlementaire   ❏ Présidentiel

10. Quelle est la nature du régime de l'Irlande ?

❏ Monarchie   ❏ République
❏ Parlementaire   ❏ Présidentiel

11. Quelle est la nature du régime de l'Italie ?

❑ Monarchie ❑ République
❑ Parlementaire ❑ Présidentiel

12. Quelle est la nature du régime du Luxembourg ?

❑ Monarchie absolue ❑ Monarchie constitutionnelle
❑ République parlementaire ❑ Régime présidentiel

13. Quelle est la nature du régime des Pays-Bas ?

❑ Monarchie constitutionnelle ❑ Régime présidentiel
❑ République fédérale ❑ Régime parlementaire

14. Quelle est la nature du régime du Portugal ?

❑ Monarchie ❑ République
❑ Régime parlementaire ❑ Régime présidentiel

15. Quelle est la nature du régime de la Suède ?

❑ Monarchie ❑ République
❑ Régime présidentiel ❑ Régime parlementaire

11   Le monde aujourd'hui Les grandes puissances du monde contemporain

En principe, les candidats aux concours de catégorie A doivent bien connaître tous les États du monde contemporain, et notamment les grandes puissances.

Il faut connaître les données élémentaires en géographie, démographie, économie, leur évolution intérieure, leurs performances scientifiques et techniques, leurs principales interventions sur la scène internationale depuis le début du siècle.

Nous vous proposons de traiter les QCM suivants :

➤ les États-Unis de Roosevelt à George W. Bush,

➤ l'ex-URSS et la Russie,

➤ la Chine et le Japon.

Les États-Unis de Roosevelt à George W Bush (*)

Les États-Unis sont depuis longtemps la première puissance mondiale, et la disparition de l'U.R.S.S. conforte cette place.

Ils ont pris la tête du monde libre en 1941 et joué un rôle décisif pour le triomphe des Alliés dans la Seconde Guerre mondiale.

Il faut connaître leurs principales interventions sur la scène internationale depuis 1917 (entrée dans la Première Guerre mondiale) ou 1941 (entrée dans la Seconde Guerre mondiale), leur évolution intérieure et leurs performances scientifiques et techniques.

△ Questions générales et phénomènes de société

1. De combien d'États se composent les États-Unis ?

  ❏ 10   ❏ 20   ❏ 30

  ❏ 40   ❏ 50   ❏ 60

(*) Les réponses et commentaires sont en p. 275.

2. Quelle est la superficie des États-Unis ?

❏ 4 900 000 km^2 ❏ 9 400 000 km^2
❏ 14 000 000 km^2 ❏ 19 000 000 km^2

3. Quelle est la population des États-Unis ?

❏ 70 000 000 habitants   ❏ 170 000 000
❏ 285 000 000   ❏ 480 000 000

4. Quelle est la principale religion des États-Unis ?

❏ catholiques   ❏ juifs   ❏ musulmans
❏ protestants   ❏ orthodoxes

5. Trouvez le nom d'un mouvement littéraire et social qui se développa aux États-Unis entre 1950 et 1960.

❏ génération béate   ❏ Beatles   ❏ beatniks
❏ beat génération

6. Trouvez le nom d'un mouvement contestataire qui se développa au début des années 1970.

❏ hindi   ❏ hindoustani   ❏ hippie
❏ hipparchie   ❏ hippiatre

△ **Questions sur les présidents**

1. Combien de fois Franklin Delano Roosevelt a-t-il été élu à la présidence des États-Unis ?

❏ 0   ❏ 1   ❏ 2
❏ 3   ❏ 4   ❏ 5

2. Retrouvez le nom de l'assassin de John Kennedy (22 novembre 1963).

❏ Connally   ❏ Oswald   ❏ Ruby
❏ Tippit   ❏ Warren

3. À la suite de quel scandale le Président Nixon fut-il acculé à la démission ?

❏ Icegate   ❏ Irongate   ❏ Indiangate
❏ Steelgate   ❏ Watergate

4. Quel Président réussit à désengager les États-Unis du Viêt-nam ?

❑ Eisenhower   ❑ Kennedy   ❑ Johnson
❑ Nixon   ❑ Ford   ❑ Carter
❑ Reagan   ❑ Clinton

5. Quel Président américain amorça un rapprochement avec la Chine ?

❑ Kennedy   ❑ Nixon   ❑ Carter
❑ Reagan   ❑ Bush   ❑ Clinton

6. Qui remporta les élections présidentielles de 1976 ?

❑ les démocrates   ❑ les républicains   ❑ un troisième parti

7. Qui remporta les élections présidentielles de 1980 ?

❑ les démocrates   ❑ les républicains   ❑ un troisième parti

8. Qui était Président au moment de la Guerre du Golfe ?

❑ Ford   ❑ Carter   ❑ Reagan
❑ Bush   ❑ Clinton

9. Bill Clinton a-t-il été élu une ou deux fois à la présidence ?

❑ 1988   ❑ 1992   ❑ 1996

10. Qui a remporté les élections de l'an 2000 ?

❑ Bill Clinton   ❑ Al Gore
❑ George W. Bush   ❑ Dick Cheney

△ Questions diverses

1. À quelle époque situez-vous la Prohibition (de l'alcool) ?

❑ fin XVIIIe   ❑ milieu XIXe   ❑ fin XIXe
❑ 1919-1933   ❑ 1933-1945   ❑ 1945-1963
❑ 1968-1992   ❑ la prohibition est toujours en cours

2. Dans quelle ville a sévi le gangster Al Capone ?

❑ Los Angeles   ❑ Chicago   ❑ New York
❑ Washington   ❑ San Francisco

3. Quand les Américains ont-ils envoyé une expédition sur la Lune ?

❑ 1944   ❑ 1959   ❑ 1969
❑ 1979

4. En 1993 eut lieu un très grave attentat commis par des extrémistes musulmans (6 morts, plus de 1 000 blessés). Où ?

❏ Empire State Building ❏ Siège de l'O.N.U.
❏ World Trade Center ❏ Pentagone

5. En 1993, le ranch d'une secte fut assiégé à Wacco, au Texas (dénouement sanglant : après des tentatives d'assaut de la police, les assiégés ont eux-mêmes incendié le ranch). Retrouvez le nom de la secte.

❏ davidiens ❏ épiscopaliens ❏ mormons
❏ pentecôtistes ❏ presbytériens

6. Clinton a-t-il fait effectuer une intervention militaire en Haïti ?

❏ oui ❏ non

△ Le problème noir aux États-Unis

1. Combien y a-t-il de Noirs aux États-Unis ?

❏ 3 000 000 ❏ 30 000 000 ❏ 130 000 000

2. En quelle année les Noirs ont-ils été émancipés ?

❏ 1862 ❏ 1942 ❏ 1962
❏ 1982

3. Retrouvez le nom de l'athlète noir américain qui remporta 4 médailles d'or aux Jeux Olympiques de Berlin en 1936.

❏ Iowa ❏ Kansas ❏ Oklahoma
❏ Owens ❏ Tennessee ❏ Washington

4. Trouvez le nom d'une « organisation de libération » de la communauté noire qui s'est développée à la fin des années 1960.

❏ Les Pumas libres ❏ Les Lions indomptables
❏ Les Panthères noires ❏ Les Tigres noirs

5. Qui confirma en 1962 le droit de l'étudiant noir James Meredith à s'inscrire à l'Université du Mississipi ?

❏ la Cour Suprême ❏ le Président ❏ le Sénat

6. Retrouvez le nom d'un leader noir converti à l'Islam qui fut assassiné à New York en 1965.

❏ Little Brother ❏ Little Malcom ❏ Malcom X
❏ Malcom Y ❏ Malcom Z

144   QCM des concours administratifs de catégorie A

7. En quelle année Martin Luther King a-t-il été assassiné ?

❑ 1968 ❑ 1978 ❑ 1988
❑ 1998 ❑ il est toujours en vie, et mène des campagnes
non-violentes

8. Retrouvez le nom d'un célèbre footballeur noir qui fut acquitté pénalement après le meurtre de son ex-femme.

❑ Kingson ❑ Morrison ❑ Simpson
❑ Tompson

9. Retrouvez le nom du « Ministre suprême » de la « Nation de l'Islam ».

❑ Astrakhan ❑ Babarkhan ❑ Boukhan
❑ Farakhan ❑ Pelikhan

10. Où eurent lieu les plus graves émeutes raciales de la dernière décennie ?

❑ Chicago ❑ Los Angeles ❑ Washington

11. Est-ce que des Noirs ont pu devenir maires de grandes villes américaines ?

❑ oui ❑ non

12. Retrouvez le nom du premier Noir devenu Chef de l'état-major des armées. Il fut surnommé « black Eisenhower ».

❑ Colin ❑ Powell ❑ Schwarzkopf

13. Cochez B pour blanc et N pour noir :

– la proportion de chômeurs aux États-Unis
❑ 1 % ❑ 5 % ❑ 12 %
❑ 20 % ❑ 30 %

– la proportion de la population vivant au-dessous du seuil de la pauvreté
❑ 2 % ❑ 12 % ❑ 33 %
❑ 40 %

© Éditions d'Organisation

L'ex– U.R.S.S. et la Russie (*)

La Russie a toujours joué un rôle important en Europe, notamment depuis l'époque de Pierre le Grand (1672-1725), qui fit en 1715 de Saint-Pétersbourg une grande capitale ouverte sur l'Europe.

Au XXe siècle, devenue l'U.R.S.S, elle joua un rôle encore plus important sur la scène internationale, de par l'expansionnisme idéologique et militaire des soviétiques.

À la fin de la Seconde Guerre mondiale, elle occupa la moitié de l'Europe, et disputa le premier rang mondial aux États-Unis d'Amérique. Notre planète fut souvent au bord d'une Troisième Guerre mondiale.

Après la guerre froide et la déstalinisation, le combat pour les Droits de l'homme finit par l'emporter.

Le communisme, dont les crimes sont maintenant connus et dénoncés, s'effondra. La Russie et les nouvelles Républiques issues de l'Empire soviétique doivent maintenant mener une nouvelle vie.

L'Europe doit les aider pour leur développement économique et leur évolution démocratique.

L'Occident, et notamment la France et l'Union européenne doivent aider les nouvelles démocraties, dans chacun des pays de l'Est, à trouver leur équilibre et à se développer.

Nous vous présenterons successivement cinq rubriques :

➢ dix questions sur l'U.R.S.S.

➢ répression et contestation en U.R.S.S.

➢ la chute du communisme

➢ la Russie depuis 1991

➢ les Républiques issues de l'U.R.S.S.

(*) Les réponses et commentaires sont en p. 280.

△ Dix questions sur l'U.R.S.S.

1. Retrouvez les bonnes dates concernant l'U.R.S.S, de sa naissance à sa disparition.

❏ 1902-1992   ❏ 1914-1989   ❏ 1918-1990
❏ 1922-1991   ❏ 1941-1992

2. Pouvez-vous situer Lénine ?

❏ 1870-1924   ❏ 1890-1944   ❏ 1910-1954
❏ 1920-1974

3. Pouvez-vous situer Staline ?

❏ 1860-1918   ❏ 1869-1924   ❏ 1879-1953
❏ 1889-1963   ❏ 1899-1973

4. Pouvez-situer Trostski ?

❏ 1869-1914   ❏ 1869-1927   ❏ 1879-1940
❏ 1889-1968

5. Qui a succédé à Staline à la tête du Gouvernement soviétique ?

❏ Youri Andropov   ❏ Nicolaï Boulganine
❏ Léonide Brejnev   ❏ Konstantin Tchernenko
❏ Nikita Khrouchtchev   ❏ Mikhaïl Gorbatchev
❏ Georges Malenkov

6. Quel était l'objet du « *Rapport Khrouchtchev* » ?

❏ abolir le servage
❏ dénoncer les crimes de Staline
❏ mettre en œuvre les armements nucléaires
❏ préparer la conquête de la Lune
❏ rénover l'enseignement agricole

7. Quel est le nom de la police politique qui a sévi de 1954 à 1991 ?

❏ BMW   ❏ GPU   ❏ KGB
❏ NKVD   ❏ Tchéka

8. Cochez les mots correspondant à *glasnost* et *perestroïka*.

❏ abondance   ❏ communauté   ❏ réhabilitation
❏ restructuration   ❏ transparence   ❏ victoire

9. En quelle année s'est produite la catastrophe de Tchernobyl ?

❏ 1946   ❏ 1956   ❏ 1966
❏ 1976   ❏ 1986

10. Quel est le nom de l'entité créée après la dissolution de l'U.R.S.S. ?

- ❏ La Commission d'entente mutuelle
- ❏ La Communauté d'États indépendants
- ❏ La République des États associés
- ❏ La Réunion des États progressistes

△ Répression et contestation en U.R.S.S.

Dès ses débuts, le régime soviétique, sur ordre de Lénine, fit régner la Terreur, institua une police politique et créa des camps de concentration.

Il faut rendre hommage aux victimes, qui se comptent par millions, et même par dizaines de millions en un siècle.

Et rendre hommage aux héros de la Liberté qui, au péril de leur vie, ont lutté pour la démocratie et les Droits de l'homme.

La plupart d'entre eux sont restés anonymes, ont été assassinés par la police politique ou fusillés après des procès sommaires, ou ont péri, dans des conditions atroces, dans les camps de concentration russes ou sibériens.

Cependant, quelques grandes figures ont été connues sur la scène internationale. Leurs noms méritent de rester dans l'histoire.

1. Trouvez le nom de la police politique créée par Lénine en 1917.

- ❏ taïga ❏ tchéka ❏ toundra
- ❏ troïka

2. D'où vient le mot *Goulag* ?

- ❏ Le Goulag n'a jamais existé. C'est une invention de la propagande antisoviétique.
- ❏ C'est un mot inventé par les contestataires, notamment Soljenitsyne.
- ❏ C'est le nom du potage à la betterave et aux choux qui était la nourriture de base des prisonniers.
- ❏ C'est un mot formé à partir des premières lettres d'un organisme officiel.

3. Qu'est-ce qu'un *apparatchik* ?

- ❏ un dignitaire ecclésiastique ❏ un dignitaire du parti communiste
- ❏ un contestataire intellectuel ❏ un membre d'une société secrète
- ❏ un sous-officier de l'Armée rouge

4. Qu'est-ce que la *nomenklatura* ?

❏ une catégorie de suspects politiques
❏ une liste de contestataires à proscrire
❏ une liste de personnes exceptionnellement privilégiées
❏ une société secrète

5. Comment appelait-on les livres et journaux édités clandestinement ?

❏ gossizdat ❏ samizdat ❏ samovar
❏ samoyède

6. Trouvez le nom de l'écrivain qui obtint le Prix Nobel de littérature en 1958.

❏ Nicolaï Boukharine ❏ Lev Borissovitch Kamenev
❏ Boris Pasternak ❏ Alexeï Rykov
❏ Grigori Zinoviev

7. Parmi les noms de ces scientifiques contestataires, trouvez celui du physicien qui fut le père de la première bombe H soviétique.

❏ Iosseip Begun ❏ Valery Chalidze ❏ Anatoli Koryaguine
❏ Jaurès Medvedev ❏ Leonid Plioutch ❏ Andréï Sakharov

8. Trouvez le nom d'un célèbre violoniste qui fut à la pointe du combat des artistes et intellectuels pour le respect des Droits de l'homme.

❏ Vladimir Boukovski ❏ Anatoli Chtaranski
❏ Anatoli Martchenko ❏ Mstislav Rostropovitch
❏ André Siniavski ❏ Alexandre Zinoviev

9. Trouvez l'intruse parmi ces œuvres d'Alexandre Soljenitsyne.

❏ Une journée d'Ivan Denissovitch
❏ L'Inconnu de Kretchetovka ❏ La Maison de Matriona
❏ Pour le bien de la cause ❏ L'État et la Révolution
❏ Le Premier Cercle ❏ Le Pavillon des cancéreux
❏ L'Archipel du Goulag ❏ La Roue rouge

△ La chute du communisme

La chute du communisme est certainement l'événement le plus important de la fin du XXe siècle. Il vous faut en connaître les causes et les principales phases.

Il faut rendre hommage aux victimes (certainement plus de cent millions de morts depuis 1917), et aux héros, connus ou restés anonymes, qui ont lutté pour le respect des Droits de l'homme.

Il faut connaître les évènements majeurs, en U.R.S.S. et dans les pays satellites, et les principaux protagonistes qui ont été sur le devant de la scène. Il convient aussi de s'interroger sur le devenir de la grande puissance restée communiste, la Chine (qui fait l'objet d'autres questionnaires).

1. Mikhaïl Gorbatchev a joué un rôle fondamental dans l'évolution du régime soviétique. En quelle année est-il devenu secrétaire général du parti communiste ?

   ❑ 1965   ❑ 1975   ❑ 1985
   ❑ 1995

2. Quand Gorbatchev a-t-il été élu Président du praesidium du Soviet suprême ?

   ❑ 1968   ❑ 1978   ❑ 1988
   ❑ 1993

3. Quand fut décidé le retrait des troupes russes de l'Afghanistan ?

   ❑ 1978   ❑ 1988   ❑ 1995

4. Cochez les évènements exacts.

   Série 1
   ❑ Les réformateurs russes remportèrent les élections de 1989
   ❑ Gorbatchev fut élu chef de l'État par le Congrès
   ❑ Au printemps 1990, des maires démocrates furent élus à Moscou (Gavril Popov) et à Léningrad (Anatoli Sobtchak)
   ❑ Boris Eltsine fut élu Président de Russie par le Parlement
   ❑ Il a aussitôt proclamé à la fois l'indépendance de la Russie et son hégémonie sur les autres Républiques

   Série 2
   ❑ Boris Eltsine fut élu Président de la Russie au suffrage universel direct en juin 1991
   ❑ Les communistes et certains éléments de l'armée tentèrent un putsch en août 1991
   ❑ Le parti communiste redevint alors parti unique

Série 3

❏ Gorbatchev annonça en août 1991 sa démission du poste de secrétaire général du P.C.U.S.

❏ Il demanda au Comité central du P.C.U.S de se dissoudre, et interdit l'activité du parti dans l'armée

❏ Les statues de Lénine furent déboulonnées, comme celles de Staline l'avaient été auparavant

❏ Le KGB est dissous en octobre 1991

❏ En novembre, le P.C.U.S est dissous en Russie, et Eltsine se nomme chef du gouvernement russe

❏ Le 25 décembre 1991, un drapeau rouge est officiellement hissé sur le Kremlin.

Pour vous aider : dans chaque série, une proposition est fausse.

5. Cochez les bonnes propositions concernant Boris Eltsine.

Série 1

❏ Responsable communiste de la ville de Moscou, il fut limogé en 1987 à cause de ses attaques contre la nomenklatura, et pour « excès de réformisme »

❏ Il a quitté le parti communiste en 1990

❏ Il a été élu Président du Soviet suprême de Russie en 1990

❏ Il a été en 1991 le premier Président de Russie élu au suffrage universel

❏ Gorbatchev l'a accusé en 1992 d'être financé par les services secrets américains

Série 2

❏ Boris Eltsine a joué un rôle décisif dans l'échec du putsch de Moscou en août 1991

❏ Il a imposé le transfert des pouvoirs de l'U.R.S.S. à la Russie

❏ Il a contraint Gorbatchev à démissionner

❏ Il a dû démissionner lui-même, en 1996, pour raisons de santé

Pour vous aider : dans chaque série, une seule proposition est fausse.

△ La Russie depuis 1991

Éléments de géographie

1. Voici des chiffres en millions. Marquez P la population et S la superficie de la Russie.

❏ 7   ❏ 17   ❏ 27

❏ 50   ❏ 150   ❏ 250

2. En pourcentage, marquez la part de la superficie située en Europe (E) et en Asie (A).

❏ 5   ❏ 10   ❏ 15
❏ 25   ❏ 50   ❏ 75

3. Quelle est la largeur de la Russie d'Ouest en Est ?

❏ 3 000 km   ❏ 6 000 km   ❏ 9 000 km

4. Quelle fut la première capitale de la Russie ?

❏ Kiev   ❏ Moscou   ❏ Saint-Pétersbourg

Les Institutions

La Russie s'est donné des institutions démocratiques, avec une constitution adoptée par référendum en 1993. C'est une Fédération comprenant 89 entités : Républiques autonomes, régions, territoires, et deux villes d'importance fédérale, Moscou et Saint-Pétersbourg.

Comme en France, c'est un régime mixte, à la fois parlementaire et présidentiel. Le président est élu pour quatre ans (il ne peut cumuler plus de deux mandats successifs).

Le Parlement comporte deux chambres :

– la première réunit les députés élus au suffrage universel direct,

– la seconde est le Conseil de la Fédération, réunissant 178 conseillers (deux représentants de chacun des 89 sujets de la Fédération).

1. Quel est le nom de la première Chambre ?

❏ Douma   ❏ Kostroma   ❏ Kalouga
❏ Oufa   ❏ Penza   ❏ Samara
❏ Toula

2. Qui a été élu Président de la Fédération de Russie en 1991 ?

❏ Boris Eltsine   ❏ Mikhaïl Gorbatchev
❏ Vladimir Jirinovski   ❏ Nicolaï Ryjkov

3. Qui a été élu Président de la Fédération de Russie en 1996 ?

❏ Boris Eltsine   ❏ Mikhaïl Gorbatchev   ❏ Vladimir Jirinovski
❏ Alexandre Lebed   ❏ Guennadi Ziouganov

4. Qui a été élu Président en l'an 2000 ?

❏ Vladimir Jirinovski   ❏ Alexandre Lebed
❏ Vladimir Poutine   ❏ Guennadi Ziouganov

5. Cochez les couleurs du drapeau russe.

❏ blanc   ❏ bleu   ❏ jaune
❏ noir   ❏ rouge   ❏ vert

Problèmes politiques

1. La Fédération de Russie comporte des districts et républiques autonomes.

L'une d'elles a été ravagée par des combats indépendantistes de 1992 à 1996 puis à nouveau depuis 1999. Laquelle ?

❏ Altaï   ❏ Bachkirie   ❏ Bouriatie ❏ Carélie
❏ Daghestan   ❏ Kabhardie-Bakarie ❏ Kalmoukie
❏ Khakassie   ❏ Ossétie du Nord ❏ Tatarstan
❏ Tchétchénie   ❏ Tchouvachie

2. Cochez les pays avec lesquels la Russie a ou risque d'avoir des conflits territoriaux.

❏ Chine   ❏ Japon   ❏ Pays baltes
❏ Pays du Caucase   ❏ République indienne ❏ Ukraine

△ **Les républiques issues de l'U.R.S.S.**

1. Combien de Républiques sont issues de l'U.R.S.S. ?

❏ 5   ❏ 10   ❏ 15
❏ 20   ❏ 25

2. Voici une liste de chiffres en millions de km^2.

Trouvez la superficie de l'U.R.S.S., celle de la Russie (R) et celle du Kazakhstan (K).

❏ 3   ❏ 6   ❏ 8   ❏ 9   ❏ 10
❏ 17   ❏ 22   ❏ 30   ❏ 42   ❏ 44

3. Cochez sur cette liste les Pays baltes.

❏ Estonie   ❏ Finlande   ❏ Lettonie
❏ Lituanie   ❏ Pologne   ❏ Suède

4. Voici une liste de pays d'Europe orientale. Trouvez trois républiques issues de l'U.R.S.S.

❏ Biélorussie   ❏ Bulgarie
❏ Hongrie   ❏ Moldavie
❏ Pologne   ❏ Roumanie
❏ République tchèque   ❏ Slovaquie
❏ Ukraine

5. Trouvez les noms des trois pays du Caucase (ou Transcaucasie).

❏ Arménie   ❏ Azerbaïdjan   ❏ Daghestan
❏ Géorgie   ❏ Ossétie du Nord   ❏ Tchetchénie
❏ Karatchaïevo-Tcherkessie

6. Trouvez deux intrus parmi ces Républiques d'Asie centrale.

❏ Daghestan   ❏ Kazakhstan   ❏ Kirkhiztan
❏ Ouzbékistan   ❏ Tatarstan   ❏ Tadjikistan
❏ Turkménistan

➢ La Chine (*)

1. Quelle est la population de la Chine ?

❏ 50 millions d'habitants   ❏ 250
❏ 1 300   ❏ 2 500
❏ 3 500

2. Quelle est la langue officielle en Chine ?

❏ cantonais   ❏ mandarin   ❏ tao
❏ yuan

3. Quelle est la principale ethnie ?

❏ Han   ❏ Miao-Yao   ❏ Mongols
❏ Sino-Taïs   ❏ Tibétains   ❏ Toungouzes
❏ Turcs

4. De quand date la République populaire de Chine ?

❏ 1919   ❏ 1929   ❏ 1939
❏ 1949   ❏ 1959

(*) Les réponses et commentaires sont en p. 287.

5. En 1956-1957, Mao Zedong lança un mouvement de relative libérali-sation. Quel fut son nom ?

❑ Mouvement des Cent-Fleurs   ❑ Mille Fleurs
❑ Mille Feuilles   ❑ Feuilles Libres

6. Quel fut le nom du mouvement lancé par Mao Zedong en 1958-1959 ?

❑ Le Bond de la Culture nouvelle
❑ Le Grand Bond en avant
❑ Le Grand Saut en avant
❑ Le Grand Bond planétaire

7. Mao Zedong voulut relancer la dynamique révolutionnaire en 1965. Par quel mouvement ?

❑ La Culture de la Révolution
❑ La Révolution culturelle
❑ La Grande Révolution nationale
❑ La Bande des Quatre

8. Quel était le nom de l'ouvrage de doctrine rédigé alors par Mao ?

❑ Le Dazibao   ❑ Le Grand Garde Rouge
❑ Le Petit Livre Rouge   ❑ Le Manuel de Rééducation

9. En quelle année situez-vous les événements de Tiananmen ?

❑ 1968   ❑ 1979   ❑ 1989
❑ 1995

10. Quel territoire est revenu à la Chine en 1997 ?

❑ Formose   ❑ Hong-Kong   ❑ Macao
❑ Tibet

11. Qui a été secrétaire général du parti communiste depuis 1989 jusqu'à 2002 ?

❑ Li Peng   ❑ Deng Xiaoping   ❑ Mao Zedong
❑ Jiang Zemin   ❑ Zhu Rongji   ❑ Hu Jintao

△ Histoire de la Chine moderne

1. De quand date la République en Chine ?

❑ 1851   ❑ 1900   ❑ 1912
❑ 1925   ❑ 1945

2. Quand le Japon a-t-il envahi la Mandchourie ?

❏ 1911   ❏ 1921   ❏ 1931
❏ 1941   ❏ 1951

3. Quand situez-vous la Longue Marche conduite par Mao Tsé-Toung ?

❏ 1924-1925   ❏ 1925-1926   ❏ 1935-1936
❏ 1945-1946   ❏ 1955-1956

4. Les Japonais ont-ils occupé les grandes villes de la Chine ?

❏ oui   ❏ non

5. Qui a été élu Président de la République après la libération de la Chine ?

❏ Mao Tsé-Toung   ❏ Sun Yat-Sen   ❏ Tchang Kaï-Chek

6. Quand a été proclamée la République populaire de Chine ?

❏ 1929   ❏ 1939   ❏ 1949
❏ 1959   ❏ 1969

7. Les Chinois ont-ils participé à la guerre de Corée ?

❏ oui   ❏ non

8. Une grande campagne de discussions publiques fut engagée en 1957. Comment fut-elle dénommée ?

❏ Les Cent Dragons ❏ Les Cent Drapeaux
❏ Les Cent Fleurs   ❏ Les Cent Lys

9. En 1958, Mao décida d'accélérer la collectivisation des terres et de multiplier les petites entreprises industrielles (installation de petits hauts fourneaux dans les campagnes).
Comment s'est appelée cette campagne ?

❏ À Chacun son acier   ❏ La Grande Campagne industrielle
❏ Le Grand bond en avant   ❏ La Nouvelle frontière

10. Quand situez-vous la « Révolution culturelle » ?

❏ 1936-1939   ❏ 1946-1949   ❏ 1966-1969
❏ 1976-1979

11. Quels en furent les éléments actifs ?

❏ La Bande des quatre   ❏ Les Gardes rouges
❏ La Nouvelle bourgeoisie   ❏ Les Suppôts de l'impérialisme
❏ Les Incorruptibles

12. Quand la Chine a-t-elle été admise à l'O.N.U. ?

❏ 1951   ❏ 1961   ❏ 1971
❏ 1981   ❏ 1991   ❏ La Chine est toujours
    en dehors

△ Géographie de la Chine

1. Quelle est la superficie de la Chine ?

❏ 1 million de km^2 ❏ 3   ❏ 5   ❏ 7
❏ près de 10 millions de km^2

2. Pour vous donner une idée de la grandeur du pays, il faut retenir les distances intérieures de la Chine continentale.

Quelle est la plus grande distance Ouest-Est ?
❏ 1 000 km   ❏ 2 000 km   ❏ 3 000 km
❏ 4 000 km   ❏ 5 000 km

Quelle est la plus grande distance Nord-Sud ?
❏ 1 000 km   ❏ 3 000 km   ❏ 5 000 km
❏ 8 000 km   ❏ 10 000 km

3. Quel est le point culminant de la Chine ?

❏ 5 000 m   ❏ 6 000 m   ❏ 7 000 m
❏ 8 000 m   ❏ près de 9 000 m

4. Où situez-vous ces régions ?

❏ Hainan   ❏ Kouangsi
❏ Mandchourie   ❏ Mongolie intérieure
❏ Sin-Kiang   ❏ Yunnan

1 Nord   2 Nord-Est   3 Nord-Ouest
4 Sud   5 Centre

5. Cochez les fleuves qui sont exclusivement chinois.

❏ Amour   ❏ Fleuve Bleu   ❏ Fleuve Jaune
❏ Fleuve Rouge   ❏ Mékong

6. Cochez les pays avec lesquels la Chine a eu des conflits frontaliers.

❏ Japon   ❏ Inde   ❏ Mongolie
❏ Russie   ❏ Vietnam   ❏ U.R.S.S.

7. Quelle est la population de la Chine ?

❏ 50 millions d'habitants ❏ 250
❏ 500 ❏ 750
❏ 1 milliard ❏ 1 milliard 300 millions
❏ 2 milliards et demi

Quel est son rang dans le monde ?
❏ 1 ❏ 2 ❏ 3
❏ 4 ❏ 5 ❏ 7

8. Quel est le nom de l'ethnie majoritaire ?

❏ Birmans ❏ Coréens ❏ Han
❏ Hui ❏ Mia-Yao ❏ Mongols
❏ Thaïs ❏ Tibétains ❏ Turcs

9. Quelle est la religion la plus répandue en Chine ?

❏ Bouddhisme ❏ Christianisme ❏ Islam
❏ Taoïsme ❏ Confucianisme

10. Quel est le nom de la langue officielle de la Chine ?

❏ cantonais ❏ jiang qing ❏ lin piao
❏ mandarin ❏ mongol ❏ turc

11. Quel est le nom des signes graphiques du chinois ?

❏ cryptogames ❏ cryptogrammes ❏ holographes
❏ idéogrammes ❏ logogrammes ❏ phonogrammes
❏ vidéographes

Le Japon (*)

1. Comment avait été surnommé le Japon ?

❏ L'empire du Soleil levant
❏ L'empire du Soleil couchant
❏ L'empire du Soleil rouge

2. Quelle est la superficie du Japon ?

❏ 38 000 km^2 ❏ 80 000 km^2 ❏ 380 000 km^2
❏ 800 000 km^2 ❏ 3 800 000 km^2

(*) Les réponses et commentaires sont en p. 292.

3. Quelle est la population du Japon (en millions d'habitants) ?

  ❏ 25   ❏ 50   ❏ 75
  ❏ 100   ❏ 125   ❏ 250

4. Quel est le régime politique du Japon ?

  ❏ dictature   ❏ monarchie   ❏ parlementaire
  ❏ présidentiel

5. Cochez les deux religions les plus pratiquées au Japon.

  ❏ bouddhisme   ❏ christianisme   ❏ hindouisme
  ❏ shintoïsme   ❏ confucianisme   ❏ taoïsme

6. Quelle est la monnaie du Japon ?

  ❏ yin   ❏ yen   ❏ yang
  ❏ ylang

7. Quel est le grand événement sportif récent dont la préparation a passionné le plus le Japon ?

  ❏ Coupe du monde de football
  ❏ Jeux olympiques d'été
  ❏ Jeux olympiques d'hiver

8. Cochez l'année où le Japon accueillit les Jeux Olympiques d'été.

  ❏ 1944   ❏ 1964   ❏ 1984
  ❏ Aucune   ❏ 1994   ❏ prévu pour 2004

9. À quel rang mondial se situe le Japon pour la pêche ?

  ❏ 1   ❏ 2   ❏ 3
  ❏ 4   ❏ 5   ❏ Le Japon n'a pas
                                                    cette activité

10. Quel est le nom donné au membre d'une organisation japonaise semblable à la Mafia ?

  ❏ fukui   ❏ fukuoka   ❏ jacuzzi
  ❏ sapporo   ❏ yacusa   ❏ yamagata

11. Retrouvez le nom de la secte qui a commis un attentat au gaz sarin dans le métro de Tokyo en 1995 (12 morts et plus de 5 000 personnes gravement intoxiquées).

  ❏ Aum   ❏ Nô   ❏ Kabuki

12. Retrouvez le nom de la première entreprise japonaise.

❏ Honda ❏ Toyota ❏ Yamaha
❏ Mitsubishi

13. Quelle a été la grande province chinoise conquise par le Japon dès 1931 ?

❏ Kouangsi ❏ Mandchourie ❏ Setchouan
❏ Sinkiang ❏ Yunnan

14. Le Japon a-t-il envahi la Chine dans les années 1930 ?

❏ oui ❏ non

15. Qu'est-ce qui a fait le plus de victimes au Japon ?

❏ la bombe atomique sur Hiroshima
❏ un bombardement nocturne sur Tokyo

16. Quand situez-vous l'attaque japonaise sur Pearl Harbor ?

❏ 1931 ❏ 1937 ❏ 1941
❏ 1944 ❏ 1945

17. Lequel de ces pays n'a pas été envahi par les Japonais ?

❏ Afghanistan ❏ Birmanie ❏ Indochine
❏ Indonésie ❏ Philippines ❏ Thaïlande

18 Quand situez-vous le bombardement nucléaire sur Hiroshima en 1944 ou 1945 ?

❏ 6 juin 1944 ❏ 6 novembre 1944 ❏ 6 mai 1945
❏ 6 août 1945 ❏ 6 novembre 1945

19. Voici une liste de noms de Premiers ministres japonais depuis 1946. Chassez l'intrus.

❏ Yoshida ❏ Hatoyama ❏ Kishi
❏ Mikado ❏ Ikeda ❏ Sato
❏ Tanaka ❏ Miki ❏ Fukuda
❏ Suzuki ❏ Nakasone ❏ Takeshiva
❏ Uno ❏ Kaifu ❏ Ryutaro

20. Chassez l'intrus sur cette liste des arts martiaux japonais.

❏ Aï Kido ❏ Bo-do ❏ Budo
❏ Kendo ❏ Kobudo ❏ Kyudo
❏ Sumo ❏ Taï-chi-chuan

12 QCM sur la France

Dans la plupart des QCM, de multiples questions portent évidemment sur la France, et vous en trouverez beaucoup d'exemples dans les divers chapitres de ce livre : l'histoire, depuis nos ancêtres les Gaulois, la géographie, les arts et les lettres, l'économie et la société, la politique... Afin de vous tester, voici vingt questions sur *la France depuis 1939*.

Nous reproduirons ensuite trois séries de questions de géographie sur le thème *Connaissance de la France*.

Vous pourrez vous reporter en outre avec profit à tous nos volumes de la Collection *Les Indispensables de la Culture Générale*.

Vingt grandes questions sur l'histoire de France depuis 1939 (*)

1. Voici les noms des commandants supérieurs des armées françaises de 1939 à 1945. Retrouvez leurs fonctions précises.

    1. Maurice Gamelin
    2. Alphonse Juin
    3. Jean de Lattre de Tassigny
    4. Philippe Leclerc de Hautecloque
    5. Maxime Weygand

    a. Commandant en chef 1939-40
    b. Commandant en chef nommé le 18 mai 1940
    c. Commandant le corps expéditionnaire français en Italie (1943-44)
    d. Commandant la 2e division blindée en 1944-1945
    e. Commandant la 1re armée française en 1944-1945

2. Retrouvez la date de la Libération de Paris.

    ❏ 14 juillet 1940   ❏ 7 décembre 1941   ❏ 8 novembre 1942
    ❏ 12 septembre 1943 ❏ 25 août 1944   ❏ 8 mai 1945

(*) Les réponses et commentaires sont en p. 294.

3. Cochez les partis ayant participé aux Gouvernements tripartites en 1946-1947.

❏ M.R.P.   ❏ P.C.   ❏ Radicaux
❏ R.P.F.   ❏ S.F.I.O.

4. Quand les Communistes ont-ils quitté le Gouvernement sous la IVe République ?

❏ 1945   ❏ 1946   ❏ 1947
❏ 1948   ❏ 1951   ❏ 1956

5. Quand les Communistes sont-ils revenus au Gouvernement sous la Ve République ?

❏ 1958   ❏ 1959   ❏ 1962
❏ 1968   ❏ 1973   ❏ 1978
❏ 1981   ❏ 1988   ❏ 1993
❏ 1995   ❏ 1997

6. Cochez les noms des Présidents de la IVe République.

❏ Auriol   ❏ Bidault   ❏ Blum
❏ Coty   ❏ De Gaulle   ❏ Mendès-France

7. Mettez dans l'ordre chronologique les noms des Présidents de la Ve République.

❏ Chirac   ❏ Debré   ❏ De Gaulle
❏ Giscard d'Estaing ❏ Mitterrand   ❏ Pompidou
❏ Rocard

8. Combien la Ve République a-t-elle eu de Premiers ministres ?

❏ 5   ❏ 10   ❏ 16
❏ 20   ❏ 25   ❏ 30

9. La République française a-t-elle eu une femme comme Premier ministre ?

❏ oui   ❏ non

10. En quelle année le Maroc et la Tunisie sont-ils devenus totalement et définitivement indépendants ?

❏ 1936   ❏ 1946   ❏ 1956
❏ 1966   ❏ 1986

11. Quels accords ont mis fin à la guerre d'Algérie ?

❏ La Bourboule   ❏ Évian   ❏ Vichy
❏ Vittel   ❏ Plombières

En quelle année ?
❏ 1960   ❏ 1961   ❏ 1962
❏ 1963

12. De quand date la première bombe atomique française ?

❏ 1940   ❏ 1950   ❏ 1960
❏ 1970

Où a-t-elle explosé ?
❏ France métropolitaine   ❏ Guyane   ❏ Polynésie
❏ Sahara

13. De quand date la première bombe H française ?

❏ 1938   ❏ 1948   ❏ 1958
❏ 1968

Où a-t-elle explosé ?
❏ Corse   ❏ Guyane   ❏ Polynésie
❏ Sahara

14. Cochez les noms des leaders du mouvement de mai 1968.

❏ Charléty   ❏ Cohn-Bendit   ❏ Geismar
❏ Sauvageot   ❏ Prozac   ❏ Tégrétol
❏ Xatral   ❏ Abécassis   ❏ Korolitski

15. Quand a eu lieu la plus grande réforme de l'enseignement supérieur ?

❏ 1948   ❏ 1958   ❏ 1968
❏ 1978   ❏ 1988

16. De quand date l'abolition de la peine de mort ?

❏ 1941   ❏ 1951   ❏ 1961
❏ 1971   ❏ 1981   ❏ la peine de mort est
                                      toujours en vigueur

17. De quand date la réduction à 39 h de la durée hebdomadaire du travail ?

❏ 1936   ❏ 1946   ❏ 1968
❏ 1982   ❏ 1992   ❏ 1998

18. Qui a été élu maire de Paris en mars 1977 ?

❏ Raymond Barre   ❏ Jacques Chirac   ❏ Jean Tibéri
❏ Jacques Toubon   ❏ Bertrand Delanoë

19. Les référendums organisés sous la Ve République ont-ils tous eu un résultat positif ?

❏ oui ❏ non

20. Où le Général de Gaulle a-t-il été enterré ?

❏ Colombey-les-deux-Églises ❏ Lille
❏ Paris ❏ Reims

Exercices variés

40 questions variées – Première série (*)

Il faut vous efforcer de répondre en moins de vingt minutes.

1. Un de ces souverains n'a pas participé au Congrès de Vienne (septembre 1814-juin 1815).
   - ❏ a. Le tsar Alexandre de Russie
   - ❏ b. L'empereur François Ier d'Autriche
   - ❏ c. Le roi Victor-Emmanuel II d'Italie
   - ❏ d. Le roi de Prusse Frédéric-Guillaume III

2. Chassez l'intrus parmi ces négociateurs du Traité de Versailles (1919).
   - ❏ a. Clémenceau
   - ❏ b. Lloyd George
   - ❏ c. Molotov
   - ❏ d. Orlando
   - ❏ e. Wilson

3. L'une de ces œuvres n'est pas de Franz Liszt (1811-1886).
   - ❏ a. Rhapsodies hongroises
   - ❏ b. Faust symphonie
   - ❏ c. Le Mandarin merveilleux
   - ❏ d. Mazeppa

4. L'une de ces œuvres n'est pas de Modest Moussorgski (1839-1881).
   - ❏ a. Boris Godounov
   - ❏ b. Eugène Onéguine
   - ❏ c. La Khovantchina
   - ❏ d. Une nuit sur le Mont Chauve

5. L'une de ces œuvres n'est pas d'Igor Stravinski (1882-1971).
   - ❏ a. L'oiseau de feu
   - ❏ b. Le sacre du printemps
   - ❏ c. Symphonie du Nouveau Monde
   - ❏ d. Petrouchka

(*) Les réponses et commentaires sont en p. 298.

6. L'une de ces œuvres n'est pas de Giuseppe Verdi (1813-1901).
- ❑ a. Rigoletto
- ❑ b. La Norma
- ❑ c. Le Trouvère
- ❑ d. La Traviata

7. Un médecin s'est glissé dans la liste de ces physiciens célèbres.
- ❑ a. Henri Becquerel
- ❑ b. Niels Bohr
- ❑ c. Alexander Fleming
- ❑ d. Werner Heisenberg

8. Trouvez un intrus sur la liste de ces américains Prix Nobel de sciences économiques.
- ❑ 1970 Paul Samuelson
- ❑ 1973 Wassily Léontief
- ❑ 1976 Milton Friedmann
- ❑ 1979 Arthur Lewis
- ❑ 1983 Gérard Debreu
- ❑ 1985 Franco Modigliani

9. Trouvez un intrus sur la liste de ces anglais Prix Nobel de sciences économiques.
- ❑ 1972 John Hicks
- ❑ 1974 Friedrich von Hayek
- ❑ 1977 James Meade
- ❑ 1984 Richard Stone
- ❑ 1990 William Sharpe
- ❑ 1991 Ronald Coase

10. Lequel de ces Prix Nobel de la Paix n'appartient pas à un État de l'Union européenne ?
- ❑ 1901 Henri Dunant
- ❑ 1920 Léon Bourgeois
- ❑ 1926 Aristide Briand et Gustav Stresemann
- ❑ 1927 Ferdinand Buisson et Ludwig Quidde
- ❑ 1952 Albert Schweitzer

11. L'un de ces films n'est pas d'Alfred Hitchcock.
- ❑ a. Les trente-neuf marches
- ❑ b. Une femme disparaît
- ❑ c. Un homme dans la foule
- ❑ d. Le rideau déchiré

12. L'un de ces films n'est pas de John Huston.

- ❏ a. African Queen
- ❏ b. La Bible
- ❏ c. Moulin Rouge
- ❏ d. Orange mécanique

13. L'un de ces films n'est pas d'Akira Kurosawa.

- ❏ a. Le Château de l'Araignée
- ❏ b. L'intendant Sansho
- ❏ c. Derzou Ouzala
- ❏ d. Les Sept Samouraïs

14. L'un de ces films n'est pas de Sergueï Eisenstein.

- ❏ a. La Grève
- ❏ b. Le Premier Maître
- ❏ c. Le Cuirassé Potemkine
- ❏ d. Qué viva Mexico !

15. Une de ces œuvres n'est pas d'Alexandre Soljenitsyne.

- ❏ a. L'Archipel du goulag
- ❏ b. Le docteur Jivago
- ❏ c. Une journée d'Ivan Denissovitch
- ❏ d. Le Premier Cercle

16. Quel est le nom du roi de Pologne qui sauva Vienne assiégée par les Turcs en 1683 ?

- ❏ a. Grudziadz
- ❏ b. Przemysl
- ❏ c. Sandomierz
- ❏ d. Sobieski

17. Quel est le nom du patriote polonais qui fut à la tête de l'insurrection de 1794 ?

- ❏ a. Tadeusz Kosciuszko
- ❏ b. Tadeusz Mazowiecki
- ❏ c. Ludwik Mieroslawski
- ❏ d. Jozef Poniatowski

18. Dans quelle ville d'Allemagne se tient une grande foire mondiale du livre ?

- ❏ a. Berlin
- ❏ b. Francfort-sur-le Main
- ❏ c. Hambourg
- ❏ d. Munich

19. Qu'est-ce que la Voïvodine ?

- ❏ a. un affluent de la Volga
- ❏ b. un apéritif à base de vodka
- ❏ c. une république autonome au sein de la Russie
- ❏ d. une province du nord de la Serbie

20. Un de ces États n'est plus voisin de l'Afrique du Sud.

- ❏ a. Angola
- ❏ b. Botswana
- ❏ c. Mozambique
- ❏ d. Namibie
- ❏ e. Zimbabwe

21. Quelle est la superficie du Zaïre (République démocratique du Congo) par rapport à celle de la France ?

- ❏ a. Égale
- ❏ b. Double
- ❏ c. Triple
- ❏ d. Quadruple

22. Quel est le plus petit de ces quatre pays ?

- ❏ a. Belgique
- ❏ b. Danemark
- ❏ c. Pays-Bas
- ❏ d. Suisse

23. Quel est le plus petit de ces quatre pays ?

- ❏ a. Finlande
- ❏ b. Italie
- ❏ c. Pologne
- ❏ d. Royaume-Uni

24. Quel est le plus grand de ces quatre pays ?

- ❏ a. Autriche
- ❏ b. Grèce
- ❏ c. Irlande
- ❏ d. Islande

25. Qu'est-ce qu'un palimpseste ?

- ❏ a. un parchemin manuscrit réutilisé
- ❏ b. un élément utilisé en paléontologie
- ❏ c. un corps de doctrines philosophiques
- ❏ d. une pâtisserie viennoise

26. Qu'est-ce qu'un palindrome ?

- ❏ a. une forme ancienne d'hippodrome
- ❏ b. un ancien instrument de cuisine
- ❏ c. une pièce de palonnier (aviation)
- ❏ d. un groupe de mots pouvant être lu dans les deux sens

27. Qu'est-ce-que le palissandre ?

- ❏ a. un bois exotique odorant
- ❏ b. une figure de style
- ❏ c. un gâteau à la pâte d'amande
- ❏ d. un élément de décoration de l'architecture grecque

28. Qu'est-ce-qu'une palinodie ?

- ❏ a. une ancienne unité de mesure
- ❏ b. une forme d'épopée lyrique
- ❏ c. un argument secondaire en philosophie
- ❏ d. un changement d'opinion

29. Qu'est-ce que le Rajahstan ?

- ❏ a. un livre de doctrine hindoue
- ❏ b. un plat à base de mouton
- ❏ c. un des plus célèbres palais des Indes
- ❏ d. un État du nord-ouest de l'Inde

30. Qu'est-ce que le Taj-Mahal ?

- ❏ a. un monument funéraire
- ❏ b. un palais des anciens empereurs moghols
- ❏ c. un corps de doctrine hindoue
- ❏ d. un État du nord de l'Inde

31. Qu'est-ce qu'un sherpa ?

- ❏ a. un courtisan au temps de l'empire perse
- ❏ b. une divinité mineure dans la religion hindoue
- ❏ c. un montagnard de souche tibétaine
- ❏ d. un élément de décoration des temples tibétains

32. En quelle année situez-vous Hamlet ?
(la célèbre tragédie de Shakespeare)

- ❏ a. 1500
- ❏ b. 1550
- ❏ c. 1600
- ❏ d. 1650

33. Parmi ces personnages, lequel est un bouffon ?

- ❏ a. Falstaff
- ❏ b. Hamlet
- ❏ c. Macbeth
- ❏ d. Othello

34. L'un de ces danseurs célèbres n'est pas russe.

- ❏ a. Cyril Atanassof
- ❏ b. George Balanchine
- ❏ c. Mikhaïl Baryschnikoff
- ❏ d. Vladimir Vassiliev

35. L'une de ces danseuses célèbres est française.

- ❏ a. Alexandra Balachova
- ❏ b. Ekaterina Maximova
- ❏ c. Maïa Plissetskaia
- ❏ d. Ludmilla Tcherina

36. Quel est le nom d'une célèbre race de bovins écossais ?

- ❏ a. abbott
- ❏ b. angus
- ❏ c. angley
- ❏ d. mac ryan

37. Quelle est la superficie du Vatican ?

- ❏ a. 44 hectares
- ❏ b. 4,4 km^2
- ❏ c. 44 km^2
- ❏ d. 440 km^2

38. Dans quel pays est encastrée la République de Saint-Marin ?

❏ a. Allemagne
❏ b. France
❏ c. Espagne
❏ d. Italie

Quelle est sa superficie ?
❏ a. 61 hectares
❏ b. 6,1 km^2
❏ c. 61 km^2
❏ d. 610 km^2

39. Quelle est la superficie de Monaco ?

❏ a. 15 hectares
❏ b. 150 hectares
❏ c. 15 km^2
❏ d. 150 km^2

40. Quelle est la superficie du Liechtenstein ?

❏ a. 16 hectares
❏ b. 160 hectares
❏ c. 16 km^2
❏ d. 160 km^2

À quel État est-il rattaché au point de vue douanier ?
❏ a. Allemagne
❏ b. Autriche
❏ c. Benelux
❏ d. Suisse

40 questions variées – Deuxième série (*)

1. Chassez l'intrus sur cette liste de grandes négociations commerciales multilatérales.

❏ a. Kennedy Round
❏ b. Tokyo Round
❏ c. Uruguay Round
❏ d. Washington Round

2. Où est le siège de l'Organisation mondiale de la Santé ?

❏ a. Copenhague
❏ b. Genève
❏ c. New York
❏ d. Washington

3. Où est le siège de l'Organisation internationale du Travail ?

❏ a. Genève
❏ b. Londres
❏ c. Moscou
❏ d. New York

4. Où est le siège de l'Organisation de l'aviation civile internationale ?

❏ a. Montréal
❏ b. Québec
❏ c. New York
❏ d. Washington

5. Où est le siège de l'association internationale pour le développement ?

❏ a. Addis-Abeba
❏ b. Bruxelles
❏ c. New-York
❏ d. Washington

6. Laquelle de ces organisations de l'O.N.U. n'a pas son siège à Vienne ?

❏ a. Agence internationale de l'Énergie atomique
❏ b. Organisation des Nations-Unies pour le développement industriel

(*) Les réponses et commentaires sont en p. 302.

❏ c. Programme des Nations-Unies pour le contrôle international des drogues

❏ d. Centre pour le développement social et les affaires humanitaires

❏ e. Haut Commissariat des Nations-Unies pour les Réfugiés (UNHCR Office of the United Nations High Commissionner for the Refugees)

❏ f. Office de Secours et de Travaux des Nations-Unies pour les réfugiés de Palestine dans le Proche-Orient (UNRWA United Nations Relief and Works Agency for Palestine Refugies in the Near East).

7. Sur cette liste des Secrétaires Généraux de l'O.N.U., chassez l'intrus.

❏ a. Boutros Boutros-Ghali
❏ b. Walter Hallstein
❏ c. Dag Hammarskjöld
❏ d. Trygve Lie
❏ e. Javier Pérez de Cuellar
❏ f. U Thant
❏ g. Kurt Waldheim

8. Laquelle de ces organisations a obtenu le plus de Prix Nobel de la Paix ?

❏ a. Amnesty International
❏ b. Croix Rouge Internationale
❏ c. Haut Commissariat de l'O.N.U. pour les Réfugiés
❏ d. Organisation Internationale du Travail

9. En quelle année Anouar-al-Sadate fut-il assassiné ?

❏ a. 1961
❏ b. 1971
❏ c. 1981
❏ d. 1991

En quelle année John Kennedy fut-il assassiné ?

❏ a. 1960
❏ b. 1961
❏ c. 1962
❏ d. 1963

10. Quelle est chronologiquement la première de ces œuvres fantastiques ?

- ❏ a. Dracula
- ❏ b. Frankenstein
- ❏ c. The Hobbit
- ❏ d. Orange mécanique

11. L'une de ces œuvres n'est pas de Charles Dickens (1812-1870).

- ❏ a. David Copperfield
- ❏ b. Lord Jim
- ❏ c. Nicolas Nickleby
- ❏ d. Oliver Twist

12. L'une de ces œuvres n'est pas d'Edgar Allan Poe.

- ❏ a. Les aventures d'Arthur Gordonn Pym
- ❏ b. La chute de la maison Usher
- ❏ c. Histoires extraordinaires
- ❏ d. Huckleberry Finn

13. Chassez l'intrus parmi ces personnages de la littérature anglaise.

- ❏ a. Ben Hur
- ❏ b. Ivanhoé
- ❏ c. Robin des Bois
- ❏ d. Oliver Twist

Chassez l'intrus parmi ces personnages de la littérature américaine.

- ❏ a. Le capitaine Achab
- ❏ b. L'oncle Tom
- ❏ c. Tom Sawyer
- ❏ d. James Bond

14. L'un de ces prénoms n'est pas celui d'une des sœurs Brontë.

- ❏ a. Anne
- ❏ b. Charlotte
- ❏ c. Emily Jane
- ❏ d. Elizabeth

15. Une de ces œuvres n'est pas d'Arthur Miller.

- ❏ a. La mort d'un commis voyageur
- ❏ b. La chatte sur un toit brûlant
- ❏ c. Les désaxés
- ❏ d. Vu du Pont

16. Retrouvez le nom d'un historien de l'Antiquité considéré comme le « Père de l'Histoire ».

❏ a. Hérode
❏ b. Hérodote
❏ c. Homère
❏ d. Sophocle

17. L'une de ces villes n'est pas en Ukraine.

❏ a. Dniepropetrovsk
❏ b. Kiev
❏ c. Kichinev
❏ d. Lvov
❏ e. Odessa

18. L'une de ces villes n'est pas en Biélorussie.

❏ a. Brest
❏ b. Grodno
❏ c. Minsk
❏ d. Smolensk

19. L'une de ces villes n'est pas dans les Pays baltes.

❏ a. Riga
❏ b. Tallin
❏ c. Vilnius
❏ d. Vitebsk

20. L'un des principaux critères de la pollution est l'émission de gaz carbonique, calculée en tonnes par an et par habitant. Pour ces pays, le taux va de 9 à 29. Lequel a le taux le plus élevé ?

❏ a. Allemagne
❏ b. États-Unis
❏ c. France
❏ d. Luxembourg

21. Trouvez parmi ces chiffres le nombre des habitants d'Israël et celui de la diaspora (Juifs vivant ailleurs dans le monde), en millions :

❏ a. 1,5
❏ b. 2,5
❏ c. 3,5
❏ d. 4,5
❏ e. 5,5
❏ f. 6,5
❏ g. 7,5
❏ h. 8,5
❏ i. 9,5

22. Qu'est-ce que le Pentagone ?

   a. un temple de l'Acropole
   b. un palais hindou
   c. le bâtiment du K.G.B. à Moscou
   d. le ministère de la guerre aux États-Unis

23. Sous quel nom est connu Charles-Edouard Jeanneret ?

   ❏ a. Hergé
   ❏ b. Le Corbusier
   ❏ c. Serge Lifar
   ❏ d. Simenon

24. Quel est le nom de l'artiste de Land Art qui a enveloppé de grands monuments européens ? (Le Pont Neuf à Paris, le Reichstag à Berlin).

   ❏ a. Christo
   ❏ b. Huchkinson
   ❏ c. Oppenheim
   ❏ d. Smithson

25. L'un de ces noms n'est pas celui d'un architecte italien ?

   ❏ a. Gian-Lorenzo Bernini
   ❏ b. Filippo Brunelleschi
   ❏ c. Michelangelo Buanorotti
   ❏ d. Michele Pezza

26. Qu'est-ce-que la Finul ?

   ❏ a. une commission financière des Nations-Unies
   ❏ b. une formation militaire
   ❏ c. une nouvelle vitamine du groupe F
   ❏ d. une célèbre cantatrice finlandaise

27. Qu'est-ce-que le Krakatau ?

   ❏ a. un volcan voisin du Fuji-Yama
   ❏ b. un îlot volcanique d'Indonésie
   ❏ c. un petit archipel de Mélanésie
   ❏ d. un groupe d'îles du Vanuatu

28. Qu'est-ce que le Bortsch ?

   ❏ a. un sigle désignant un ancien organisme d'État soviétique
   ❏ b. l'ancienne structure juridique des pays du Comecon
   ❏ c. un grand fort qui défendait le palais de Varsovie
   ❏ d. une spécialité culinaire russe

© Éditions d'Organisation

29. Qu'est-ce que le Kiribati ?

- ❏ a. une danse des Indiens de l'Ouest américain
- ❏ b. un État micronésien
- ❏ c. un plat de poisson populaire en Polynésie
- ❏ d. un grand volcan des îles Hawaï

30. Qu'est-ce que l'enduro ?

- ❏ a. une variété de durillon
- ❏ b. un enduit résistant bien aux intempéries
- ❏ c. une épreuve sportive
- ❏ d. une mesure de l'endurance physique

31. Qu'est-ce qu'un gymnote ?

- ❏ a. un jeune gymnaste dans l'antiquité grecque
- ❏ b. un sous-officier dans l'organisation de la phalange
- ❏ c. une variété d'antilope vivant en Asie Centrale
- ❏ d. un poisson d'eau douce

32. Qu'est-ce que l'angström ?

- ❏ a. un chant viking
- ❏ b. une unité de mesure
- ❏ c. un petit fjord
- ❏ d. un phénomène météorologique en Scandinavie

33. Qu'est-ce que la listériose ?

- ❏ a. une pierre semi-précieuse
- ❏ b. une maladie infectieuse
- ❏ c. une variété de levure
- ❏ d. un nouvel antibiotique

34. Quel pays possède le plus grand troupeau de moutons ?

- ❏ a. Australie
- ❏ b. Chine
- ❏ c. États-Unis
- ❏ d. Russie

Quel pays possède le plus gros troupeau de bovins ?

- ❏ a. Brésil
- ❏ b. Chine
- ❏ c. États-Unis
- ❏ d. Inde

35. Chassez l'intruse parmi ces victoires d'Hannibal en Italie (fin du IIIe siècle avant notre ère).

- ❏ a. Cannes
- ❏ b. Montebello
- ❏ c. Trasimène
- ❏ d. Tessin
- ❏ e. Trébie

36. Qu'est-ce que le cachemire ?

- ❏ a. un fromage tibétain
- ❏ b. un voile musulman
- ❏ c. un plat de mouton du Pakistan
- ❏ d. un tissu en poil de chèvre

37. Qu'est-ce que l'astrakan ?

- ❏ a. une fourrure d'agneau
- ❏ b. une fourrure de mouton
- ❏ c. le nom d'une coiffure de cosaques
- ❏ d. une variété de vodka particulièrement épicée

38. Chassez l'intruse parmi ces bières belges.

- ❏ a. faro
- ❏ b. gueuze
- ❏ c. lambic
- ❏ d. porter

39. Quand est née la Reine Elisabeth II ?

- ❏ a. 1906
- ❏ b. 1916
- ❏ c. 1926
- ❏ d. 1936

40. Quand est né le pape Jean-Paul II ?

- ❏ a. 1910
- ❏ b. 1920
- ❏ c. 1930
- ❏ d. 1940

40 questions variées – Troisième série (*)

1. De quand date le Prix Nobel de Sciences économiques ?

- ❏ a. 1901
- ❏ b. 1919
- ❏ c. 1969
- ❏ d. il n'est pas encore créé

2. Au début de quel siècle commencèrent les conquêtes de Gengis Khan ?

- ❏ a. VIIIe siècle
- ❏ b. XIe siècle
- ❏ c. XIIIe siècle
- ❏ d. XVe siècle

3. En quel siècle se situent les grands voyages de Marco Polo ?

- ❏ a. XIe siècle
- ❏ b. XIIIe siècle
- ❏ c. XVe siècle
- ❏ d. XVIIIe siècle

4. En quel siècle est né Tamerlan ?

- ❏ a. VIIIe siècle
- ❏ b. XIe siècle
- ❏ c. XIVe siècle
- ❏ d. XVIe siècle

5. Quelle a été la première femme au monde à être élue chef d'État au suffrage universel direct ?

- ❏ a. Benazir Bhutto
- ❏ b. Vigdis Finnbogadottir
- ❏ c. Sigrun Thorsteinsdottir
- ❏ d. Mary Robinson

6. Où est située la ville de Bagdad ?

- ❏ a. sur le Tigre
- ❏ b. sur l'Euphrate
- ❏ c. entre les deux fleuves
- ❏ d. au bord du golfe persique

(*) Les réponses et commentaires sont en p. 306.

7. En quelle année a eu lieu l'opération « Tempête du Désert » ?

❑ a. 1989
❑ b. 1990
❑ c. 1991
❑ d. 1992

8. Lequel de ces pays n'a pas de frontière avec Israël ?

❑ a. Irak
❑ b. Jordanie
❑ c. Liban
❑ d. Syrie

9. En quelle année Vincent Van Gogh s'est-il suicidé ?

❑ a. 1870
❑ b. 1890
❑ c. 1910
❑ d. 1930

10. Quand a vécu Mozart ?

❑ a. seconde moitié du XVIIe siècle
❑ b. première moitié du XVIIIe siècle
❑ c. seconde moitié du XVIIIe siècle
❑ d. première moitié du XIXe siècle

11. Qu'est-ce que la Moskova ?

❑ a. une spécialité de soupe aux choux
❑ b. le nom de la rivière qui arrose Moscou
❑ c. un célèbre opéra de Tchaïkovski
❑ d. le nom d'une valse très populaire dans les campagnes russes

12. Qu'est-ce que la Morava ?

❑ a. le surnom d'une célèbre danseuse russe du XIXe siècle
❑ b. une région de la République tchèque
❑ c. une grande rivière affluent du Danube
❑ d. le nom d'une pâtisserie populaire d'Europe orientale

13. Quel est le plus court de ces grands fleuves européens ?

❑ a. Danube
❑ b. Elbe
❑ c. Rhin
❑ d. Rhône

14. Comment la ville de Volgograd s'est-elle appelée au cours de l'histoire ?

❏ a. Kalinine
❏ b. Petrograd
❏ c. Stalingrad
❏ d. Tsaritsyne

15. Quel est le titre exact d'un grand roman de Mikhaïl Cholokhov ?

❏ a. En descendant le Don
❏ b. Le Don furieux
❏ c. Le Don paisible
❏ d. Le Don de la Volga

16. De qui est la célèbre valse *Le Beau Danube bleu* ?

❏ a. Franz-Josef Strauss
❏ b. Johann Strauss (père)
❏ c. Johann Strauss (fils)
❏ d. Richard Strauss

17. Qu'est-ce que *l'Or du Rhin* ?

❏ a. un grand film de Fritz Lang
❏ b. un grand roman de Goethe
❏ c. une œuvre de Richard Wagner
❏ d. un tableau d'Albrecht Dürer

18. Par quoi est restée célèbre la cité grecque de Tanagra ?

❏ a. ses chœurs antiques
❏ b. ses courses de chars
❏ c. ses orgies romaines
❏ d. ses statuettes de terre cuite

19. Quel était le nom du dernier Shah d'Iran ?

❏ a. Farouk
❏ b. Muhammad Mossadegh
❏ c. Muhammad Rizah
❏ d. Muhammad Youssouf

20. Quelle est la superficie du Sahara ?

❑ a. 2 millions de km^2
❑ b. 4 millions de km^2
❑ c. 6 millions de km^2
❑ d. 8 millions de km^2

21. Qu'évoque pour vous le nom de Shogun ?

a. un dictateur militaire
b. le premier modèle de canon fabriqué au Japon
c. un recueil de poèmes fleuris
d. un plat de poissons crus typiques de la cuisine japonaise

22. L'une de ces quatre affirmations est fausse.

❑ a. Bertrand Russell est un philosophe britannique (1872-1970)
❑ b. Il fut aussi mathématicien
❑ c. Il obtint le prix Nobel de littérature en 1950
❑ d. Son œuvre la plus célèbre est *Brave New World*

23. L'une de ces quatre affirmations est fausse.

❑ a. La Ruhr est un affluent du Rhin, sur sa rive droite
❑ b. La Ruhr est le plus grand bassin houiller d'Allemagne occidentale
❑ c. Elle est située au cœur du Palatinat
❑ d. Düsseldorf est le chef-lieu, centre administratif et capitale bancaire

24. L'une de ces quatre affirmations est fausse.

❑ a. Le Limbourg est une province du Sud des Pays-Bas
❑ b. Son chef-lieu est Groningue
❑ c. Elle possède le point culminant des Pays-Bas, le Vaalserberg, à 323 m.
❑ d. Elle possède des gisements houillers, prolongement vers l'Ouest de ceux de la Ruhr

25. Qu'est-ce que le serment d'Hippocrate ?

❑ a. le serment que prêtaient les sportifs à Olympie
❑ b. le serment qui unit les armées grecques face à l'invasion perse
❑ c. le serment que prêtaient les futurs médecins
❑ d. le serment que prêtaient avant une course les conducteurs de voitures hippomobiles

26. Quand eut lieu la guerre opposant l'Espagne et les États-Unis ?

- ❏ a. 1798
- ❏ b. 1848
- ❏ c. 1898
- ❏ d. il n'y en a jamais eu

27. Qui signa en 1963 un traité de coopération entre la France et l'Allemagne ?

- ❏ a. Konrad Adenauer
- ❏ b. Willy Brandt
- ❏ c. Ludwig Ehrard
- ❏ d. Franz-Josef Strauss

28. Parmi ces grands artisans de l'unité européenne, lequel était autrichien d'origine ?

- ❏ a. Konrad Adenauer
- ❏ b. Willy Brandt
- ❏ c. Alcide de Gasperi
- ❏ d. Robert Schuman

29. Quelle est celle de ces fonctions que n'a pas exercée Paul-Henri Spaak ?

- ❏ a. Ministre des Affaires Étrangères
- ❏ b. Premier ministre de Belgique
- ❏ c. Président de l'Assemblée consultative du Conseil de l'Europe
- ❏ d. Président de la CECA
- ❏ e. Président de la Commission de la CEE
- ❏ f. Secrétaire général de l'OTAN

30. Qu'évoque pour vous le nom de la Veluwe ?

- ❏ a. une célèbre bière belge
- ❏ b. la première grande fabrique de textiles créée en Flandre au Moyen Âge
- ❏ c. un matériau utilisé pour les toitures
- ❏ d. une région naturelle des Pays-Bas

31. Quel est le nom du grand lac situé au centre du Cambodge ?

- ❏ a. lac des Cardamomes
- ❏ b. Kompong-Chang
- ❏ c. Norodom Sihanouk
- ❏ d. Tonlé-Sap

32. Qu'évoque pour vous le nom de la Callas ?

- ❏ a. une cantatrice grecque
- ❏ b. une célèbre statue de Phidias
- ❏ c. le titre d'un film de Pasolini
- ❏ d. le nom de l'opéra de Milan

33. Laquelle de ces œuvres scientifiques n'est pas de Charles Darwin ?

- ❏ a. Essai sur le principe de la population
- ❏ b. De l'origine des espèces au moyen de la sélection naturelle
- ❏ c. De la descendance de l'homme
- ❏ d. De la variation des animaux et des plantes domestiques

34. En quel siècle est né Dante Alighieri ?

- ❏ a. XIIIe siècle
- ❏ b. XIVe siècle
- ❏ c. XVe siècle
- ❏ d. XVIe siècle

35. L'un de ces titres n'est pas celui d'un film d'Ingmar Bergman.

- ❏ a. La Danse de Mort
- ❏ b. Les fraises sauvages
- ❏ c. Le Septième Sceau
- ❏ d. Sonate d'automne

36. Qu'évoque pour vous le nom d'Héraclite ?

- ❏ a. un grand médecin de l'antiquité
- ❏ b. un sculpteur disciple de Phidias
- ❏ c. un philosophe d'Ephèse
- ❏ d. un général grec vainqueur des Perses

37. Qu'est-ce que l'Hydre de Lerne ?

- ❏ a. une figure géométrique
- ❏ b. une célèbre statue de Phidias
- ❏ c. un tableau de Raphaël
- ❏ d. un monstre fabuleux

38. Qu'est-ce que le Maëlstrom ?

- ❏ a. un courant tourbillonnaire marin
- ❏ b. un monstre de la mythologie scandinave
- ❏ c. l'assemblée des grands chefs vikings
- ❏ d. un recueil de chants guerriers scandinaves

39. Qu'évoque pour vous le nom de Marius ?

- ❏ a. un général et homme politique romain
- ❏ b. l'un des successeurs de César
- ❏ c. un empereur de la décadence romaine
- ❏ d. un héros d'histoires belges

40. Qu'évoque pour vous le nom de Madonna di Compiglio ?

- ❏ a. une célèbre cantatrice
- ❏ b. un tableau de Fra Angelico
- ❏ c. une statue de Michel-Ange
- ❏ d. une station de sports d'hiver

Deuxième partie

RÉPONSES
ET COMMENTAIRES

Premier tests, pour vous exercer

Tests en 40 questions – Première série (*)

1. « Dieu et mon droit » est la devise de la Grande-Bretagne. Elle remonte à l'époque où les souverains anglais et leur Cour parlaient français (premiers siècles après 1066, après la conquête normande).

2. c est faux. Persépolis, ancienne cité royale de l'empire perse achéménide, fut fondée par Darios Ier à la fin du VIe siècle avant notre ère, puis agrandie pour Xerxès Ier et Artaxerxès Ier.

3. Il s'agit du Détroit de Béring. Son nom vient d'un navigateur danois qui explora la région au début du XVIIIe siècle.
Il avait atteint le Kamtchatka, grande presqu'île, lors d'une première expédition.
Pénalisation pour Dardanelles, détroit turc entre l'Europe et l'Asie. Et pour Kazakhstan, qui est un État d'Asie Centrale.

4. Il s'agit de la Terre de Baffin, grande île d'une superficie de près de 500 000 km^2. Son nom vient de celui d'un navigateur anglais qui explora la région au début du XVIIe siècle.
Terre-Neuve est plus au sud. L'île Victoria est plus à l'ouest. Pénalisation pour Vancouver, qui est tout-à-fait à l'ouest du Canada, dans le Pacifique.

5. Le Spitzberg est une grande île de l'océan Arctique (plus de 50 000 km^2). C'est une possession norvégienne.

6. Le deuxième sommet du monde est le K2, ou Godwin Austen, ou Chogori, dans le massif du Karakorum, au Pakistan (8 611 m).
Les trois autres noms désignent le même grand sommet, qui est le plus haut du monde, à la frontière du Népal et du Tibet.
Le nom Everest vient de Sir George Everest, officier et géophysicien britannique, qui découvrit et mesura ce massif en 1841. Après l'échec de nombreuses expéditions, le sommet fut atteint par Edmund Hillary et Tensing Norgay en 1953.

7. La vitesse horaire de la lumière est supérieure à 1 milliard de km/h (1 079 351 200).

(*) Les questions sont en p. 26.

La vitesse d'un électron dans un accélérateur de particules est également supérieure à 1 milliard de km/h.

8. La vitesse minimale requise pour quitter l'attraction terrestre est de 11 200 mètres par seconde (plus de 40 000 km/h, chiffre qui pouvait vous aider à trouver la bonne réponse).
Pour quitter le système solaire, il faut dépasser 16 660 m/seconde.

9. La vitesse de rotation de la Terre autour du Soleil est de plus de 100 000 km/h. Soit plus de 900 millions de km par an.

10. La vitesse de rotation de la Terre sur elle-même est de 1 674 km/h à l'Équateur, soit plus de 40 000 km dans la journée.
Elle est à Paris de 1 100 km/h.

11. Le télescope spatial américain est le HST, Hubble Space Telescope.
Son nom vient de l'astronome américain Edwin Powell Hubble (1889-1953). Il avait montré définitivement que l'espace est peuplé de galaxies, étudié des distances et déplacements des nébuleuses, et confirmé par ses observations la théorie de l'expansion de l'univers.
Isaac Newton avait construit le premier télescope en 1672.
De grands télescopes sont installés en Californie au Mont Hamilton et au Mont Palomar, et plus récemment au Chili.
Un télescope spatial, étant à l'abri des poussières, a des performances beaucoup plus grandes.

12. Plus de 50 comètes reviennent périodiquement à proximité de la Terre.
La plus connue est la comète de Halley du nom d'un astronome anglais qui avait calculé son retour en appliquant la théorie de Newton.
Elle revient tous les 75 à 76 ans. À la suite de sa visite en 1986, son prochain retour est prévu pour l'an 2061.

13. L'accident de Tchernobyl (centrale nucléaire située en Ukraine, à une centaine de km au nord de Kiev) a eu lieu le 26 avril 1986.

14. La Chine est devenue au cours des années 1980 le premier producteur de houille, devant les États-Unis et la Russie. Sa production dépasse 1 milliard de tonnes.

15. L'Ile Maurice est l'ancienne Ile de France, au nord-est de la Réunion.
Les Anglais s'en emparèrent en 1810.
C'est un État indépendant depuis 1968. Sa capitale est Port-Louis.

16. Les vitamines du groupe B.
a. vitamine B6
b. vitamine B12
c. vitamine B1
d. vitamine B2

– quatre autres vitamines
a. vitamine E
b. vitamine C
c. vitamine PP
d. vitamine A

17. Le point culminant de l'Amérique du Nord est le Mont Mac Kinley, à 6 200 m.

18. Le point culminant de l'Amérique du Sud est l'Aconcagua, à 6 700 m.

19. Le point culminant de la Belgique est, à près de 700 m, le signal de Botrange, sur le plateau des Hautes Fagnes, dans le massif des Ardennes.

20. À Vienne, les deux grandes salles d'opéras sont le Volksoper et le Wiener Staatsoper.
Schönbrunn était le château impérial.

21. Jean Dunois, comte de Longueville, fils naturel de Louis, duc d'Orléans, et dit le Bâtard d'Orléans.

22. *Chacun dans son caractère* est de Ben Jonson (1572-1637).
Autre pièce très connue du même auteur : *Volpone.*

23. *Ivanhoé* est de Sir Walter Scott (1771-1832).

24. La *Critique de la raison pure*, publiée en 1781, est d'Emmanuel Kant (1724-1804).

25. Le squelette humain comporte un peu plus de 200 os constants et distincts.

26. Âge de la Terre : près de 5 000 millions d'années.
Apparition des premiers vertébrés marins et reptiles primitifs : 350 millions d'années (ère primaire).
Apparition des mammifères au cours de l'ère secondaire : 250 (trias) à 200 millions d'années (jurassique).

Apparition des premiers hominidés à l'ère quaternaire : 3 à 4 millions d'années (australopithèques, par exemple « Lucy » découverte en Ethiopie). Ou peut-être 6 à 7 millions d'années (récente découverte de « Toumaï » au Tchad)

27. La langue la plus parlée dans le monde est le mandarin (chinois), parlé par plus de 900 millions d'hommes.
Autres langues importantes :
Anglais : 450 millions
Espagnol et Hindi : près de 400 millions.

28. Le bouriate est une langue mongole.

29. Le volapük est une langue internationale artificielle inventée à la fin du XIXe siècle.
Au sens figuré et péjoratif, le mot désigne un mélange de langues.

30. La Terre a atteint son premier milliard d'habitants vers 1801, le deuxième en 1925, le troisième en 1959, le quatrième en 1974, le cinquième en 1986. Le sixième a été atteint en 1997.
Elle devrait atteindre le septième en 2008, le huitième en 2018, le neuvième en 2028 et le dixième en 2040.

31. Superficie des pays européens :
Espagne : 500 000 km^2
Suède : 450 000 km^2
Allemagne : 360 000 km^2
Norvège : 324 000 km^2
Seules sont plus étendues : l'Ukraine (plus de 600 000 km^2) et la France (plus de 550 000 km^2), et bien sûr la Russie.

32. Superficie des grands États :
Canada : 10 millions de km^2 ; Chine : 9 600 000 km^2
États-Unis : 9 400 000 km^2 ; Brésil : 8 500 000 km^2
La Russie est le premier pays du monde, avec plus de 17 millions de km^2.

33. Le nombre annuel des décès dans le monde est de l'ordre de 50 millions. Le nombre des naissances est de plus de 140 millions.
Ainsi l'excédent naturel est de l'ordre de 90 millions.

34. La catastrophe de l'île de Santorin (Grèce) a été la plus grande de l'Antiquité.
Le Krakatoa se situe entre Java et Sumatra. L'explosion de 1883 fit de nombreuses victimes.
La dernière grande explosion est celle du Pinatubo (Philippines, 1991).

35. Il s'agit de la catastrophe de Bhopal, en Inde (usine de pesticides).
La précédente catastrophe avait eu lieu à Seveso, en Italie (1976, vapeurs toxiques de dioxine à l'usine ICMESA, filiale de la firme suisse Givaudan).

36. Sigmund Freud (1856-1939) est un neurologue et psychiatre autrichien, fondateur de la psychanalyse. Il exerça à Vienne.
Le rire (publié en 1900) est un ouvrage du philosophe français Henri Bergson (1859-1941).

37. Fritz Lang (Vienne, 1890 – Los Angelès, 1976) fut le maître du cinéma expressionniste allemand.
Il a produit de grands films en Allemagne de 1921 à 1933. Il quitta l'Allemagne à l'avènement du nazisme.
Il tourna de nombreux films aux États-Unis, notamment *Furie* (1936).

38. Florence est une ville d'Italie centrale, au cœur de la Toscane.

39. La ville de Tarente est au fond du golfe du même nom (golfe de Tarente, au fond du talon de la botte d'Italie).

40. Le Garigliano est un fleuve d'Italie centrale, servant de frontière entre le Latium et la Campanie.
Le Chevalier Bayard (1475-1524) y défendit un pont seul contre une troupe espagnole (1503).
En mai 1944, le corps expéditionnaire français commandé par le Maréchal Juin y remporta une grande victoire qui ouvrit aux alliés la route de Rome.

Appréciation de vos performances, compte tenu de la difficulté de ce questionnaire

Nous donnons cette appréciation par rapport au concours des IRA.

➣ Au delà de trente réponses exactes, c'est déjà une bonne performance.

➣ Peu de candidats obtiendraient 35 ou 36 bonnes réponses. Ils seraient vraiment dans les tout premiers pour cette épreuve.

➣ De 38 à 40, vous êtes vraiment un champion.

Tests en 40 questions – Deuxième série (*)

1. Le premier Prix Nobel de Physique fut en 1901 l'allemand Wilhelm Roentgen. Albert Einstein l'obtint en 1921.
   Emil von Behring fut le premier Prix Nobel de Physiologie et Médecine. Jacobus van't Hoff fut le premier Prix Nobel de Chimie.

2. Youri Gagarine fut le premier homme lancé dans l'espace en avril 1961. (Alan Shepard lui succéda en mai 1961. Aldrin et Amstrong sont les deux premiers hommes qui ont marché sur la Lune, le 21 juillet 1969).

3. Le Colisée est le plus grand amphithéâtre romain construit au premier siècle après J.C. (plus de 50 m de hauteur, plus de 500 m de tour, capacité d'accueil environ 50 000 spectateurs).

4. La dentition humaine comporte en principe douze molaires.
   (Chaque moitié de maxillaire comporte, du centre vers le fond : 2 incisives, 1 canine, 2 prémolaires et 3 molaires).
   Il suffit évidemment de compter rapidement sur soi-même pour trouver la bonne réponse.

5. L'Acropole est à Athènes.

6. La Grande Armée est entrée à Moscou le 14 septembre 1812.

7. L'hymne national américain est *La Bannière étoilée* (The Star spangled Banner), composée en 1814, offficialisée en 1951.

8. Les États-Unis se composent de 50 États : 13 d'origine, et 37 admis par la suite, les deux derniers étant l'Alaska et les îles Hawaï.

9. Le Balaton est un grand lac situé dans la partie occidentale de la Hongrie (près de 80 km de longueur, 8 à 14 km de largeur).

10. Le nom d'Appenzell est peut-être connu comme un fromage... il provient d'un canton du nord-est de la Suisse.

11. Le Surinam est l'ancienne Guyane hollandaise, autonome depuis 1954 et indépendante depuis 1975.

12. La saccharine est chimiquement un imide sulfo-benzoïque. C'est une substance blanche à fort pouvoir édulcorant, qui est utilisée comme succédané du sucre.

(*) Les questions sont en p. 32.

13. Le lac de Thoune est situé au centre de la Suisse.

14. La première transplantation cardiaque a été réalisée en Afrique du Sud le 3 décembre 1967 par le Docteur Christian Barnard (survie 18 jours).

Le record de survie a été détenu notamment par le R.P. Boulogne (17 mois en 1968-1969), puis par Emmanuel Vitria (19 ans). Il est actuellement de 21 ans (USA).

Le taux de réussite et la durée de survie sont bien meilleurs maintenant grâce à la découverte de nouvelles molécules neutralisant les phénomènes de rejet.

15. Les thallophytes sont des plantes inférieures (composées de thalles), sans feuilles ni tiges ni racines.

Les trois principales catégories sont les algues, les champignons et les lichens.

Les mousses possèdent des tiges et des feuilles (mais non des racines).

16. Erich von Stroheim (1885-1957) était d'origine autrichienne.

17. *Le septième sceau* est un film du suédois Ingmar Bergman (réalisé en 1956).

18. L'Indonésie a maintenant plus de 200 millions d'habitants, et compte plus de 160 millions de musulmans chiites.

C'est le premier pays musulman du monde.

19. La planète la plus proche du soleil est Mercure (moins de 60 millions de km).

Puis viennent Vénus (108 millions de km) et la Terre (150 millions).

Les deux plus éloignées sont Neptune (4 500 millions de km) et Pluton (distance moyenne 5 900 millions de km).

20. La guerre de Succession d'Espagne s'est terminée par le Traité d'Utrecht (1713).

Aix-la-Chapelle : fin de la Guerre de Succession d'Autriche (1748).

Paris : fin de la Guerre de Sept Ans (1756-1763).

Versailles : indépendance américaine (1783).

21. *La Divine Comédie* est de Dante Alighieri (1265-1321).

22. *Le Prince de Hambourg* (1810) est de Heinrich von Kleist (1777-1811).

23. *Pygmalion* est une pièce de George Bernard Shaw (1856-1950) en date de 1912.
Adaptation en opérette et au cinéma : cf. *My fair Lady*.

24. *Les Raisins de la Colère* (1939) est le roman le plus célèbre de John Steinbeck (1902-1968).
Cette œuvre obtint le Prix Pulitzer en 1940.

25. Karpathos est une île grecque du Dodécanèse (Sporades méridionales).

26. Les États-Unis sont entrés en guerre en avril 1917.

27. Le lagopède est un gallinacé de taille moyenne.
Les variétés les plus connues sont le lagopède blanc (gélinotte) et le lagopède d'Ecosse (grouse).

28. Le Limpopo est un fleuve d'Afrique du Sud (1 600 km).
Il sert, pour partie, de frontière avec le Botswana et le Zimbabwe, puis traverse le Mozambique.

29. Le Kobudo est un ensemble de techniques d'art martial japonais.
Certaines formes en sont considérées comme bien culturel national.

30. Les crotales étaient des petites cymbales employées pour accompagner les danses, notamment dans le culte de Cybèle.
C'est aussi une variété de serpents, mais il fallait écarter b : en efffet, ils ne sont pas « très répandus en Sicile », mais sévissent sur d'autres continents.

31. Bob Dylan, né en 1941, est à l'origine du renouveau dans les années 60, des chansons de style ballade et d'inspiration folk (avec des textes poétiques ou engagés). Par la suite, il est devenu plus rock.
Musiciens disparus :
Jimi Hendrix (1946-1970)
John Lennon (1940-1980)
Jim Morrison (1943-1971)

32. *La Montagne magique* (1924) est une œuvre de Thomas Mann (1875-1955).

33. *L'annonce faite à Marie* est une pièce écrite en 1912 par Paul Claudel (1868-1955).

34. Benvenuto Cellini (1500-1571).

35. *Ivanhoé* (1819) est à l'origine de la vogue du roman historique en Europe au XIXe siècle.
C'est une œuvre de Sir Walter Scott (1771-1832).

36. Paul Cézanne (1839-1906) a peint *Les grandes baigneuses* au début du siècle. C'est l'une de ses dernières grandes œuvres.

37. *La Dolce Vita* est de Federico Fellini.

38. *Apothéose de la danse* est la symphonie n° 7 de Beethoven.
Œuvres de compositeurs russes :
– *Dans les steppes de l'Asie Centrale* : Alexandre Borodine (1833-1887)
– *Une nuit sur le mont Chauve* : Modest Moussorgski (1839-1881)
– *Le sacre du printemps* : ballet d'Igor Stavinski (1881-1971).

39. L'intrus est Franklin Roosevelt (élu Président des États-Unis en 1932, mort en avril 1945).
Le négociateur américain était le Président Thomas Woodrow Wilson (1856-1924).

40. Ces quatre Présidents ont été assassinés. Abraham Lincoln fut tué d'un coup de pistolet, dans un théâtre, par l'acteur John Wilkes Booth, le 15 avril 1865.
Une curiosité de l'histoire : jusqu'à Ronald Reagan, élu en 1980, tous les Présidents élus au cours d'une année divisible par 20 ont été assassinés ou sont morts dans l'exercice de leurs fonctions. (Reagan lui-même fut gravement blessé lors d'un attentat en mars 1981).

1 La Culture générale

Vingt grandes œuvres de la pensée européenne (*)

1. *Politique* d'Aristote (IVᵉ siècle avant notre ère). C'est un traité d'Aristote. C'est aussi le titre d'un dialogue de Platon, où Socrate développe le mythe de l'âge d'or.

2. *La Cité de Dieu* de Saint Augustin (413-427).
Pénalisation pour les réponses « avant notre ère », qui étaient absurdes.

3. *Le Prince* de Machiavel (1513).

4. *L'Utopie* de Thomas More (1516).

5. Le *Petit traité de la liberté humaine* de Martin Luther (1520).

6. *Institution de la religion chrétienne* de Jean Calvin (1541).

7. Le *Discours de la Méthode* de René Descartes (1637).

8. *Léviathan* de Thomas Hobbes (1651).

9. *Tractatus théologico politicus* de Baruch Spinoza (1670).

10. *Traité sur le gouvernement civil* de John Locke (1690).

11. *L'Esprit des Lois* de Montesquieu (1748).

12. *Discours sur l'origine de l'inégalité* de Jean-Jacques Rousseau (1755).

13. *Encyclopédie, ou dictionnaire raisonné des sciences, des arts et des métiers.*
Œuvre collective animée par Diderot et d'Alembert (1751 à 1772).
Intrus : Descartes (1596-1650) et Tocqueville (1805-1859).

14. *Recherches sur la nature et les causes de la richesse des Nations* d'Adam Smith (1776).
C'est le premier grand traité du capitalisme libéral.

(*) Les questions sont en p. 40.

15. *Essai sur le principe de population* de Thomas Malthus (1798).

16. *De la Démocratie en Amérique* d'Alexis de Tocqueville (1835-1840). Autre ouvrage important : *l'Ancien Régime et la Révolution* (1856).

17. *Le Manifeste du Parti communiste* de Karl Marx et Friedrich Engels (1848).

18. *Ainsi parlait Zarathoustra* de Frédéric Nieztsche (1883-1885).

19. *Théorie générale de l'emploi, de l'intérêt et de la monnaie* de John Maynard Keynes (1936).

20. *Du travail pour tous dans une société libre* de Lord William Beveridge (1944).

Les grands penseurs en Europe, de Socrate à Einstein (*)

1. **Socrate** est un philosophe grec du Ve siècle avant notre ère. (Il est né à Athènes en – 470 et y est mort en – 399). Son père était sculpteur (et non roi). Sa mère était sage-femme. Il dira avoir hérité d'elle l'art d'accoucher (ou maïeutique) non pas les corps, mais les esprits.

Il critiqua les sophistes, maîtres de rhétorique qui employaient des arguments trop subtiles ou spécieux.

Il était marié avec Xanthippe. Selon la légende, il n'aurait épousé cette femme acariâtre que pour éprouver sa propre patience.

Il participa à des expéditions guerrières, non comme marin, mais comme hoplite (fantassin lourdement armé).

Socrate n'a pas laissé d'œuvre écrite. Nous le connaissons par les travaux de ses élèves, notamment les dialogues de Platon.

Les conditions de la mort de Socrate sont restées célèbres : accusé d'impiété et de corruption de la jeunesse, il fut condamné à boire la ciguë.

Sa maxime la plus célèbre est « connais-toi toi-même ».

Nous pouvons en citer une deuxième, plus discutable : « nul n'est méchant volontairement ».

Il fallait cocher la deuxième case et la dernière.

2. Roger **Bacon** (1214-1294) fit ses études à Paris. Il enseigna à Paris et à Oxford.

(*) Les questions sont en p. 43.

Abélard fut un célèbre philosophe et théologien (1079-1142).

Boccace fut un écrivain italien du XIVe siècle (1313-1375). Son œuvre la plus célèbre est le *Décaméron*.

Robert de Sorbon fut un théologien du XIIIe siècle, fondateur du collège auquel son nom a été donné (devenu la Sorbonne).

3. Didier **Erasme** est né à Rotterdam en 1469 et mort à Bâle en 1536. Cet humaniste dont la pensée est faite de mesure et de prudence tenta de concilier l'étude des Anciens et les enseignements de l'Eglise.
   Pour mémoire. Les autres dates correspondent à :
   – Rabelais (1494-1553)
   – Henri IV (1553-1610)
   – Shakespeare (1564-1616)
   Intruse : *l'Utopie*. C'est un roman politique et social de Thomas More (1516).

4. Nicolas **Copernic** (1473-1543) était un astronome polonais.
   Cracovie était l'ancienne capitale de la Pologne.

5. Galiléo Galiléi, dit **Galilée**, fut mathématicien, physicien et astronome (1564-1642). Son père était un musicien célèbre.
   Pour trouver la bonne réponse, vous pourriez penser à rapprocher les trois domaines des sciences qui vont ensemble.

6. René **Descartes** est né à La Haye (Touraine) en 1596 et mort à Stockholm en 1650. Il y avait été invité par la reine Christine de Suède.

7. Blaise **Pascal** est l'un des plus grands génies du XVIIe siècle. Les bonnes dates ne pouvaient être que 1623 et 1662. Il fut un génie très précoce, mais mourut prématurément.

8. Isaac **Newton** (1642-1727) fut un mathématicien, physicien, astronome et célèbre penseur anglais.
   Selon une anecdote fameuse, il aurait été mis sur la voie de la découverte de l'attraction universelle, en voyant une pomme tomber à ses pieds. Il aurait imaginé alors d'étendre l'attraction terrestre jusqu'à la Lune, puis l'aurait transposée jusqu'à l'ensemble du système solaire.

9. Charles de Secondat, baron de la Brède et de **Montesquieu** (1689-1755) publia son œuvre maîtresse *De l'Esprit des Lois*, en 1748.

10. Arouet est le nom patronymique de **Voltaire**. Il vécut 84 ans (Paris, 1694-1778). Ayant gardé toutes ses facultés intellectuelles, il eut donc une grande période créatrice.

11. Jean-Jacques **Rousseau** est né à Genève en 1712, mort à Ermenonville en 1778.
Candide est de Voltaire (1759).

12. Auteur de nombreuses œuvres philosophiques et littéraires, Denis **Diderot** (1713-1784) consacra vingt années de sa vie à la constitution de *l'Encyclopédie*.
Il se rendit en Russie en 1779 auprès de l'impératrice Catherine II.

13. Emmanuel **Kant** (Königsberg, 1724-1804) est considéré comme le plus grand des philosophes allemands.

14. Johann Wolfgang von **Goethe** (Francfort-sur-le-Main 1749, Weimar 1832) est considéré comme le plus grand des écrivains allemands.

15. Friedrich **Engels** (1820-1895), issu d'une famille d'industriels allemands, fut un théoricien socialiste et homme politique. Il contribua à l'élaboration et à la diffusion du matérialisme historique et dialectique. Son œuvre est inséparable de celle de Karl Marx.
Cochez les cases 3, 4, 5, 11 et 12.

16. Né à Trèves en 1818 et mort à Londres en 1880, Karl **Marx** fut philosophe, économiste et homme politique allemand.
Critique de la raison pure (1781) et *Critique de la raison pratique* (1788) sont d'Emmanuel Kant (1724-1804).
Le Fil de l'épée (1932) et *Vers l'armée de métier* (1934) sont deux ouvrages du Général de Gaulle.

17. Frédéric **Nietzsche** est un philosophe allemand né en Thuringe en 1844, mort à Weimar en 1900.
Intruse : *l'Année terrible* (1872), de Victor Hugo, qui évoque le siège de Paris et la Commune en 1871.

18. Sigmund **Freud** est un neurologue et psychiatre autrichien, fondateur de la psychanalyse (1856-1939). Il pratiqua à Vienne (qu'il dut quitter pour Londres en 1938).

19. Henri **Bergson** est un philosophe français (Paris, 1859-1941). Il obtint le Prix Nobel de littérature en 1927.

20. Albert **Einstein** est né à Ulm, en Allemagne, en 1879, et mort à Princeton, aux États-Unis, en 1955. Devant fuir l'Allemagne nazie, il ne put être accueilli en France par l'Université. Il vint s'établir aux États-Unis en 1933 et y obtint la nationalité américaine.
Il obtint le Prix Nobel de Physique en 1921.

Vingt personnalités marquantes du XXᵉ siècle en Europe (*)

1. Georges Clemenceau est né à Mouilleron-en-Pareds, dans le bocage vendéen, en 1841. Il est mort à Paris en 1929.

Après une longue carrière politique sous la IVᵉ République, il fut rappelé au pouvoir en 1917, au moment où la France et ses armées étaient en graves difficultés.

Les négociateurs du Traité de Versailles en 1919 : Clemenceau, Lloyd George (Grande-Bretagne), Orlando (Italie) et Wilson (États-Unis).

Churchill était Ministre de la Guerre, mais non Premier ministre.

Pénalisation pour Hitler, qui avait été simple soldat (puis caporal) dans l'armée allemande.

Pour l'élection à la Présidence de la République en 1920, Clémenceau fut battu par Paul Deschanel. Il se retira alors de la vie politique.

2. Winston Churchill est né à Blenheim Palace en 1874, mort à Londres en 1965.

Il exerça toutes les fonctions citées, sauf : celle d'ambassadeur à Paris (mais il y venait souvent, et il effectua de longs séjours sur la Côte-d'Azur à la fin de sa vie) et celles de Secrétaire général de l'O.N.U. ou de Président de la Commission de la C.E.E.

Il fut nommé Premier ministre le 10 mai 1940 et le resta jusqu'aux élections de 1945 où il fut battu par les travaillistes (Attlee). Il fut à nouveau Premier ministre de 1951 à 1955.

Ses passe-temps favoris furent l'histoire et la peinture. Il publia de nombreux ouvrages dans les années 30 et 50.

(Il fut aussi célèbre pour sa consommation de cigares, et de whisky...).

3. Charles de Gaulle est né à Lille en 1890 et mort à Colombey-les-deux-Églises en 1970.

Après Saint-Cyr, il commença une carrière d'officier. Il fut blessé à Douaumont en 1916, et fait prisonnier.

Après plusieurs tentatives d'évasion, il fut interné au fort d'Ingolstadt. (Ne pas cocher l'E.N.A .... C'est lui qui créa l'École nationale d'administration en 1945).

Aucune des propositions suivantes n'était exacte.

Charles de Gaulle était colonel en 1938-1939. Il fut promu général de brigade à titre temporaire en mai 1940, puis nommé Sous-Secrétaire d'État à la Défense nationale le 6 juin 1940. Il partit pour Londres le 17 juin, et y lança le fameux Appel du 18 juin. Il y organisa les Forces françaises libres.

Il fut élu Président du Gouvernement provisoire de la République française par l'Assemblée Constituante en novembre 1945, mais fut contraint à la démission dès le 20 janvier 1946 à cause des divisions et de l'hostilité des partis politiques.

Il revint au pouvoir comme Président du Conseil, régulièrement investi le 1er juin 1958.

4. **Adolf Hitler** est né en Autriche en 1889, mort à Berlin le 30 avril 1945.

Son père s'appelait Schicklgruber. On a dit souvent que, si le jeune Adolf Schicklgruber avait conservé ce nom peu euphonique, il n'aurait pas fait de carrière politique.

Il échoua à l'examen d'entrée à l'Académie viennoise des Beaux-Arts.

En août 1914, il s'engagea dans l'armée bavaroise, et obtint la Croix de Fer (distinction rare pour un homme de troupe).

Il rédigea *Mein Kampf* (Mon Combat) en 1924.

Guderian et Rommel étaient des officiers de carrière.

Hitler est devenu chancelier du Reich, en toute légalité, le 30 janvier 1933.

5. **Benito Amilcare Andrea Mussolini** est né en 1883 et a été abattu par des partisans communistes en avril 1945.

Il milita pendant une quinzaine d'années au parti socialiste.

Il partit pour le front en 1915 et fut grièvement blessé en 1917.

Il créa les Faisceaux d'action révolutionnaire en 1915, puis les Faisceaux italiens de combat en 1919. Le Parti fasciste devint officiel en 1921.

Il se fit appeler le *Duce* (= guide).

Il prit le pouvoir en 1922 à l'issue de la « marche sur Rome » (que lui-même avait effectuée... en wagon-lit).

Hitler et Mussolini se lièrent par le *Pacte d'Acier* en 1939.

6. Joseph Vissarionovitch Djougatchvili est né en Géorgie en 1879, mort à Moscou en 1953.

Staline signifie l'« homme d'acier ». Les autres noms cités sont ceux de musiciens russes.

Il effectua ses études au séminaire orthodoxe de Tiflis.

Il fut le premier directeur de la *Pravda* en 1912, et prit à cette occasion le pseudonyme de Staline.

Il fut Commissaire du Peuple aux Nationalités de 1917 à 1922.
Il devint en 1922 Secrétaire général du Comité Central du Parti Communiste.

7. Vladimir Ilitch Oulianov, dit **Lénine**, est né en 1870, mort en 1924.
Les autres noms cités sont ceux de divers écrivains russes.

Il publia en 1902 sa première théorie d'un parti marxiste, exposant son rôle dans le combat politique révolutionnaire du prolétariat, *Que faire* ?

L'Ordre de Lénine, fondé en 1930, est l'ordre civil et militaire le plus élevé de l'U.R.S.S., attribué aux citoyens s'étant particulièrement illustrés dans la « construction de l'État socialiste ».

8. Nikita Sergueïevitch **Khrouchtchev** est né en 1894, mort en 1971.
Il succéda à Staline au poste de premier secrétaire du parti communiste en 1953. En 1958, il succéda à Boulganine comme Président du Conseil des ministres. Après son échec dans la crise de Cuba (1962), il dut quitter ses fonctions en 1964.

Il restera dans l'histoire comme ayant été le pionnier de la politique de « déstalinisation ».

9. **Mikhaïl Sergueïevitch Gorbatchev** est né en 1931.
Il fut élu secrétaire général du P.C.U.S. en mars 1985 (après la mort de Tchernenko). Il devint chef de l'État en 1988. Il fut élu Président de l'U.R.S.S. par le Congrès en 1990. En août 1991, le « Comité d'État pour l'état d'urgence » le déclara incapable, « pour raisons de santé », d'exercer ses fonctions. Il fut ramené au pouvoir grâce à Boris Eltsine. Après la disparition de l'U.R.S.S. et la décision de créer une Communauté des États indépendants (CEI), il annonça sa démission le 25 décembre 1991.

Les deux maîtres-mots qui resteront de lui sont *glasnost* (transparence) et *perestroïka* (restructuration).

Il a obtenu le Prix Nobel de la Paix en 1990.

10. Boris Nicolaïevitch Eltsine est né en 1931.
Il fut élu Président du Parlement de Russie en 1990, puis Président de la Fédération de Russie en 1991. Il fut remplacé ensuite par Vladimir Poutine (qui devint Premier Ministre en 1999 et fut élu Président en mars 2000).

Il n'a pas obtenu de Prix Nobel (... mais la presse satirique lui a parfois décerné celui de l'alcoolisme).

11. Lech Walesa est un syndicaliste polonais, né en 1943.

Il était électricien sur les chantiers navals de Gdansk. Il fut l'un des principaux artisans de la création de syndicats libres.

Il fut élu en 1981 Président de *Solidarnosc* (Solidarité).

Il fut lauréat du Prix Nobel de la Paix en 1983 (sa femme alla le recevoir pour lui à Stockhlom).

Il devint Chef de l'État en 1990.

Il fut battu par Alexandre Krasniewski aux élections présidentielles de décembre 1995.

Lech Walesa a repris son travail en 1996 aux chantiers navals de Gdansk.

12. Karol Wojtyla est né en Pologne en 1920.

Il devint archevêque de Cracovie en 1964.

Il a été élu pape en 1978 et a pris le nom de Jean-Paul II.

Il n'a pas obtenu de Prix Nobel.

(Pour mémoire : les autres noms cités sont ceux de divers romanciers polonais).

Jean-Paul II fut le premier pape polonais de l'histoire de l'Église, et le premier non italien depuis le début du XVIe siècle.

13. Konrad Adenauer est né à Cologne en 1876, mort en 1967.

Konrad Adenauer fut maire de Cologne, et destitué par les nazis en 1933.

Après la guerre, il se consacra à la fondation du parti démocrate-chrétien (C.D.U.) dont il devint le Président.

Lorsque la République fédérale fut proclamée, en 1949, il en devint le Chancelier, et le resta pendant 14 ans.

Il fut l'un des principaux artisans de la réconciliation franco-allemande et de la construction de l'Europe.

Il entretint des liens particulièrement étroits avec le général de Gaulle (traité de coopération en 1963).

14. Karl Herbert Framm est né à Lübeck en 1913, mort en 1992.

À l'avènement du nazisme, il s'exila en Norvège, et devint citoyen norvégien sous le nom de **Willy Brandt**. Il combattit contre les armées nazies.

De retour en Allemagne, il milita au parti social-démocrate (S.P.D.).

Il fut député de Berlin, puis maire de Berlin-Ouest de 1957 à 1966. Il fut ministre des Affaires étrangères en 1966.

Élu chancelier en 1969, il occupa ces fonctions pendant cinq ans.

Il pratiqua une politique résolument européenne, et affirma une volonté d'ouverture vers les démocraties populaires. Il en fut récompensé par le Prix Nobel de la Paix en 1971.

Il dut démissionner en 1974 (l'un de ses conseillers, Günter Guillaume, espionnait au profit de l'Est).

15. Helmut Kohl est né en 1930.

Il devint Président de la C.D.U. dès 1973.

Il succéda à Helmut Schmidt (S.P.D.) à la chancellerie le 1er octobre 1982. Il resta au pouvoir jusqu'en 1988 (seize ans).

16. Alcide De Gasperi (1881-1954) fut l'un des chefs de la démocratie chrétienne en Italie.

Il fut Président du Conseil et Ministre des Affaires étrangères de 1945 à 1953.

Il fut Président de la C.E.C.A. après Jean Monnet.

En visant les démocrates-chrétiens Adenauer, De Gasperi et Schuman, les adversaires de l'Europe dénoncèrent l'« Internationale Noire », y voyant l'influence du clergé et du Vatican.

17. Paul-Henri Spaak (1899-1972) est le belge le plus illustre dans la construction européenne.

Il exerça toutes les fonctions citées, sauf celle de Secrétaire général de l'O.N.U.

18. Jean Monnet est né à Cognac en 1888, mort en 1979.

Il exerça très jeune de hautes responsabilités : organisation des approvisionnements pendant la Première Guerre mondiale, secrétaire général adjoint de la Société des Nations en 1919.

Il présida le Comité de coordination de l'effort de guerre allié en 1939-1940, puis participa au Comité français de Libération nationale.

Il créa la planification française (décret signé par le Général de Gaulle le 3 janvier 1946) et dirigea les travaux du premier Plan de modernisation et d'équipement (il fut Commissaire général de 1946 à 1952).

Il est à l'origine de la déclaration du 9 mai 1950 et de la création de la Communauté européenne du charbon et de l'acier.

Il fut le premier Président de la Haute Autorité de la C.E.C.A. (1952-1955).

Il créa en 1955 le Comité d'action pour les États-Unis d'Europe.

Il est l'un des Français dont le rôle a été le plus important au cours du XXe siècle (... sans avoir jamais été ministre).

Ses cendres ont été transférées au Panthéon en 1988, à l'occasion du centenaire de sa naissance.

19. Robert Schuman (1886-1963) fut député démocrate-populaire de 1919 à 1940, puis M.R.P. de 1945 à 1962.

Il fut plusieurs fois ministre des Affaires étrangères et Président du Conseil sous la IVᵉ République.

Il présida l'Assemblée parlementaire européenne à Strasbourg en 1958.

Sa Déclaration effectuée le 9 mai 1950 au « salon de l'horloge » du ministère des Affaires étrangères restera dans l'histoire européenne (ce fut notamment l'origine de la C.E.C.A.).

20. Jacques Delors est né en 1925 à Paris.

Il a exercé toutes les fonctions citées, sauf celles de ministre des Affaires étrangères et de Premier ministre.

Il a présidé la Commission des Communautés européennes de 1985 à 1994.

Il a inspiré et mis en œuvre de nombreuses mesures importantes (Acte unique européen en 1986 ; « paquet Delors » en 1988 ; transformation de la C.E.E. en Union européenne ; accord sur l'Espace économique européen). Martine Aubry est la fille de Jacques Delors.

Vingt personnalités marquantes du XXᵉ siècle dans le monde (*)

1. **Franklin Delano Roosevelt** (1882-1945) fut le 32ᵉ Président des États-Unis.

   À titre exceptionnel dans l'histoire, à cause de la guerre, il fut élu quatre fois : 1932, 1936, 1940, 1944.

   Il prépara en 1932 un programme économique et social contre la crise, le « New Deal » (= « nouvelle donne »). Il était entouré d'une équipe d'économistes, le « brain trust » (ou trust des cerveaux).

   Ses réalisations :

   1 – lutte contre la surproduction agricole par un jeu d'indemnités.

   2 – contrôle de la concurrence et des conditions d'emploi dans l'industrie.

   5 – programme d'aménagement de la Vallée du Tennessee.

   Ne pas cocher 3 et 4, pour cause d'anachronisme. La N.A.S.A. a été fondée en 1958.

(*) Les questions sont en p. 57.

Conférences internationales : il fallait s'arrêter à Yalta (février 1945). Roosevelt est mort peu après (avril 1945). Au demeurant, les suivantes concernaient le Tiers Monde (Bandung) et l'Europe (Messine). Roosevelt avait été atteint de poliomyélite. Il en garda des séquelles. À la fin de la guerre, il était très diminué physiquement. On lui a beaucoup reproché les concessions excessives qu'il fit à Staline.

2. **Harry S. Truman** (1884-1972) accéda à la présidence en avril 1945, après la mort de Roosevelt. Il remporta les élections de 1948 (donc répondre oui aux deux premières questions).

Faits marquants sous sa présidence :
– lancement de la bombe atomique sur Hiroshima (6 août 1945) et Nagasaki (9 août 1945). La décision relevait de lui ;
– lancement du plan d'aide économique à l'Europe (dit Plan Marshall, du nom de son Secrétaire d'État) ;
– constitution de l'O.T.A.N. pour défendre l'Europe occidentale face à Staline (1949) ;
– intervention en Corée après l'agression commise par la Corée du Nord contre celle du Sud (juin 1950).

3. Né au Texas en 1890, mort à Washington en 1969, **Dwight David Eisenhower** fut le 34e Président des États-Unis.
La célèbre académie militaire des États-Unis est celle de West Point (État de New York). Harvard est la plus ancienne et l'une des plus importantes universités des États-Unis (fondée en 1936 par le puritain Harvard, à Cambridge, Massachussetts). Le M.I.T. est le Massachussetts Institute of Technology.

Campagnes militaires. Intrus : le Caucase. Quant au débarquement en Normandie (piège), il a eu lieu le 6 juin 1944 (et non 1945).

Carrière politique. Investi par le parti républicain (et non démocrate). Élu en 1952 et 1956.

4. **John Fitzgerald Kennedy** est né dans le Massachussetts en 1917, mort à Dallas en 1963.
Il était d'une famille catholique d'origine irlandaise.
Pendant la guerre, il fut officier de marine, et blessé dans le Pacifique.
Il fit carrière au parti démocrate (élu à 30 ans à la Chambre des Représentants, puis sénateur à 35 ans).
Il fut élu à la présidence en 1960, sur le thème de la « nouvelle frontière ».

Il rencontra Nikita Khrouchtchev à Vienne et à Berlin, et s'opposa à lui victorieusement sur le plan diplomatique lors de la crise de Cuba (affaire des missiles, 1962).

Il fut assassiné à Dallas par Lee Harvey Oswald, dans des conditions encore mal éclaircies.

Son père Joseph Kennedy fut ambassadeur à Londres. Son frère Joseph Kennedy fut Attorney Général. Il périt assassiné lors des élections primaires en vue de l'investiture démocrate.

5. **Richard Milhous Nixon** est né en Californie en 1913, mort en 1994.

   Il joua un rôle important, en tant que Vice-Président, sous la Présidence d'Eisenhower (1952 à 1960).

   Il fut battu (de très peu) par John Fitzgerald Kennedy aux élections présidentielles de 1960. (Il ne s'est pas présenté en 1964). Il fut élu en 1968 et réélu en 1972.

   Il réussit à désengager les États-Unis du Vietnam, et négocia des accords importants avec Pékin et Moscou.

   À la suite de l'affaire du Watergate, il dut abandonner son mandat en 1974, et se retirer de la vie politique.

   Le jury aurait pu vous demander combien de mandats il a exercés. Question difficile et complexe, car il n'a pas achevé son second mandat.

6. **Ronald Reagan** (né en 1911), fut reporter sportif, puis comédien à Hollywood. Il s'y illustra surtout dans des westerns. Il fit aussi carrière à la télévision.

   Il fut gouverneur de Californie de 1967 à 1975, et réussit bien dans ses fonctions.

   Il fut devancé par Gérald Ford pour la candidature républicaine en 1976, puis élu en 1980 et réélu triomphalement en 1984, avec George Bush comme Vice-Président.

   Son programme était conservateur, libéral sur le plan économique, énergique sur le plan international. Ses entrevues avec Gorbatchev ont permis d'amorcer un programme de désarmement.

   Le scandale de *l'Irangate* fut révélé en 1986 et entacha les années 1987 et 1988. Il s'agissait de vente secrète d'armes à l'Iran, servant à financer la résistance antisandiniste au Nicaragua (les « contras »).

7. **George Bush** est né en 1924.

   Trois propositions sont fausses : il fit carrière au parti républicain (et non démocrate). Il fut élu à la Chambre des représentants (il ne pouvait l'être en même temps au Sénat).

Il fut élu Vice-Président de Ronald Reagan en 1980 et 1984, élu Président en 1988, battu par Bill Clinton en 1992 (il ne se présenta pas en 1996).

8. **William** (diminutif : **Bill**) **Jefferson Clinton** est né en 1946 dans l'Arkansas.

Il y fut Attorney général, puis gouverneur en 1978 (le plus jeune des États-Unis).

Il a épousé Hillary Rodham, avocate et professeur de droit.

Il a été élu en 1992, réélu en 1996.

Le Vice-Président était Albert (Al) Gore.

Warren Christopher a été nommé Secrétaire d'État en 1993. Don Quayle était le Vice-Président de Georges Bush.

Ross Perot a été candidat indépendant aux élections présidentielles.

Pour mémoire : Barbara était le prénom de Mme Bush ; Jackie celui de Mme Kennedy.

9. **Juan Domingo Peron** est né en 1895 et mort en 1974 à Buenos Aires.

Il fut élu Président de la République argentine en 1946.

Il y établit une dictature populaire, aidé par sa femme Eva, surnommée Evita.

Il fut renversé par un putsch en 1955, et revint au pouvoir en 1973. À sa mort, en 1974, sa troisième femme lui succéda.

Nous avons choisi Peron en tant que personnalité marquante de l'Amérique latine.

10. **Fidel Castro** est né en 1927 à Santiago de Cuba.

Étudiant en droit, révolutionnaire, il débarqua avec des partisans à Cuba. Il organisa avec Che Guevara la guérilla contre le dictateur Batista. Il prit le pouvoir en 1959. Il est donc au pouvoir depuis plus de quarante ans.

Les autres noms cités sont ceux d'anciens dictateurs latino-américains. Bolivar avait été le *libérateur* contre l'Espagne.

Des réfugiés anticastristes tentèrent un débarquement qui échoua au lieu dit « baie des cochons ».

Fidel Castro se proclama marxiste léniniste, et offrit des bases à l'U.R.S.S.. Mais l'installation des fusées soviétiques suscita une vive inquiétude aux États-Unis. En 1962, Kennedy obtint de Khrouchtchev le retrait de ses engins.

Castro chercha à se poser en leader du Tiers-Monde. Il envoya de forts contingents en Afrique à plusieurs reprises (Ethiopie – Angola).

11. Josip Broz dit **Tito** est né en 1892, mort en 1980.

Les autres noms cités sont ceux de diverses villes de Yougoslavie.

Étant né en Croatie, il fut mobilisé en 1914 dans l'armée austro-hongroise.

Fait prisonnier par les Russes en 1915, il combattit ensuite dans les rangs de l'armée rouge. De retour dans son pays, il participa à l'activité du parti communiste yougoslave.

Il organisa le passage vers l'Espagne des Brigades internationales.

À partir de 1941, il organisa la résistance yougoslave (guérilla) contre l'occupant allemand.

Il devint Président du Conseil de la Nouvelle Yougoslavie en 1944.

Soucieux de l'indépendance de son pays, il rompit avec Staline en 1948.

Il fut élu Chef de l'État à vie.

Remarque. Tito aurait pu ou dû être classé parmi les hommes d'État européens. Mais il mérite aussi une place à part, en raison de son rôle parmi les leaders du Tiers Monde.

12. Gamal Abdel Nasser (en arabe Jamal, Abd-al-Nasir) est né en Haute-Égypte en 1918, mort au Caire en 1970.

Il organisa le mouvement des « officiers libres », qui mena avec succès un coup d'État en 1952.

Après le général Neguib, Nasser devint le véritable maître de l'Égypte en 1954.

Il devint l'un des leaders du monde afro-asiatique, s'illustrant notamment à la Conférence de Bandung en 1955.

Il nationalisa le canal de Suez en 1956.

Il subit une déroute totale en 1956 lors de l'intervention militaire française, anglaise et israélienne, mais rétablit la situation sur le plan diplomatique.

Il forma avec la Syrie une éphémère République arabe unie (1958-1961).

Il subit une nouvelle grave défaite face à Israël en 1967.

Il mourut subitement le 28 septembre 1970.

13. Patrice Lumumba est né en 1925, et mort au Katanga en 1961.

Leader du Mouvement national congolais, il devint Premier ministre en 1960, année de l'indépendance.

Destitué par le Président Kasavubu, il fut arrêté par le Colonel Mobutu en décembre 1960. Transféré au Katanga, il y fut tué lors d'une tentative d'évasion.

Nous l'avons fait figurer en tant qu'exemple de leader du Tiers Monde africain.

14. **Nelson Mandela** est né en 1918 dans le Transkei. Il est originaire d'une famille princière.

    Il a été élu Président de l'Afrique du Sud en 1994.

    Il obtint en 1993 le prix Nobel de la Paix, conjointement avec Frédéric De Klerk.

    Nelson Mandela est l'une des personnalités les plus marquantes de la fin du XXe siècle en Afrique.

15. **David Ben Gourion** est né à Plonsk en 1874 (ville polonaise, à l'époque en Russie). Il est mort à Tel Aviv en 1973.

    À cause des pogroms, il s'installa en Palestine en 1906. Il créa l'Histadrouth en 1921 (unification des diverses tendances socialistes), puis le parti social démocrate (Mapaï).

    Il proclama l'établissement de l'État d'Israël en mai 1948.

    Il fut Premier ministre de 1948 à 1953, puis de 1955 à 1963.

    Nous avions tenu à faire figurer son nom vu l'importance symbolique et diplomatique de la création de l'État d'Israël.

16. **Mao Tsé-Toung** ou Mao Tsö-Tong ou Mao Zedong (1893-1976) a tenu dans ses mains le destin de plus d'un milliard d'hommes – et même beaucoup plus si l'on tient compte de plusieurs générations et de leurs descendants.

    Il obtint en 1918 un poste d'aide-bibliothécaire à l'Université de Pékin. Il s'y familiarisa avec la théorie marxiste.

    Il contribua à fonder le parti communiste-chinois.

    Il siégea également au bureau exécutif du Kuo-Min-Tang, mouvement nationaliste un moment allié.

    La « longue marche » de 1934 lui permit de gagner à la cause révolutionnaire les paysans de nombreuses régions chinoises.

    Il s'allia à nouveau avec le Kuo-Min-Tang pour lutter contre la progression des forces impérialistes japonaises.

    Après la capitulation du Japon et la victoire sur Tchang Kaï-Chek, il proclama la République populaire chinoise à Pékin le 1er octobre 1949.

    Mao Tsé-Toung a produit en 40 ans plus de dix ouvrages théoriques et stratégiques importants. Mais le plus connu reste le *Petit livre rouge*, « bible » du maoïsme destinée aux masses populaires.

    (Pour mémoire : *Mon combat* est un titre de Hitler. *Que faire ?* est un titre de Lénine.)

17. Chou en laï (1896-1976) fit des études en France. Il fut toujours un fidèle de Mao, et occupa des fonctions très importantes (Premier ministre, ministre des Affaires étrangères).

18. Mohandas Karamchand Gandhi est né en 1869, mort en 1948.

Après des études à Ahmadabad, puis à Londres, il devint avocat. Il exerça à Bombay, puis en Afrique du Sud.

De retour en Inde, il prêcha la « non violence active » : désobéissance civile, boycott des produits importés d'Angleterre.

On garde de lui l'image du sage filant et tissant ses propres vêtements.

Gandhi fut souvent appelé *Mahatma*, « la grande âme ». Les autres noms cités sont ceux de divers États de l'Union indienne.

Il exerça une grande influence sur le parti du Congrès, et participa aux négociations pour l'indépendance de l'Inde (obtenue le 15 août 1947). Gandhi a été assassiné par un brahmane fanatique le 30 janvier 1948.

19. Jawaharlal Nehru est né à Allahabad en 1889, mort à Delhi en 1964.

Il se fit remarquer par son action patriotique aux côtés de Gandhi, et fut plusieurs fois emprisonné par les Anglais.

Il devint Président du Parti du Congrès en 1929.

Il fut Premier ministre en 1947 après l'indépendance. Il joua aussi un grand rôle sur la scène internationale.

Nehru était appelé le *pandit* (en sanscrit, pandita signifie savant). Il fut un bon écrivain en langue anglaise (ouvrages politiques, ouvrages d'histoire, lettres à sa fille Indira).

Sa fille Indira et son petit-fils Rajiv devinrent Premiers ministres, mais périrent tous deux assassinés.

Pour mémoire : les autres noms cités avec *pandit* sont ceux de poèmes historiques ou religieux.

20. Indira Gandhi est née à Allahabad en 1917, morte à New-Delhi en 1984.

Elle était la fille de Nehru. Elle épousa un avocat dénommé Gandhi, mais sans lien de parenté avec son illustre compatriote.

Après sa mort, son fils Rajiv Gandhi devint Premier ministre en 1984. Il fut tué en 1991 par une bombe posée par un « Tigre de libération de l'Eelam Tamoul ».

Indira Gandhi fit ses études en Suisse et à Oxford. Elle devint la collaboratrice de Gandhi.

Elle présida le Congrès en 1959, puis devint Premier ministre en 1966, succédant à Lal Bahadur Sästri.

Revenue au pouvoir en 1980, elle fut assassinée le 31 octobre 1984 par deux sikhs de son service de sécurité.

Une remarque sur la place des femmes dans l'histoire

Une seule femme figure parmi les vingt personnalités citées (Indira Gandhi, qui a été à la tête de la République indienne, « la plus grande démocratie du monde »).

C'est sans doute trop peu.

Mais cela correspond malheureusement à la place des femmes dans la vie politique. C'est un thème de réflexion important pour les épreuves de culture générale, et pour la conversation avec le jury.

Aurions-nous pu citer d'autres noms ?

Il y a bien des reines chefs d'États importants, notamment en Grande-Bretagne, mais elles n'ont qu'un rôle honorifique. Quelques noms illustres mériteraient d'apparaître, notamment en littérature, ou dans les Sciences (comme Marie Curie). Vous les retrouverez dans d'autres Q.C.M.

2 Les Arts

Les Mouvements Artistiques du XXe siècle (*)

△ La musique au XXe siècle

1. **Les grands musiciens allemands.**
   Jean-Sébastien Bach (1685-1750)
   Ludwig van Beethoven (1770-1827)
   Johannes Brahms (1833-1897)
   Georg Friedrich Haendel (1685-1759) naturalisé anglais
   Karlheinz Stockhausen est né en 1928
   Georg Philipp Telemann (1681-1767)
   Richard Wagner (1813-1883)
   NB : Si vous ne connaissez pas Stockhausen, vous pouvez procéder par élimination : vous savez sans doute que les autres grands noms appartiennent à des siècles antérieurs.

2. **Les musiciens autrichiens ayant composé au XXe siècle.**
   Alban Berg (1885-1935)
   Arnold Schönberg (1874-1951)

   Siècles antérieurs
   Franz Joseph Haydn (1732-1809)
   Wolfgang Amadeus Mozart (1756-1791)
   Franz Schubert (1797-1828)
   Johann Strauss I (1804-1849)
   Johann Strauss II (1825-1899)

3. **Un grand compositeur et chef d'orchestre américain.**
   Leonard Bernstein (1918-1990).
   Le musicien américain le plus connu est sans doute George Gerschwin (1898-1937). Ses œuvres les plus célèbres sont *Rhapsody in Blue*, *Un Américain à Paris* et l'opéra *Porgy and Bess*.

4. **Jacques Offenbach (1819-1880) est du XIXe siècle.**
   Il a composé une centaine d'opérettes, dont *Orphée aux Enfers*, *La Belle Hélène*, *La vie parisienne*, *La Périchole*, *La grande duchesse de Gérolstein*.

(*) Les questions sont en p. 67.

5. Le chef d'orchestre le plus célèbre du XXe siècle.

L'autrichien Herbert von Karajan est né à Salzbourg en 1908, mort en 1989. Il dirigea notamment l'orchestre philharmonique de Berlin, l'opéra de Vienne, le Festival de Salzbourg.

6. La cantatrice la plus célèbre du siècle.

Maria Anna Sophia Kalogeropoulos, dite Maria Callas est une cantatrice grecque, née à New York en 1923, morte à Paris en 1977. Elle réussit à allier un tempérament de tragédienne à un don exceptionnel de *soprano*.

7. Le trompettiste et chanteur de jazz américain le plus connu du siècle.

Louis Armstrong est né à La Nouvelle-Orléans en 1900, mort à New York en 1971. Il fut mondialement célèbre dès les années 30.

Il avait été surnommé Satchmo.

Go down Moses et *Hello Dolly* sont deux de ses chansons les plus célèbres.

Neil Armstrong (né en 1930) est le premier homme ayant marché sur la Lune (mission Apollo XI, le 21 juillet 1969).

8. Les musiciens de jazz français.

Aimé Barelli (1917-1995)

Claude Bolling (né en 1930)

Didier Lockwood (né en 1956)

Claude Luter (né en 1923)

Michel Petrucciani (1963-2000)

Sidney Bechet, né à La Nouvelle-Orléans en 1897, Américain, s'était fixé en France en 1950, où il est mort en 1959.

9. L'origine du reggae.

Le reggae est une musique jamaïcaine dérivée du Calypso, avec un rythme plus marqué et des accents plus rudes. Nom resté célèbre : Bob Marley, Jamaïcain adepte de la secte religieuse des rastafaris.

10. Les festivals célèbres du mouvement pop.

Des festivals géants (400 000 à 800 000 personnes) eurent lieu en 1969-1970 à Hyde-Park (concert des Rolling Stones), Woodstock, et à l'île de Wight.

Bob Dylan, né en 1941, est le chanteur le plus célèbre du *Country Rock*. Il est à l'origine, dans les années 60, du renouveau des chansons de style *ballade* et d'inspiration *folk*, avec des textes poétiques ou engagés.

△ Les mouvements internationaux récents

Série 1

Action painting ou expressionnisme abstrait. d.
Art cinétique (Agam, Le Parc, Vasarely, Schöffer). a.
Art cybernétique. Exemple : sculptures mobiles commandées par un cerveau électronique. b.
Art féministe. En France, le Collectif Arts Femmes. e.
Art pauvre. c.

Série 2

Bad painting. Exemples de mouvements : à New York vers 1980 ; en Allemagne, les « Nouveaux Sauvages ». d.
Body Art. e.
Conceptual Art. a.
Copy Art. b.
Figuration libre. c.

Série 3

Graffitisme. d. Cf. aussi le mouvement Hip-Hop.
Hyperréalisme. a.
Land'Art. b. Exemples : tranchées ou trous gigantesques. Ou encore les emballages de Christo.
Mec'Art. e. Vous avez peut-être vu des reproductions de célèbres portraits de Marylin Monroe réalisés par cette technique.
Minimal Art. c. Devise : *Less is more*. Moins, c'est davantage.

Série 4

Happening. c. Pratique implantée notamment à New York et en France.
Nouveau réalisme. e. Courant parallèle au Pop'Art. En France : César, Tinguely, Niki de Saint-Phalle.
Nouvel expressionnisme. a. Cf. notamment à Berlin, fin des années 1960.
Nouvelle figuration. b. Notamment depuis 1968 : sujets politiques.
Op'Art ou Optical Art. d. Applications : bijoux, ameublement, décoration, peinture (Vasarely).

Série 5

Muralisme. c.
Pop'Art. a. Précurseurs : Picasso, Duchamp, Picabia.
Précisionnisme. e.

Serrafisme. b. Procédé créé en 1980 par Luc-Élysée Serraf.

Zebra. d. Devise des fondateurs du mouvement : « Le zèbre est notre animal parce qu'il ne s'apprivoise pas ».

6. Le mouvement TAG Trans-avant-garde ou New Image s'est développé en France, Allemagne et Italie au cours des années 1980.

△ Pablo Picasso

1 et 2 . Picasso est né en 1881 à Malaga (Andalousie, Espagne), et mort à Mougins en 1973 (Alpes-Maritimes, arrondissement de Grasse).

3. Picasso a été très célèbre dès les années 1920.

4. *Période bleue :* 1901 à 1903-1904. Effusion sentimentale, et compositions d'esprit naturaliste ou symbolique.

Période rose : 1904 à 1907. Compositions suaves, d'un trait élégant et maniéré, traduisant une vision plus optimiste du monde.

5. Le Bateau-Lavoir.
Ensemble de bâtiments situé à Montmartre où vécurent notamment Picasso (de 1904 à 1909), Juan Gris, Max Jacob, Modigliani, et fréquenté par de nombreux artistes et écrivains. Il fut considéré comme le centre d'éclosion du cubisme.
(L'ensemble fut malheureusement démoli en 1970).

6. Les demoiselles d'Avignon.
Tableau peint en 1907, après de nombreuses études préparatoires et jamais achevé.
Œuvre révolutionnaire par la rupture qu'elle opère entre la nature et l'art.
À été considérée comme une parodie contestataire du *Bain turc* d'Ingres ou de *La joie de vivre* de Matisse.
Se caractérise par l'épurement des formes, la superposition des plans, le travail sur les structures.
Les autres titres sont ceux de films de Jacques Demy (1931-1990).

7. Georges Braque (1882-1953) a travaillé en liaison étroite avec Picasso.
Edouard Manet (1832-1883) avait commencé à schématiser les formes et les volumes.
Claude Monet (1840-1926) fut le grand maître de l'impressionnisme.
Paul Cézanne (1839-1906) est le grand précurseur du cubisme.

8. Guernica est une ville sainte du pays basque espagnol (province de Biscaye).

La ville fut bombardée en 1937 par l'aviation allemande au service des nationalistes (près de 2 000 victimes). En réponse à une commande du Gouvernement républicain espagnol, Picasso avait peint cette même année une grande toile de 350 sur 777 cm : œuvre monumentale où se mêlent figures animales et humaines broyées par la guerre et la mort. Le nom de *Guernica* lui fut donné.

Le tableau fut conservé au Musée d'Art Moderne de New York, puis revint en Espagne en 1981, après le rétablissement de la démocratie (Musée du Prado).

9. *Série 1*

Les Joueurs de cartes. Tableau de Paul Cézanne (1895). Une des œuvres les plus célèbres du Musée d'Orsay.

Série 2

Le Port de l'Estaque est de Georges Braque (1906).

10. Il fallait cocher toutes les cases. Picasso a produit :
– plus de 10 000 peintures et dessins,
– plus de 100 000 lithographies ou gravures,
– plus de 3 000 sculptures et céramiques,
– de très nombreuses illustrations de livres.
Son héritage comportait 60 000 œuvres.

11. Un musée à Paris est consacré à Picasso, à l'Hôtel Salé, dans le Marais (inauguration en 1985).

L'architecture et l'urbanisme dans le monde au XXe siècle (*)

△ Les grands architectes du XXe siècle

1. Jacques Hittorff est français, et travailla à Paris au XIXe siècle : Cirque d'hiver, Gare du Nord, Église Saint-Vincent de Paul.

2. Les architectes célèbres.
Intrus : Georges Wolinski, né en 1934 (c'est un dessinateur).

(*) Les questions sont en p. 73.

3. L'architecte urbaniste **Charles-Edouard Jeanneret** a choisi le pseudonyme de **Le Corbusier**.
Les autres noms cités sont de divers architectes contemporains.

4. Œuvres de Le Corbusier.
Intrus : Château d'Azay-le-Rideau (1518-1529).

5. L'architecte du Grand Louvre.
Ieoh Ming Peï (né en 1918, architecte américain d'origine chinoise) a travaillé notamment aux pyramides de la Cour Napoléon.

△ Les grandes réalisations de l'architecture moderne

6. Les constructions récentes.
La basilique Saint-Denis a bien été élevée au rang de cathédrale en 1966. Mais il s'agit d'un bâtiment ancien. De premières églises furent bâties sur le site par le bon roi Dagobert (VIIe siècle), puis Pépin Le Bref et Charlemagne (VIIIe siècle). L'ensemble gothique date du XIIe siècle et fut agrandi au XIIIe sur les plans de Pierre de Montreuil (architecte de l'abbaye de Saint-Germain des Prés puis de Notre-Dame de Paris).
Une cathédrale récente a bien été construite en banlieue, mais à Évry (consécration en 1995).

7. Grands monuments parisiens.
L'Institut du Monde arabe est une construction originale de J. Nouvel, au bord de la Seine, dans le 5e arrondissement. Mais il n'y a pas de Palais ou Institut du « Monde asiatique ». « 1968 » est une allusion plaisante à l'époque « maoïste ».

8. Liste des grands stades.
Ce sont de belles œuvres architecturales. Les concours attirent beaucoup de grands architectes. Mais aucun stade particulier n'a été construit pour le Paris-Saint-Germain. Le P.S.G. utilise le Parc-des-Princes.

9. La place la plus grande du monde.
C'est la place Tienanmen à Pékin (40 hectares).
La place de la Concorde a 6 hectares.

10.Les ponts les plus longs du monde.
Deux ponts sur le lac Pontchartrain, en Louisiane (États-Unis), font plus de 30 km.

Projet : un pont sur le Rio de la Plata, entre Argentine et Uruguay, ferait plus de 50 km.

En France, le pont le plus long est celui de l'île de Ré (plus de 3 000 m).

11. Les gratte-ciel les plus hauts.

Grâce à leur flèche, ils dépassent 500 m.

Divers exemples au Canada (Toronto) et aux États-Unis : à Chicago (Sear Towers) et Los Angeles (Tour de la Paix).

L'immeuble le plus haut du monde fut pendant longtemps l'Empire State Building à New York (1931, plus de 100 étages, près de 400 m de hauteur).

12. Les mâts de télévision.

Dans plusieurs pays, ils dépassent 500 m, et même 600 aux États-Unis.

Un mât de plus de 600 m construit en Pologne en 1970 s'est affaissé en 1991.

En France, le mât ajouté à la Tour Eiffel (construite en 1889) culmine à plus de 320 m.

Le Cinéma et nos régions (*)

1. Claude Chabrol a mis en scène en 1980 *Le Cheval d'orgueil*, chronique de la Bretagne d'antan, d'après le livre de Pierre-Jakez Héliaz.
Les trois autres titres sont ceux de chansons célèbres.

2. De nombreuses versions de *L'Arlésienne* furent réalisées. Celle de Marc Allégret est de 1942.

3. La célèbre *trilogie provençale* du théâtre de Marcel Pagnol : *Marius, Fanny, César.*
Au cinéma, Pagnol réalisa *César* en 1936.
C'est Alexandre Korda qui vint en France tourner *Marius* en 1931.
Fanny fut réalisé par Marc Allégret en 1932.

4. La plus célèbre partie de cartes du cinéma français se déroule dans un café provençal.

(*) Les questions sont en p. 75.

Voici les protagonistes :
1. d. Monsieur Brun : Robert Vattier
2. c. César :   Raimu
3. b. Escartefigue : Dullac
4. a. Panisse :   Charpin

5. *Angèle* fut réalisé en 1934 par Marcel Pagnol, d'après le roman de Jean Giono *Un de Baumugnes*.
Les plus grands cinéastes italiens ont rendu hommage à ce film, dans lequel ils ont vu un ancêtre du néo-réalisme.

6. Claude Berri réalisa en 1986 *Jean de Florette*, puis *Manon des Sources*, d'après Pagnol, avec Yves Montand, Gérard Depardieu et Daniel Auteuil.

7. *L'eau vive* fut tourné par François Villiers avec pour héroïne Pascale Audret (film sorti en 1958).
Célèbre musique et très belle chanson de Guy Béart.

8. Dans *La cuisine au beurre*, comédie de Gilles Grangier, Fernandel incarne le cuisinier provençal et Bourvil le cuisinier normand (1963).

9. Réalisé en 1959, ce film obtint le prix Jean Vigo : c'est *Le beau Serge,* qui contribua au lancement de la « Nouvelle vague ».

10. *La terre qui meurt* fut tourné en 1936 par Jean Vallée. Ce fut un des premiers films français en couleurs.

11. *Goupi Mains rouges* est un chef-d'œuvre de 1943. Les acteurs sont excellents, notamment Fernand Ledoux (Goupi Mains rouges) et Robert Le Vigan (Goupi Tonkin).

12. *Lola* (1961) est un mélodrame poétique de Jacques Demy, avec Anouk Aimée dans le rôle titre. Musique de Michel Legrand.

Jacques Demy et Michel Legrand collaborèrent ensuite pour *Les parapluies de Cherbourg* (1964) et *Les demoiselles de Rochefort* (1966).

13. *Madame Bovary*, la dernière version de Claude Chabrol en 1991, avec Isabelle Huppert.
Les autres titres sont ceux de romans de Balzac.

14. *La ligne de démarcation*, avec Jean Seberg et Stéphane Audran, Maurice Ronet et Daniel Gélin.

15. *Crin blanc* obtint le prix Jean Vigo en 1953.

16. Images d'époque et témoignages de personnalités inspirent *Le chagrin et la pitié*, produit en 1969.

17. *Le point du jour*, réalisé en 1958, se voulait « le premier film français consacré au travail des hommes ». *La tragédie de la mine,* de G.W. Pabst, se situe en 1909 dans une ville frontalière de Lorraine.

18. *Paris 1900*, film documentaire. Montage d'actualités et petits films d'époque. Évocation de notre capitale, au tournant du siècle, de la Belle Époque jusqu'à l'approche de la Grande Guerre.

19. *Paris brûle-t-il ?* Film historique de René Clément, avec Alain Delon, Jean-Paul Belmondo, Yves Montand et Simone Signoret. C'est le récit de la Libération de Paris en août 1944. (Un grand succès de l'année 1966.)

20. *Paris au mois d'août.*

ᗭ Les Lettres

Vingt grandes œuvres littéraires en Europe (*)

1. **Homère** est un poète mythique à qui on attribue *l'Iliade* et *l'Odyssée*. Selon la légende, devenu un vieillard aveugle, très respecté, il récitait ses épopées devant un auditoire venu de toute la Grèce.
Il est situé au IXe siècle avant notre ère.
L'Enéide est de Virgile, poète latin du Ier siècle avant notre ère.
Les autres titres sont fantaisistes.

2. *Les Perses*
Eschyle est un poète tragique grec qui composa près de cent pièces. Il participa aux batailles de Salamine et de Marathon.

3. Le *Banquet* est un dialogue de **Platon** sur l'amour (IVe siècle avant notre ère).

4. Poète latin du premier siècle avant notre ère, **Virgile** a publié les *Bucoliques* et les *Géorgiques*. Il est aussi l'auteur de *l'Enéide*.
Les autres œuvres citées sont de Victor Hugo.

5. *La Divine Comédie*, de **Dante** Alighieri (1265-1321) a été publiée au début du XIVe siècle, de 1307 à 1321.

6. *L'Eloge de la Folie* de Didier **Erasme** (1511).

7. **William Shakespeare** (1564-1616) est le plus grand et le plus fécond des auteurs dramatiques anglais.
Intrus : *le Cid,* de Pierre Corneille (1636).

8. *Volpone* de **Ben Jonson** (1606)
La Vologne est une rivière de Lorraine, affluent de la Moselle.
Vulcain est le dieu du feu dans la religion romaine.
La Vulgate est une traduction latine de la Bible (officielle pour l'Église catholique).
Vulpian est un médecin français du XIXe siècle qui identifia la sclérose en plaques.

(*) Les questions sont en p. 80.

9. *Don Quichotte.* Titre original : *El Ingenioso hidalgo Don Quijote de la Mancha* (publication en 1605 et 1615).
Miguel de Cervantès (1547-1616).

10. Le *Discours de la Méthode* (1637) de **René Descartes** (1596-1650). Les *Méditations métaphysiques* sont de 1641 et les *Principes de Philosophie* sont de 1644.

11. Les *Pensées* de **Pascal** (1626– 1662) sont à situer au milieu du XVIIe siècle.

12. *Le paradis perdu* de **John Milton** 1667.
La Jérusalem retrouvée est un poème épique du Tasse (fin du XVIe siècle). Environ 15 000 octosyllabes racontant essentiellement la prise de Jérusalem par Godefroi de Bouillon en 1099.

13. *Robinson Crusoë* (1719) est de **Daniel Defoe.**

14. *Les Voyages de Gulliver* de **Jonathan Swift** (1726).
Le héros arrive notamment au pays de Lilliput, où il apparaît comme un géant ; et à celui de Brobdingnag, où il se retrouve minuscule.

15. L'œuvre romanesque de **Balzac** réunie sous le nom de la *Comédie humaine* rassemble 95 romans publiés de 1830 jusqu'à sa mort en 1850.
Balzac devait y ajouter une cinquantaine d'ouvrages ébauchés ou prévus.

16. *L'étrange cas du Dr Jekyll et de Mr Hyde* (1886) est de Robert Louis Stevenson.

17. *Anna Karénine* est l'héroïne d'un grand roman écrit de 1873 à 1877 par Léon **Tolstoï** (1828-1910).
Les trois autres noms d'auteurs cités sont ceux de musiciens russes. *Eugène Onéguine* est le titre d'un roman de Pouchkine (1799-1837).

18. *Pygmalion*, comédie de George Bernard **Shaw** (1912).
Le mythe de Sisyphe est un essai d'Albert Camus (1942).
Orphée a inspiré de nombreuses œuvres littéraires, ainsi que des ballets, opéras, tableaux et films (notamment de Jean Cocteau).
Depuis les Grecs (Hésiode ou Eschyle), *Prométhée* est apparu très souvent dans les tragédies, les poésies ou les essais.

19. *Chacun sa vérité* (1916), de Luigi **Pirandello** (1867-1936).
L'auteur obtint le prix Nobel de littérature en 1935.
La vérité est un film d'Henri Georges Clouzot (1960).
Vérités et Mensonges est un film d'Orson Welles (1971).
Le Songe d'une nuit d'été (A Midsummer Night's Dream) est une fée-rie de William Shakespeare (1595).

20. *L'Archipel du Goulag* d'Alexandre **Soljenitsyne.**
L'auteur, né en 1918, a obtenu le prix Nobel de littérature en 1970 (mais ne put le recevoir).

Vingt grands noms des lettres au XXe siècle (*)

1. Nos Prix Nobel de littérature depuis la Libération.
1947 André Gide (1869-1957)
1952 François Mauriac (1885-1970)
1957 Albert Camus (1913-1960)
1960 Saint-John Perse, alias Alexis Léger (1887-1975)
1964 Jean-Paul Sartre (1905-1980)
1985 Claude Simon (né en 1913)
2000 Gao Xin Jian (né en 1940)
L'intrus est Sully Prudhomme (1839-1907). Il obtint le premier Prix Nobel de littérature en 1901. Attention aux dates !
La france a obtenu au total 13 prix Nobel de littérature.

2. Heinrich Böll (1917-1985) obtint le Prix Nobel de littérature en 1972.
Ainsi parlait Zarathoustra est de Frédéric Nieztsche (1844-1900).

3. Œuvres de **Bertolt Brecht** (1898-1956).
Elisabeth Hauptmann était son épouse, sa collaboratrice littéraire. Ils fondèrent ensemble le *Berliner Ensemble.*

4. Elias Canetti, né en 1905 en Bulgarie, obtint la nationalité britannique. Il fut lauréat du Prix Nobel de littérature en 1981.
L'angoisse du gardien de but au moment du penalty est de l'écrivain autrichien Peter Handke (1970).

5. Friedrich Dürrenmatt est un romancier, dramaturge, essayiste suisse (1921-1990).

(*) Les questions sont en p. 83.

Du contrat social (1767) est d'un autre écrivain suisse, fils d'un horloger genevois, Jean-Jacques Rousseau (1712-1778).

6. *Le Nom de la Rose* (1980). Dans le rôle principal du film : Sean Connery.

7. **Nadine Gordimer**, née en 1923 en Afrique du Sud, obtint le Prix Nobel de littérature en 1991.
   Pleure ô pays bien-aimé est d'Alan Paton (1903-1988).

8. **Gabriel Garcia Marquez** est un écrivain colombien né en 1928. Prix Nobel de littérature en 1982.
   Intrus : *Les yeux d'Elsa*, œuvre d'Aragon (1962).

9. **Graham Greene** est un auteur dramatique, journaliste et romancier anglais (1904-1991). Il a notamment mis en scène les violences de l'histoire et leurs victimes, et évoqué les problèmes religieux.
   Intrus : *Au Service de sa Majesté* est un roman de Ian Fleming (1963), dont le héros est James Bond.
   Orange Mécanique est un roman d'Anthony Burgess (1962).

10. **Ernest Hemingway** (1889-1961) a obtenu le Prix Nobel de littérature en 1954.
    La grosse galette est de John Dos Passos (1896-1970).

11. **Arthur Koestler** est né à Budapest en 1905, mort à Londres en 1983. C'est un écrivain hongrois naturalisé anglais : vous pouviez donc cocher deux cases.
    Le Zéro et l'Infini (ou *Darkness at noon*, « obscurité à midi »), publié en 1941 après les procès de Moscou, lui valut une immense notoriété.
    Dans d'autres romans ou essais, il a évoqué la période où il était membre du parti communiste et dénoncé les dangers du totalitarisme.

12. **Naghib Mahfouz** est un écrivain égyptien né en 1912. Prix Nobel de littérature en 1988.
    Avicenne est Abu Ali Husayn Ibn Abdallah Ibn Sina, célèbre médecin et philosophe (980-1037). Son *Canon de la Médecine* fut longtemps la base des études médicales en Orient et en Occident.

13. *Le cimetière marin* est une œuvre de Paul Valéry (1871-1945).

14. Né en 1923, Jorge **Semprun** a écrit en espagnol, puis en français. Il a été Ministre de la Culture en Espagne.
    Noces de sang est de Federico Garcia Lorca, écrivain dénoncé aux franquistes et fusillé en 1936.

15. Les grands auteurs russes.

Alexandre Soljenitsyne est né en 1918. Lauréat du Prix Nobel de littérature en 1970.

Le Docteur Jivago est de Boris Pasternak (1890-1960). Prix Nobel de littérature en 1958.

Le Don paisible est de Mikhaïl Cholokhov (1905-1984).

Anna Karénine est de Léon Tolstoï (1828-1910).

16.

Auteur satirique, **Evelyn Waugh** (1903-1966) a aussi traité de la lutte entre le bien et le mal, la civilisation et la barbarie.

L'espion qui venait du froid est un roman de John Le Carré (1964).

17.

Arthur Miller (né en 1915) a épousé Marilyn Monroe en 1956, et divorcé en 1961. Il a écrit pour elle les *Désaxés* (the Misfits).

18.

Samuel Beckett (1906-1989) est né à Dublin. Il obtint le Prix Nobel de littérature en 1969. Œuvre théatrâle : *En attendant Godot, Fin de partie, Oh ! les beaux jours, Comédie et actes divers.*

19.

Yasunari Kawabata (1899-1972) obtint le Prix Nobel de littérature en 1972.

L'empereur Akihito a succédé à son père Hiro-Hito en 1989.

Le général Tojo était Premier ministre en 1941.

L'amiral Yamamoto commandait la flotte.

20. Les Prix Nobel de langue latine.

1967 Miguel Angel Asturias (Guatemala)

1971 Pablo Neruda (Chili)

1975 Eugenio Montale (Italie)

1977 Vicente Alexandre (Espagne)

1982 Gabriel Garcia Marquez (Colombie)

1989 Camilo José Cela (Espagne)

1990 Octavio Paz (Mexique)

1997 Dario Fo (Italie)

1998 José Saramango (Portugal)

Pour mémoire. Le Prix Nobel de Littérature 2001 a été attribué à Vidiadhar Surajprasad NAIPAUL, écrivain trinidadien d'origine indienne et de langue anglaise (né en 1932). Le Prix Nobel de littérature 2002 a été attribué à l'écrivain Hongrois Imre Kertèsz.

(Le Prix Nobel de la paix 2002 a été attribué à Jimmy Carter, ancien Président des États-Unis).

4 Histoire

Vingt grandes questions sur l'Histoire du XXe siècle en Europe (*)

1. Le **Traité de Versailles** fut signé le 28 juin 1919 dans la Galerie des Glaces.
   Imposé à l'Allemagne par les vainqueurs, ce Traité ne fut jamais réellement accepté par elle. Effacer le « diktat de Versailles » fut l'un des premiers thèmes de la propagande d'Hitler et de sa politique.

2. Né en 1879 en Géorgie, **Staline** est devenu en 1922 secrétaire général du comité central du parti communiste. Il est mort au Kremlin d'une hémorragie cérébrale le 5 mars 1953.

3. **Hitler** devint Chancelier d'Allemagne le 30 janvier 1933 (en toute légalité).

4. Né en 1883, **Mussolini** prit la tête du gouvernement italien en 1922 (en intimidant le Roi Victor-Emmanuel III et le Parlement). Il resta au pouvoir jusqu'en 1943.
   Arrêté sur ordre du roi en juillet 1943, il fut délivré en septembre par un commando SS. Hitler le plaça à la tête d'une éphémère et fantomatique « république sociale italienne ». Il fut arrêté par des partisans communistes, et exécuté en avril 1945.

5. Né en 1936, le général **Francisco Franco** a pris le pouvoir en 1936 (soulèvement nationaliste), et y est resté jusqu'à sa mort en 1975. Il devint en 1938 chef de l'État et du Gouvernement avec le titre de *Caudillo* (équivalent à Führer).
   Malgré les pressions de Hitler, il réussit à rester neutre pendant la Seconde Guerre mondiale. Il légua le pouvoir au roi Juan Carlos de Bourbon en 1975.

6. **La Seconde Guerre mondiale en Europe.**
   1er septembre 1939 : les troupes de Hitler envahissent la Pologne.
   8 mai 1945 : capitulation de l'Allemagne

(*) Les questions sont en p. 88.

7. Signature de l'armistice.

Le 22 juin 1940, à Rethondes, près de Compiègne, dans le même wagon que celui du 11 novembre 1918.

Le 3 septembre 1939, la France et la Grande-Bretagne avaient déclaré la guerre à l'Allemagne (qui avait envahi la Pologne).

8. Les troupes allemandes attaquèrent **Stalingrad** en août 1942. Mais une contre-attaque russe aboutit à leur encerclement en novembre, puis à une capitulation en février 1943.

La ville est un grand port fluvial sur le cours inférieur de la Volga. Elle s'était appelée Tsaritsyne jusqu'en 1925, et fut rebaptisée Volgograd en 1961.

9. Commandant en chef des forces alliées en Europe de 1943 à 1945.

Dwight David **Eisenhower** (1890-1969). Il fut le 34e Président des États-Unis, de 1952 à 1960.

Montgomery commandait les forces terrestres britanniques.

Les autres noms cités sont ceux de divers généraux américains.

10. Les pays européens restés neutres.

Espagne, Portugal, Suède, Suisse, Turquie.

11. La conférence de Potsdam.

Du 17 juillet au 2 août 1945, elle réunit Staline, Truman, Churchill, puis Attlee (nouveau Premier ministre de la Grande-Bretagne).

Roosevelt était mort le 12 avril, et avait été remplacé par Truman à la présidence des États-Unis.

Potsdam est une ville allemande, capitale du Land de Brandebourg, au sud-ouest de Berlin, qui avait été surnommée au XVIIIe siècle « le Versailles prussien ».

12. L'organisation européenne de coopération économique.

L'OECE date de 1948.

En 1960, elle s'est transformée en OCDE, Organisation de coopération et de développement économiques. Son siège est à Paris, au château de la Muette (16e).

13. Le **Traité de Rome** fut signé le 25 mars 1957.

14. Konrad Adenauer (1876-1967) fut le premier Chancelier de République fédérale d'Allemagne en 1949. Il resta au pouvoir pendant quatorze ans, jusqu'en 1963.

Un traité de coopération entre la France et l'Allemagne fut signé en 1963.

Les autres noms cités sont ceux des chanceliers qui lui ont succédé.

15. L'hymne européen.

C'est le prélude de **l'Ode à la Joie** de la neuvième Symphonie de Beethoven.

16. L'Europe des Six.

Les six pays fondateurs des Communautés européennes étaient : France, Allemagne, Italie et les trois pays du Bénélux : Belgique, Pays-Bas, Luxembourg.

17. Né en 1931, **Mikhaïl Sergueievitch Gorbatchev** devint secrétaire général du PC en 1985 (après la mort de Tchernenko). Il démissionna de ses diverses fonctions en décembre 1991, après l'éclatement de l'URSS.

Il avait obtenu le Prix Nobel de la Paix en 1990 après la chute du mur de Berlin et la dissolution du Comecon et du Pacte de Varsovie.

18. Le mur de Berlin.

Il fut édifié en 1961 par la RDA pour mettre fin à l'émigration massive des habitants de l'Est vers l'Ouest.

Il fut abattu à partir de novembre 1989.

19. Les Premiers ministres de Grande-Bretagne.

Neville Chamberlain	1937 – 1940
Winston Churchill	10 mai 1940 – 26 juillet 1945
Clement Attlee	1945 – 1951
Winston Churchill	1951 – 1955
Anthony Eden	1955 – 1957
Harold Mac Millan	1957 – 1960

Après avoir perdu le pouvoir en juillet 1945, Winston Churchill y est revenu de 1951 à 1955.

Pour la suite, signaler notamment Margaret Thatcher (1979-1990), puis John Major (1990-1997).

Tony Blair (travailliste) est devenu Premier ministre en mai 1997.

20. Histoire de l'Autriche.

1920 Constitution de la République fédérale d'Autriche (après les Traités de Saint-Germain et Trianon sanctionnant la disparition de l'Empire des Habsbourg).

1938 (mars) Rattachement à l'Allemagne nazie (= Anschluss).

1955 Après occupation quadripartite pendant dix ans, traité de paix rendant à l'Autriche son indépendance sous condition de neutralité.

1995 Entrée dans l'Union européenne (en même temps que la Finlande et la Suède).

Vingt grandes questions sur l'Histoire du XXᵉ siècle dans le monde (*)

1. La présidence de Roosevelt.

Ce fut la 32ᵉ et la plus longue de l'histoire des États-Unis. Né à New-York en 1882, Franklin Delano Roosevelt fut élu président en 1932 pour combattre la crise née en 1929. Il prit ses fonctions en mars 1933. Fait exceptionnel dans l'histoire des États-Unis, il fut réélu trois fois : 1936, 1940, 1944. Il conduisit l'effort de guerre américain, mais se révéla sur la fin d'une grande faiblesse face aux ambitions de Staline. Il mourut le 12 avril 1945, et le vice-président Truman lui succéda pour achever la guerre.

Pour mémoire : de 1900 à 1908, ce fut Théodore Roosevelt (1858-1919).

Ils appartenaient à la même famille d'origine hollandaise installée aux États-Unis depuis le XVIIᵉ siècle.

2. L'attaque japonaise contre Pearl Harbour.

« Le port des perles » était la plus grande base navale des États-Unis dans le Pacifique, près de Honolulu, aux îles Hawaï. L'aviation japonaise l'attaqua par surprise le 7 décembre 1941.

L'émotion provoquée aux États-Unis par cette agression permit à Roosevelt de faire entrer les États-Unis dans la guerre pour sauver les démocraties.

3. L'empereur du Japon.

L'empereur Hiro-Hito, le 124e du Japon, est né à Tokyo en 1908, et y est mort en 1989. Il succéda en 1926 à son père Taisho Tenno.

Il fut l'initiateur de l'ère *Showa* « de brillante harmonie ».

Sa responsabilité dans le déclenchement de la guerre en 1941 n'a jamais été formellement déterminée, les principaux coupables étant les dirigeants militaristes du gouvernement.

En août 1945, il fit pression sur le cabinet de guerre pour mettre fin aux hostilités après les bombardements atomiques sur Hiroshima et Nagasaki.

Akihito, né à Tokyo en 1933, a succédé à son père Hiro-Hito en 1989. Le nom de son ère dynastique est *Heisei*, « accomplissement de la paix ».

Le général Tojo a dirigé le gouvernement japonais de 1941 à 1944. Il fut exécuté comme criminel de guerre en 1948.

(*) Les questions sont en p. 91.

L'amiral Yamamoto était le chef des forces aéronavales (il dirigea l'attaque sur Pearl Harbour en 1941).

4. **La conférence de Yalta.** Cocher deux cases.

Yalta est une station balnéaire de Crimée (Ukraine).

Du 4 au 11 février 1945, une conférence y réunit Staline, Churchill et Roosevelt (qui était gravement malade, et mourut en avril suivant).

5. **La Seconde Guerre mondiale en Extrême-Orient.**

7 décembre 1941 : attaque japonaise contre la base de Pearl Harbour (îles Hawaï).

15 août 1945 : l'empereur Hiro-Hito ordonne l'arrêt des combats (après les bombardements nucléaires sur Hiroshima et Nagasaki).

6. **Le commandant en chef des forces alliées dans le Pacifique** : Général Douglas Mac Arthur (1880-1964). Il reçut la reddition du Japon le 2 septembre 1945, puis y commanda les troupes d'occupation.

Dwight Eisenhower était le commandant en chef en Europe.

L'amiral Chester Nimitz commandait les forces navales.

Le général George Marshall (futur secrétaire d'État) était chef d'état-major.

7. **Les bombes atomiques sur le Japon.**

Hiroshima : 6 août 1945

Nagasaki : 9 août 1945

8. **L'élaboration de la Charte des Nations-Unies.**

La conférence de San Francisco se tint du 25 avril au 26 juin 1945.

9. **L'indépendance de l'Inde.**

L'indépendance de l'Union indienne a été proclamée en 1947 (le 15 août), au prix d'une sécession d'une partie du pays qui forma l'État islamique du Pakistan (occidental et oriental).

Avec bientôt un milliard d'habitants, l'Union indienne est considérée comme « la plus grande démocratie du monde ».

10. **Le plus illustre des Chinois.**

Né en 1893, Mao Zedong (ou Mao Tsé-Toung) a commencé à jouer un rôle important dans l'histoire de la Chine à partir de 1920. Il a pris le pouvoir officiellement le 1er octobre 1949 (proclamation à Pékin de la République populaire chinoise).

À partir de 1974, Mao fut gravement atteint par la maladie de Parkinson. Il ne fut plus en mesure de participer à la vie politique. Le *Grand Timonier* est mort le 9 septembre 1976.

11. Les guerres d'Indochine.

1946-1954 : guerre entre les États associés et le Vietminh soutenu par la Chine.

En juillet 1954, les accords de Genève mettent fin à la première guerre d'Indochine : indépendance définitive du Cambodge, du Laos et du Vietnam, celui-ci étant partagé en deux zones de part et d'autre du 17e parallèle.

Le Viêt-nam du Sud fut victime d'une guérilla menée par le Viêt-cong avec le soutien du Viêt-nam du Nord.

1965-1975 : guerre du Viêt-nam.

Les Américains débarquèrent des troupes en 1965 pour soutenir le gouvernement légitime du Viêt-nam du Sud, et commencèrent à bombarder le Nord. À partir de 1969, le Président Nixon s'engagea à réduire les effectifs américains. En 1973, la Conférence de Paris aboutit à un cessez-le-feu théorique.

Les Nord-viêtnamiens poursuivirent leurs offensives en 1974-1975, jusqu'à la prise de Saïgon, qui fut rebaptisée Ho-Chi-Minh-Ville.

12. Les Khmers Rouge au Cambodge.

Soutenu par la Chine, Pol Pot imposa l'un des pires régimes totalitaires de toute l'histoire de l'humanité. De 1975 à 1978, le pays devint un immense camp d'esclaves et un charnier (2 à 5 millions de victimes). Le Viêt-nam est intervenu militairement en décembre 1978. Le pays connaît depuis une existence chaotique.

13. L'État d'Israël.

Il est devenu souverain et est entré à l'ONU en 1949.

14. Le canal de Suez.

Il fut nationalisé par Nasser en 1956. La France et la Grande-Bretagne intervinrent militairement, mais durent se retirer sous la pression de l'URSS et des États-Unis.

15. La guerre du Golfe.

Les troupes de Saddam Hussein ont envahi le Koweït le 2 août 1990.

Une force multinationale s'est constituée dans les jours suivants pour empêcher l'extension de l'invasion irakienne, sous le nom de *Bouclier du Désert* (Desert shield).

En janvier 1991, pour libérer le Koweït se déclencha l'opération *Tempête du désert* (Desert storm).
Les opérations terrestres eurent lieu du 24 au 28 février. La Division française *Daguet* s'illustra par une brillante offensive.

16. La guerre du Biafra.

Le peuple Ibo proclama l'indépendance du Biafra en 1967, mais dut y renoncer au bout de trois ans de guerre (un million de morts).
Les autres noms cités sont ceux des principales villes de la région.

17. Nelson Mandela en Afrique du Sud.

Né en 1918, Nelson Mandela obtint en 1993 le Prix Nobel de la Paix, conjointement avec Frederik de Klerk. Il est devenu Président de l'Afrique du Sud en 1994. (Thabo Mbeki lui succéda en 1999).

18. L'affaire de l'Amoco Cadiz.

En mars 1978, le naufrage d'un pétrolier géant causa l'une des plus grandes catastrophes écologiques du siècle (cocher deux cases).
Plus de 200 000 tonnes de pétrole brut se sont répandues sur les côtes bretonnes, de Brest à Saint-Brieuc.

Autres grandes marées noires :
1967 : *Torrey Canyon* (pétrolier libérien), graves dégâts en Bretagne.
1989 : *Exxon Valdès*, échouage en Alaska.
1991 : Pollution volontaire provoquée par les Irakiens dans le golfe persique.
1999 : Naufrage de l'*Erika* (400 km de côtes bretonnes poluées)
2002 : Naufrage du *Prestige* (grave pollution sur les côtes d'Espagne, puis de France).

19. La catastrophe de Bhopal.

Il s'agit d'une fuite de gaz toxique (40 tonnes de méthylisocyanate) de l'usine Union Carbide, le 2 mars 1984, dans l'État de Madhya Pradesh, en Inde.
6 à 10 000 morts, 50 000 handicapés.

20. L'explosion de Tchernobyl.

La centrale nucléaire Lénine (de conception fort dangereuse) a été construite à Tchernobyl, en Ukraine, à 120 km au nord de Kiev.
L'accident s'est produit les 25-26 avril 1986, à la suite d'une expérience mal préparée par les électriciens. Des millions de personnes ont été gravement contaminées, non seulement en Ukraine, mais encore en Biélorussie et en Russie. Les nuages radioactifs se sont répandus sur toute l'Europe, et même jusqu'au Canada. Les répercussions dans notre pays ont été graves (et restent encore à évaluer)

5   Géographie

Connaissance du monde

△ **Niveau 1 – Données élémentaires**
Connaissances scolaires

1. Circonférence de la Terre : 40 000 km.
C'est la longueur du méridien terrestre, ou encore la circonférence de la Terre à l'Équateur.

2. Superficie des terres émergées : environ 150 millions de km^2.
Pour mémoriser ensuite : pensez à la France et pensez à la Russie (dont les superficies seront données ultérieurement), et essayez de visualiser les proportions.

3. Notions-clés de la géographie physique.
Pôle Nord, Tropique du Cancer, Équateur, Tropique du Capricorne, Pôle Sud.
Les tropiques sont deux petits cercles de la sphère terrestre, parallèles à l'Équateur, dont ils sont équidistants. Ils correspondent au passage du soleil au zénith, à chacun des solstices (chacune des deux époques où le soleil atteint son plus grand éloignement du plan de l'équateur). Caractérisées par la faible inclinaison des rayons du soleil, les régions équatoriales et intertropicales sont les plus chaudes du globe.

4. Les régions les plus arrosées du globe.
Les régions équatoriales sont les plus arrosées du globe : elles reçoivent chaque année 2 000 à 3 000 millimètres de pluie.
Les régions tropicales sont arides.

5. Superficie des continents.
1 – Asie   2 – Amérique   3 – Afrique
4 – Europe   5 – Océanie
L'Antarctique a été mis à part. Avec 15 millions de km^2, il passerait devant l'Europe et l'Océanie.

6. Superficie des océans.
1 – Océan Pacifique   2 – Océan Atlantique
3 – Océan Indien   4 – Océan Arctique

(*) Les questions sont en p. 94.

Le Pacifique à lui seul est plus étendu que la totalité des terres émergées.

7. La plus grande île du monde.

C'est l'Australie, avec 7 600 000 km^2, soit 14 fois la France.
L'Australie peut aussi être considérée comme un continent.
Autres très grandes îles :

- Groenland   2 200 000 km^2 soit quatre fois la France
- Nouvelle-Guinée 785 000 km^2
- Bornéo   736 000 km^2
- Madagascar   600 000 km^2
- Sumatra   475 000 km^2

8. Les plus grandes îles d'Europe.

1 – Sicile   25 500 km^2
2 – Sardaigne   24 000 km^2
3 – Chypre   9 250 km^2
4 – Corse   8 680 km^2
5 – Crête   8 300 km^2

9. Les déserts dans le monde.

Sahara 8 000 000 km^2 en Afrique septentrionale (de la Mauritanie à l'Égypte), soit près de 15 fois la France.
Autres grands déserts :
– Australie (80 % du territoire)
– Amérique du Nord et Centrale (Californie, Utah, Arizona, Mexique)
– Amérique du Sud (Chili, Pérou)
– Asie (Arabie, Gobi, Turkménistan, Kazakhstan)

10. La terre la plus au Sud.

C'est le pôle Sud, dans l'Antarctique.
Par contre la terre la plus au Nord n'est pas le pôle Nord, puisqu'il n'y a pas de continent à cette place. C'est le cap Morris Jessup, au nord du Groenland, à 700 km du pôle Nord.

11. Il n'y a pas de « continent arctique ». La banquise permanente du pôle Nord, faite de glace de mer, recouvre un océan.

12. Les plus grands fleuves du monde et le premier de chaque continent.

Amazone 7 000 km (Amérique), Nil 6 700 km (Afrique), Ob 5 400 km (Asie), Volga 3 700 km (Europe).

Par coïncidence, l'ordre alphabétique correspond à celui de la longueur décroissante.

Nous avons laissé à part le cas du Mississippi-Missouri. La longueur de chacun est évaluée à environ 4 000 km. Si l'on additionne le bras commun du Mississippi et la plus grande longueur du Missouri, le total dépasse 7 000 km. De même, en Asie, le Yang-Tsé-Kiang ou Fleuve Bleu arrive à 6 000 km avec le plus long de ses affluents.

13. Fleuve le plus puissant du monde.

L'Amazone a un débit de 150 000 m^3 par seconde. Il est quatre fois plus puissant que le Congo, cinq fois plus que le Yang-Tsé-Kiang, près de dix fois plus puissant que le Mississippi, cinquante fois plus puissant que le Nil.

Par comparaison, notre fleuve le plus puissant, le Rhône, a un débit moyen inférieur à 2 000 m^3/s.

14. Le toit du monde.

C'est le mont Everest, dans l'Himalaya, en Asie, à 8 850 m.

15. Le plus haut sommet d'Europe.

C'est le Mont-Blanc, en Haute-Savoie, à 4 810 m.

16. Le plus haut sommet du Japon.

C'est le mont Fuji-Yama, à 3 776 m, un sommet volcanique de forme conique parfaite.

Très vénéré des Japonais, il a beaucoup inspiré les artistes.

Les autres noms cités sont ceux de divers écrivains japonais.

17. Le plus haut sommet de l'Afrique.

C'est le Kilimandjaro (Pic Uhuru) en Tanzanie, à près de 6 000 m.

Le mont Kenya et le Ruwenzori sont à plus de 5 000 m.

Le mont Cameroun est à plus de 4 000 m.

Le Piton des Neiges est le plus haut sommet de la Réunion, à plus de 3 000 m.

18. Le plus haut sommet de l'Amérique.

C'est l'Aconcagua, en Argentine, à près de 7 000 m.

Le Chimborazo est un pic volcanique de l'Équateur, à 6 300 m.

Le mont Mc Kinley est le plus haut sommet de l'Amérique du Nord (Alaska), à 6 200 m.

Le Pic d'Orizaba (5 700 m) et le Popocatepetl (5 450 m) sont les deux plus hauts sommets volcaniques du Mexique.

19. Le point culminant de l'Amérique du Nord est le mont Mc Kinley, à 6 200 m.

19 bis. Le point culminant de l'Amérique du Sud est l'Aconcagua, à 7 000 m.

20. Le plus haut des grands plateaux du monde.
C'est le Tibet, à près de 5 000 m. Le Tibet fut un pays indépendant, mais a été annexé par la Chine.
L'Altiplano (Bolivie) et le Pamir (Chine et Tadjikistan) sont à 4 000 m.
Le plateau éthiopien est à 2 000 m.

△ Niveau 2 – Connaissances générales
Vos acquis du collège et du lycée

1. Population du globe.
La Terre a atteint son premier milliard d'habitants vers 1801, le deuxième en 1925, le troisième en 1959, le quatrième en 1974, le cinquième en 1986.
Le sixième milliard a été atteint en 1997.
Les estimations ultérieures sont : le septième en 2008, le huitième en 2018, le neuvième en 2028 et le dixième en 2040.

2. Densité moyenne de la population mondiale.
Sachant que la population mondiale est de l'ordre de 6 milliards d'hommes, et que la superficie des terres émergées est de 150 millions de km^2, vous devez trouver une densité de 40 habitants au km^2.

3. Taux moyen de natalité dans le monde.
Le taux moyen de natalité est encore élevé, de l'ordre de 24 pour mille.

4. Taux moyen de mortalité dans le monde.
Grâce au progrès de la médecine, il est descendu en dessous de 10 pour mille, et s'établit actuellement à 9 pour mille.

5. Excédent naturel annuel de la population dans le monde.
Chaque année, la population de la planète s'accroît de 90 millions d'habitants.
Le calcul est assez facile si l'on a retenu les deux chiffres précédents. Si l'on retranche du taux de natalité (24 pour mille) le taux de mortalité (9 pour mille), on trouve un taux d'accroissement naturel

de 15 pour mille. La population globale étant de six milliards d'hommes, le résultat est bien de 90 millions.

Autre chiffre impressionnant à mémoriser : la Terre compte, à chaque seconde, trois habitants de plus.

6. Population de l'Afrique.

Elle est maintenant de l'ordre de 800 millions d'habitants. Elle est appelée à doubler en moins de 20 ans.

7. Population de l'Amérique.

Total : plus de 800 millions d'habitants.

1 – Amérique du Sud : 340 millions
2 – Amérique du Nord : 300 millions
3 – Amérique centrale et Mexique : 135 millions
4 – Caraïbes : près de 40 millions
Total Amérique latine : plus de 500 millions

8. Population de l'Asie.

Elle dépasse maintenant 3,8 milliards d'hommes.

9. Population de l'Europe.

L'Europe approche de 600 millions d'habitants. La Russie en a 150. Le total est donc de 750.

10. Population de l'Océanie.

L'Océanie approche de 30 millions d'habitants.

11. Superficie des grands États africains.

1 – Soudan : 2 500 000 km^2
2 – Algérie : 2 380 000 km^2 dont plus de 2 000 000 au Sahara
3 – République démocratique du Congo : 2 345 000 km^2
4 – Lybie : 1 800 000 km^2
5 et 6 – Angola et Tchad : 1 250 000 km^2
7 – Afrique du Sud : 1 220 000 km^2
8 – Nigéria : 924 000 km^2

12. Les États les plus peuplés d'Afrique.

1 – Nigéria près de 130 millions d'habitants
2 – Égypte plus de 70 millions d'habitants
3 et 4 – Afrique du Sud et République du Congo : 45 à 50 millions
5 et 6 – Algérie et Soudan : plus de 30 millions

13. Superficie des grands États américains.

1 – Canada : 10 millions de km^2 (2e rang mondial après la Russie)
2 – États-Unis : 9 250 000 km^2 (4e rang mondial après la Chine)
3 – Brésil : 8 500 000 km^2
4 – Argentine : 2 400 000 km^2
5 – Mexique : 1 900 000 km^2

14. Population des grands États américains.

1 – États-Unis : 285 millions
2 – Brésil : près de 175 millions
3 – Mexique : 100 millions
4 – Argentine : près de 40 millions
5 – Canada : 32 millions

15. Superficie des grands États d'Asie.

1 – Chine : 9 500 000 de km^2 (2e pays du monde)
2 – Inde : 3 000 000 km^2
3 – Kazakhstan : 2 700 000 km^2
4 – Arabie Saoudite : 2 150 000 km^2
5 – Indonésie : 1 800 000 km^2
6 – Iran et Mongolie : 1 600 000 km^2

16. Population des grands États d'Asie.

1 – Chine : 1,3 milliard d'habitants
2 – Inde : plus d'un milliard
3 – Indonésie : 220 millions
4 – Pakistan : près de 150 millions
5 – Bangladesh : 135 millions
6 – Japon : 125 millions

17. États les plus étendus d'Europe.

1 – Russie : 17 millions de km^2
2 – Ukraine : 600 000 km^2
3 – France : 551 000 km^2
4 – Espagne : 500 000 km^2
5 – Suède : 411 000 km^2
6 – Allemagne : 350 000 km^2

NB : Le chiffre concernant la Russie incluait la Sibérie. La superficie de l'Europe seule est de 10 millions de km^2. L'Europe, sans la Russie, a 5 700 000 km^2. La Russie a plus de 4 millions de km^2 en Europe et 13 millions de km^2 en Asie.

18. États les plus peuplés d'Europe.
1 – Russie : 150 millions d'habitants
2 – Allemagne : 82 millions
3 – Royaume-Uni :60 millions
4 – France : 60 millions
5 – Italie : 58 millions
6 – Ukraine : 52 millions
7 – Espagne : 40 millions

19. Superficie des grands États d'Océanie.
1 – Australie : 7 600 000 km^2 (soit 14 fois la France)
2 – Papouasie-Nouvelle Guinée : 460 000 km^2
3 – Nouvelle-Zélande : 270 000 km^2
4 – Nouvelle-Calédonie : ce territoire d'Outre-Mer (T.O.M.) français
a près de 20 000 km^2 (statut en cours d'évolution)

20. Population des grands États d'Océanie.
1 – Australie : près de 20 millions d'habitants
2 – Papouasie-Nouvelle Guinée : plus de 5 millions
3 – Nouvelle-Zélande : 4 millions
4 – Les Iles Fidji : 800 000
5 – Nouvelle-Calédonie : 200 000

Connaissance de la France (*)

△ Niveau 1 – Données élémentaires
Connaissances scolaires

1. Superficie de la France.
Il serait impardonnable de se tromper sur l'ordre de grandeur. C'est
551 000 km^2.

2. Population de la France.
Là encore, le jury n'admettra pas d'erreur. C'est plus de 60 millions
d'habitants. Le chiffre est très souvent cité dans la presse ou sur les
ondes.

3. Point culminant.
Le Mont Blanc, à 4 810 m. C'est le plus haut sommet des Alpes.

(*) Les questions sont en p. 100.

4. Forme du pays.

Notre hexagone a évidemment six côtés : trois terrestres et trois façades maritimes.

Voici une absurdité souvent trouvée dans les copies, ou entendue à l'oral (ou encore à la radio et à la télévision) : « aux quatre coins de l'hexagone ».

Ne pas confondre avec un rectangle ou un carré.

5. Le climat de la France.

Il fallait cocher 3 cases : climat à tendance continentale (régions de l'Est), climat océanique (régions de l'Ouest), climat méditerranéen (Languedoc, Provence et Côte d'Azur, Corse).

6. Source des fleuves.

Il fallait cocher seulement deux cases :
– Loire, source au Mont Gerbier-de-Jonc (Ardèche).
– Seine, source sur le plateau de Langres (Côte-d'Or).

7. Nos provinces et nos montagnes.

Auvergne :	Massif Central
Lorraine :	Vosges
Franche-Comté :	Jura
Savoie et Dauphiné :	Alpes

Piège : la Flandre est en plaine, car le Nord est notre « pays plat ».

8. Nos grandes capitales régionales.

Lille	Nord	Région Nord-Pas-de-Calais
Strasbourg	Est	Région Alsace
Rennes	Ouest	Région Bretagne
Toulouse	Sud-Ouest	Région Midi-Pyrénées

9. Régions productrices de grands vins.

Il fallait cocher toutes les cases : Alsace, Bourgogne, Champagne, et même Aquitaine puisque c'est la région de Bordeaux. C'était donc un petit piège ...

10. Les régions d'élevage.

Là encore c'était un petit piège. Il fallait cocher toutes les régions :
– Bretagne : vaches laitières, porcs, volailles.
– Auvergne et Limousin : bovins.
– Normandie : vaches laitières
– Poitou-Charentes : son beurre est le meilleur du monde. La région produit aussi d'excellents fromages de chèvre.

△ Niveau 2 – Connaissances générales
Vos acquis du collège

1. **Nombre de régions : 21**
   Ayant en principe voté lors des élections régionales depuis l'âge de 18 ans, et vu la place prise maintenant par la vie régionale dans l'actualité, chacun doit savoir que le nombre des régions est de l'ordre de la vingtaine. Chacun des quatre départements d'Outre-Mer a aussi son statut de région. À mentionner en outre : la collectivité territoriale de Corse.

2. **Nombre des départements : 100**
   Soit 96 en France métropolitaine et 4 départements d'Outre-Mer.
   75 est le numéro minéralogique de Paris, 90 celui du Territoire de Belfort, 95 celui du Val-d'Oise.

3. **Nombre des communes : plus de 36 000.**
   Il est considéré comme trop élevé (problème du nombre excessif de petites communes sans ressources).

4. **Pays limitrophes de la France.**
   Depuis le Nord-Est jusqu'au midi : Belgique, Luxembourg, Allemagne, Suisse, Italie, Espagne.

5. **Départements de la plaine :** Aisne, Nord, Oise, Pas-de-Calais, Somme.

   Départements de montagne : Ariège, Cantal, Savoie, Vosges.

6. **Départements alpins.**
   Deux intrus : Creuse et Haute-Vienne, qui sont dans le Limousin (Massif Central).

7. **Départements alsaciens.**
   L'Alsace est l'une de nos plus petites régions, avec deux départements seulement : Bas-Rhin (Strasbourg) et Haut-Rhin (Colmar).
   Les quatre autres départements cités constituent la région Lorraine.

8. **Départements viticoles.**
   Vignoble d'Alsace : Bas-Rhin et Haut-Rhin.
   Vignoble de Bordeaux : Gironde.
   Vignoble de Bourgogne : Côte-d'Or, Saône-et-Loire.
   Vignoble des Charentes : le cognac est évidemment la plus célèbre de ses productions.
   Calvados (Normandie) et Finistère (Bretagne) appartiennent à des régions productrices de cidre.

9. Longueur des côtes : 3 200 km.

10. Pourcentage de la population urbaine.
C'est maintenant plus de 80 %. C'était 50 % avant la Seconde Guerre mondiale.

△ **Niveau 3 – Connaissances générales vos acquis du lycée**

1. Superficie de la France par rapport à l'ensemble des terres émergées.
La France représente seulement environ 0,3 % de l'ensemble des terres émergées (551 000 km^2 sur 150 millions de km^2).

2. Population de la France par rapport à l'ensemble du globe.
La population de l'humanité dépasse maintenant 6 milliards d'hommes. La France en représente donc à peine 1 %. (Avec les départements et territoires d'outre-mer, la population française atteint 62 millions d'habitants).

3. Superficie de la France par rapport à celle de l'Europe : près de 10 %.
L'Europe, sans la Russie, a 5 700 000 km^2 . Avec la partie européenne de la Russie, notre continent dépasse 10 millions de km^2. La superficie de la France en représente alors 1/18ème.

4. Population de la France par rapport à celle de l'Europe : 10 %.
La France a 60 millions d'habitants. L'Europe, sans la Russie, en a près de 600 millions.

5. Nombre annuel des naissances : environ 700 000, parfois 750 000.

6. Nombre annuel de décès : environ 500 000.

7. Accroissement démographique naturel.
L'excédent annuel des naissances sur les décès est de l'ordre de 200 000 à 250 000.

8. Taux de mortalité : 9 décès annuels pour mille habitants.

9. Taux de natalité.
12 naissances annuelles pour mille habitants.
L'excédent naturel est de l'ordre de 3 pour mille habitants.

10. Longueur de nos frontières : 5 670 km.
(frontières terrestres + frontières maritimes).

11. Longueur de nos frontières terrestres.

Espagne   650 km
Belgique   620 km
Suisse   572 km
Italie   517 km
Allemagne   450 km
Luxembourg   73 km

(Il resterait les plus petites frontières, avec Andorre et Monaco).

12. Distance Est-Ouest.
La plus grande distance va de l'Alsace (Lauterbourg : port sur le Rhin, à la frontière franco-allemande) jusqu'à la pointe de la Bretagne, soit 945 km.

13. Distance Nord-Sud : 973 km.
(pour une épreuve orale, il suffirait d'arrondir à 1000 km).

14. Centre de la France.
C'est l'arrondissement de Saint-Amand-Montrond, dans le Cher.

15. Les départements et territoires d'Outre-Mer (DOM-TOM).
Quatre départements : Guadeloupe, Guyane, Martinique, La Réunion.
Trois territoires d'Outre-Mer : Nouvelle-Calédonie, Polynésie française, Wallis-et-Futuna.

16. Saint-Pierre-et-Miquelon est un petit archipel qui comporte seulement quelques villages de pêcheurs (6 600 habitants).
La Réunion est cent fois plus peuplée (plus de 660 000 habitants).
La Martinique a plus de 400 000 habitants, la Guadeloupe plus de 440 000 habitants.

17. Nos régions de l'Ouest.
Ille-et-Vilaine, Finistère et Morbihan sont en Bretagne (les Côtes d'Armor sont le 4e département de la région).
Calvados, Manche et Orne constituent la Basse-Normandie.
Mayenne, Sarthe et Vendée sont dans les Pays de la Loire (avec deux autres départements : Loire-Atlantique, Maine-et-Loire).
Piège : Vienne et Deux-Sèvres sont dans la région Poitou-Charentes.

18. Les massifs montagneux de la région PACA.
Intrus : Causses, Cévennes et Margeride sont dans le Massif Central.

19. Nos belles îles métropolitaines.

Corse :	8 681 km^2	Oléron :	175 km^2
Belle-Ile :	90 km^2	Ré :	85 km^2
Noirmoutier :	48 km^2	Yeu :	23 km^2
Ouessant et Groix :	15 km^2		

Pièges : La Réunion est un département d'Outre-mer. Tahiti appartient à la Polynésie française, territoire d'Outre-Mer.

20. Ports de la Manche.

Deux intrus :   – Dunkerque est sur la Mer du Nord.
                       – Lorient est sur l'Océan Atlantique.

21. Ports de l'Atlantique.

Pièges : Bordeaux et Nantes sont des ports fluviaux.

22. Ports de la Méditerranée.

Pièges : Montpellier, Béziers et Perpignan sont à l'intérieur des terres.

23. Nos bassins fluviaux.

a. Bassin de la Garonne	Baïse et Truyère
b. Bassin de la Loire	Allier et Sèvre-Nantaise
c. Bassin du Rhin	Meurthe et Moselle
d. Bassin du Rhône	Ain et Drac
e. Bassin de la Seine	Eure et Oise

Pièges : il ne fallait pas cocher Charente, Var et Vendée, qui ont un débouché maritime.

24. Lacs.

Le lac Léman (ou lac de Genève) est partagé avec la Suisse.

25. C'est en Bretagne qu'il y a le moins de salariés. La région comporte encore beaucoup d'agriculteurs et de petits patrons (par exemple, dans la pêche).

Les autres régions, celles de Paris, Lille, Lyon, Marseille comportent à la fois de grandes industries et un secteur tertiaire important, donc beaucoup de salariés.

26. Régions frontalières de l'Espagne, de l'Ouest à l'Est : Aquitaine, Midi-Pyrénées, Languedoc-Roussillon.

Régions frontalières de l'Italie : Rhône-Alpes et Provence-Alpes-Côte d'Azur.

Piège : Auvergne et Limousin sont au centre de la France, ce ne sont pas des régions frontalières.

27. Régions riveraines de l'Atlantique.

Bretagne, Pays de la Loire, Poitou-Charentes, Aquitaine.

Piège : Basse-Normandie et Haute-Normandie ne sont pas sur l'Atlantique mais sur la Manche.

28. Régions riveraines de la Manche.

Bretagne, Basse-Normandie, Haute-Normandie, Picardie, Nord-Pas-de-Calais.

Piège : Île-de-France et Pays de la Loire ne sont pas sur la Manche !

N.B. : Le Nord-Pas-de-Calais a aussi une petite partie de côte sur la Mer du Nord.

La Bretagne a de grandes côtes sur l'Atlantique.

29. La France compte trois **régions riveraines de la Méditerranée**.

Corse, Languedoc-Roussillon et Provence-Alpes-Côte d'Azur.

30. Régions qui ne sont ni maritimes ni frontalières.

Il fallait cocher les cinq cases.

La France compte cinq régions qui n'ont ni frontière terrestre ni frontière maritime.

6   Économie et Société

Questions d'économie (*)

1. Évolution de la consommation des ménages.

Série 1
Habillement : chute de 11 à 6 %.
Produits alimentaires : chute de 33,3 % à moins de 20 %.
Services médicaux et de santé : croissance de 5 à plus de10 %.

Série 2
Logement et entretiens : doublement, la part passant à plus de 21 %.
Meubles et matériel ménager : chute à 7 %.
Transports et communications : croissance jusqu'à près de 20 %.

2. La Banque de France.
1800 : création par Bonaparte.
1848 : privilège d'émission des billets sur tout le territoire français.
1945 : nationalisation.

3. Le Conseil de politique monétaire.
Il a été créé en 1993. Ses membres sont irrévocables.

4. La Commission des opérations de bourse.
La COB est une autorité administrative indépendante, chargée de veiller au bon fonctionnement du marché (créée en 1967).

5. MATIF : Marché à terme international de France, créé en 1986.
MONEP : Marché des options négociables à Paris, créé en 1987.
Les autres sigles sont ceux de mutuelles d'assurances.

6. OPCVM : Organismes de placements collectifs en valeurs mobilières.

7. Le taux interbancaire offert à Paris.
Le TIOP est un indicateur des taux à terme pratiqués sur le marché interbancaire. Publié sous l'égide de l'Association française des Banques (AFB), le TIOP sert de référence à de nombreuses émissions obligataires à taux variables.

(*) Les questions sont en p. 109.

8. La France a plus de 1 600 **établissements de crédits**, dont :
   - près de 400 banques ,
   - près de 150 banques mutualistes ou coopératives ,
   - 35 caisses d'épargne et de prévoyance ,
   - 20 caisses de crédit municipal ,
   - plus de 1 000 sociétés financières (dont plus de 150 maisons de titres),
   - 32 institutions financières spécialisées.

   En outre, 26 établissements de crédit monégasques sont soumis à la loi française.

9. **Classement des établissements.**

   1. Banques affiliées à l'AFB :
   - Banque nationale de Paris (BNP)
   - Société Générale
   - Crédit Lyonnais

   2. Banques mutualistes et coopératives :
   - Crédit agricole
   - Groupe des Banques populaires

   3. Caisses d'épargne et de prévoyance :
   - Réseau de l'Écureuil

   4. Caisse nationale d'épargne :
   - Réseau de La Poste

   5. Sociétés financières :
   - Sociétés de crédit-bail
   - Sociétés de crédit différé
   - Sociétés de crédit immobilier
   - Maisons de titres

   6. Institutions financières spécialisées :
   - Crédit foncier de France (CCF)
   - Crédit local de France (Dexies depuis 1996)
   - Crédit national

10. **Les compartiments des marchés des capitaux.**

¤	Marchés « ouvert » ¤ à tous les agents	Marchés « fermés », réservés ¤ aux établissements de crédit¤
Court et moyen terme¤ ¤	**Marché des titres ¤ négociables** du ¤ jour le jour à 2 ans environ¤	**Marché interbancaire¤** (effets de 24h à 6 mois, ¤ exceptionnellement jusqu'à 2 ans)¤
Long terme¤ (3 ans et plus)	**Marché financier¤** (valeurs mobilières)	**Marché hypothécaire¤** ¤

Les grandes entreprises mondiales et les grands groupes européens (*)

1. La première entreprise mondiale.
C'est EXXON (près de 200 milliards) suivi par General Motors (environ 180 milliards de dollars de chiffre d'affaires).
Une dizaine d'autres groupes sont entre 100 et 150 milliards de dollars.
TotalFinaElf approche de 100 milliards

2. L'automobile en Europe
(chiffre d'affaires arrondi en milliards d'euros).

1. Daimler-Benz (incluant Chrysler et Mercedes). Allemagne. 150
2. Volkswagen. Allemagne. 80
3. Fiat. Italie. 50
4. PSA Peugeot-Citroën. France. 50
5. Renault. France. 40
6. BMW. Allemagne.
7. Volvo. Suède.
8. Opel (General Motors).

3. Le premier groupe agro-alimentaire européen.
Unilever : plus de 50 milliards d'euros de chiffre d'affaires.
(Groupe hollandais et britannique)
Danone est plus loin : 15 milliards en France.

4. Bâtiment et Travaux Publics.
La France possède de nombreux groupes très bien classés sur le plan européen.
Le premier est Bouygues : plus de 20 milliards d'euros de chiffre d'affaires.
Il faut citer aussi :
– SGE (ex-Compagnie générale des Eaux, devenue Vivendi)
– Eiffage
– GTM-Entrepose (Lyonnaise des Eaux-Dumez)
– SPIE-Batignolles (Schneider)

5. Les premiers groupes français.
Chiffre d'affaires en milliards d'euros (chiffres arrondis).

1. TotalFinaElf	120	3. Carrefour	70
2. AXA	80	4. PSA Peugeot-Citroën	50

Sont à plus de 40 milliards : Vivendi, Renault, EDF, France Télécom, Suez et BNP-Paribas

---

(*) Les questions sont en p. 112.

Sont entre 30 et 40 milliards : Alcatel, Saint-Gobain, Vivendi.

Sont à plus de 20 milliards : EADS, Alshtom, Aventis, Auchan, Casino, Pinault-Printemps-Redoute.

Vous pouvez donc retenir que, dans le secteur de l'industrie et des services, 10 groupes sont à plus de 40 milliards, et une vingtaine de groupes sont à plus de 20 milliards.

6. Les plus grands groupes bancaires français.
   1. Banque nationale de Paris (BNP)-Paribas
   2. Crédit agricole(CNCA)
   3. Société générale
   4. Crédit lyonnais
   5. Groupama
   6. Indosuez
   7. Dexia (Ex Crédit local de France)
   8. Groupe des Banques populaires
   9. Groupe CIC – Crédit industriel et commercial
   10. Crédit commercial de France (CCF)

Les productions stratégiques dans le monde (*)

1. Production d'or dans le monde.
   Plus de 2 000 tonnes par an.

1. Afrique du Sud :	500 tonnes	4. Canada :	plus de 150
2. États-Unis :	plus de 300	5. Russie :	près de 150
3. Australie :	près de 300	et Pérou	

2. Production d'acier dans le monde.
   Environ 850 millions de tonnes.

1. Chine :	plus de 130
2. États-Unis et Japon :	plus de 100
4. Russie :	plus de 60
5. Allemagne :	plus de 40
6. Inde, Ukraine	30
France et Grande-Bretagne :	20

(*) Les questions sont en p. 113.

3. Production de cuivre dans le monde.

Plus de 13 millions de tonnes.

1. Chili :	plus de 4 millions
2. États-Unis :	près de 2 millions
3. Indonésie et Australie :	1 000 000 tonnes
4. Canada, Chine, Pérou et Russie :	plus de 500 000

4. Production de charbon dans le monde.

Près de 5 000 millions de tonnes.

1. Chine :	plus de 1 000
2. États-Unis :	près de 1 000
3. Inde :	plus de 300
4. Russie :	plus de 250
5. Australie :	250
6. Allemagne :	240
7. Afrique du Sud et Pologne :	plus de 200

5. Production de pétrole dans le monde.

3 600 millions de tonnes.

1. Arabie saoudite :	plus de 440
2. États-Unis :	près de 400
3. Russie :	plus de 300
4. Iran, Mexique :	près de 200

Sont à plus de 150 : Chine, Norvège, Venezuela.
À plus de 100 : Royaume-Uni, Canada, Nigeria, Irak, Koweït, Emirats arabes unis.
À plus de 60 : Algérie, Brésil, Libye, Indonésie.

6. Production de gaz naturel dans le monde.

2 500 milliards de mètres cubes.

1. Russie :	plus de 600
2. États-Unis :	près de 600
3. Canada :	près de 200
4. Pays-Bas et Royaume-Uni :	100

Sont à plus de 60 : Algérie, Indonésie, Iran.
Sont à plus de 40 : Arabie saoudite, Argentine, Émirats arabes, Norvège, Malaisie, Ouzbékistan.

7. Production d'électricité dans le monde.
Près de 13 000 milliards de kwh.

1. États-Unis :	3 800
2. Chine :	1 300
3. Japon :	plus de 1 000
4. Russie :	plus de 800

Sont à plus de 500 : Allemagne, France, Canada, Inde.

8. Production d'énergie nucléaire dans le monde.
Près de 2 600 milliards de kwh.

1. États-Unis :	plus de 800
2. France :	plus de 400
3. Japon:	plus de 300
4. Allemagne :	170
5. Russie :	plus de 130
6. Corée du Sud :	plus de 100

Sont entre 50 et 100 : Brésil, Canada, Royaume-Uni, Suède, Ukraine.

9. Production d'uranium dans le monde.
35 000 tonnes.

1. Canada : 12 000 tonnes
2. Australie : 8 000
3. Afrique du Sud, Niger, Namibie : plus de 3 000
4. États-Unis, Russie : 2 500
5. Kazakhstan, Ousbékistan : 2000
6. France : 500

Statistiques démographiques (*)

1. La population du monde.
Population actuelle : 6,2 milliards d'hommes
Prévision pour 2025 : 8 milliards
Chiffres antérieurs : 800 millions en 1750, près d'1 milliard en 1800, puis 1,6 milliard en 1900 et 2,5 milliards en 1950.
Pour l'an 2040, la population du globe se situerait entre 9 et 10 milliards.

(*) Les questions sont en p. 114.

2. Population de l'Asie.

3 800 millions d'habitants.

Les deux pays les plus peuplés du monde, la Chine et l'Inde, comptent à eux deux beaucoup plus de deux milliards d'habitants, soit plus du tiers de la population mondiale.

3. Population de la Chine.

1,3 milliard d'habitants.

Accroissement annuel : il a été de l'ordre de 20 millions d'hommes dans les années 1960. Par suite d'une politique sévère de restriction des naissances, il est actuellement de l'ordre de 10 à 12 millions.

4. Population de l'Inde.

Plus d'1 milliard d'habitants.

Accroissement annuel : de l'ordre de 15 millions (c'est maintenant nettement plus que celui de la Chine).

5. Population de l'Afrique.

Plus de 800 millions d'habitants.

C'est le continent qui a connu le plus fort bouleversement démographique au cours du XXe siècle. Sa population était restée de l'ordre de 100 à 130 millions d'habitants de 1750 à 1900. Elle devrait approcher de 1 500 millions en 2025, et dépasser deux milliards en 2050.

6. Population de l'Amérique du Nord.

Actuellement plus de 300 millions (États-Unis 285 millions et Canada plus de 30 millions).

Les colons étaient peut-être 250 000 en 1700, et 5 millions en 1800. Grâce à l'immigration, la population atteignit 80 millions en 1900 et le double en 1950.

Selon diverses estimations, les Indiens étaient 3 à 10 millions en 1492. Il n'en restait que 250 000 en 1900.

7. Population de l'Amérique latine.

Près de 500 millions d'habitants.

Elle est en croissance très rapide : elle sera de l'ordre de 700 millions en 2025, et 800 en 2050.

8. Population de l'Océanie.

Plus de 30 millions d'habitants, dont 20 millions pour l'Australie et près de 4 millions pour la Nouvelle-Zélande.

9. Population de l'Europe.

Actuellement : 730 millions d'habitants.

La population de notre continent va stagner, voire régresser, peut-être 10 % de moins en 2050.

L'Europe avait 160 millions d'habitants en 1750 et 200 millions en 1800 (après la Russie, la France était alors le pays le plus peuplé avec 25 à 30 millions d'habitants).

10. Population de la France.

Plus de 60 millions d'habitants en métropole (62 millions avec les DOM-TOM).

Densité : 107 habitants au km^2.

Taux de croissance annuelle : 0,4 à 0,5 %.

Espérance de vie : 78 ans pour les hommes, 86 ans pour les femmes.

7 Sciences et techniques

Questions générales (*)

1. La première pile atomique.

Le physicien italien Enrico Fermi (né à Rome en 1901, mort à Chicago en 1954) a émigré aux États-Unis en 1938 pour fuir la dictature de Mussolini.

Il a dirigé à Chicago la construction de la première pile atomique à uranium et graphite, construite en 1942.

Prix Nobel de physique en 1938.

Les autres noms cités sont ceux de divers présidents de la République italienne.

2. La première bombe atomique.

Albert Einstein (1879-1955), savant allemand émigré aux États-Unis avertit le Président Roosevelt des dangers que courrait le monde si Hitler ou ses alliés parvenaient à maîtriser l'énergie nucléaire.

Ce fut l'origine du *projet Manhattan*.

La première explosion expérimentale eut lieu le 16 juillet 1945, près de Los Alamos (Nouveau-Mexique).

Quelques semaines plus tard, des bombes furent lancées sur des villes japonaises (Hiroshima et Nagasaki, 6 et 9 août 1945).

Directeur du centre de Los Alamos : Robert Oppenheimer (1904-1967).

3. Les premières expériences de télévision.

Le pionnier de la télévision est l'ingénieur et physicien John Baird, en Grande-Bretagne.

Il découvrit le principe en 1923, et réalisa les premières transmissions d'images, en noir et blanc (1926) et en couleurs (1928).

4. L'origine du mot radar.

C'est l'acronyme de Radio Detecting and Ranging, détection et télémétrie par radioélectricité.

L'appareil de détection émet un faisceau d'ondes électromagnétiques très courtes et en reçoit l'écho, ce qui permet de déterminer la direction et la distance des objets, avions ou navires.

(*) Les questions sont en p. 117.

L'utilisation du radar a permis à l'aviation britannique de bien résister aux attaques allemandes en 1940.

5. L'origine du mot laser.
C'est l'acronyme de Light Amplification by Stimulated Emission of Radiation.
Le principe a été découvert en 1958. Le mot date de 1960.

6. Le premier calculateur électronique.
1946. Université de Pennsylvanie (États-Unis).

Le premier transistor.
1948. Le mot vient de *transfer resistor*.

7. Les premiers ordinateurs.
Années 1940 : universités américaines et International Business Machines, société fondée en 1924 (IBM).
Développements technologiques possibles grâce à l'invention du transistor.

La conquête de l'espace (*)

1. Le premier **avion à réaction** a volé en Allemagne en 1939. L'Allemagne a été en avance pour des armes telles que les V1 et V2 (1944-1945).

2. Le Spoutnik, premier **satellite** artificiel, a été lancé en 1957 en Russie. C'est le premier d'une série de dix satellites, dont le nom signifie « compagnon de route ».

3. En 1961, **Youri Gagarine** fut le premier homme lancé dans l'espace.

4. Les premiers **satellites de communication** ont été lancés en 1962-63.

5. La **conquête de la Lune** a été réalisée en 1969 par les Américains (mission Apollo 11).

6. Les images des premiers pas d'**Armstrong et Aldrin** ont été diffusées par toutes les télévisions du monde (20-21 juillet 1969).

(*) Les questions sont en p. 118.

8 QCM politiques

Les Chefs d'État et de Gouvernement (*)

1. États-Unis d'Amérique.

George Walker Bush est le 43ᵉ président des États-Unis. Il est le fils du 41ᵉ président, George Bush (qui avait été élu vice-président en 1980 et 1984, puis président en 1988).

Le 42ᵉ président avait été William Jefferson Clinton, élu en 1992 et 1996.

George W. Bush (né en 1946) a été gouverneur du Texas (élu en 1994 et réélu en 1998). Il a remporté d'extrême justesse les élections de l'an 2000, devant Albert Gore.

Le vice-président est Richard (Dick) Cheney.

2. Fédération de Russie.

Le président est Vladimir Vladimirovitch Poutine (né en 1952), qui a succédé à Boris Nikolaïevitch Eltsine. Il a remporté facilement les élections présidentielles de mars 2000, au premier tour, devant Guenadi Ziouganov.

3. République Fédérale d'Allemagne.

Le Président est Johannes Rau, élu depuis 1999 pour un mandat de cinq ans.

Le Chef du Gouvernement est le Chancelier Gerhard Schroeder, qui a succédé en 1998 à Helmut Kohl.

4. Royaume Uni de Grande-Bretagne et d'Irlande du Nord.

Née en 1926, la Reine Elisabeth II a été couronnée le 6 février 1952, succédant à son père George VI.

Tony Blair (travailliste) est devenu Premier ministre en mai 1997, succédant à John Major (conservateur).

Winston Churchill (1874-1965) fut le plus grand homme d'État du XXᵉ siècle.

Thompson est un nom très répandu en Angleterre, l'équivalent de Dupont en France. L'humoriste Pierre Daninos a publié en 1954 *Les carnets du Major Thompson* (la France et le Français moyen vus par un officier britannique).

(*) Les questions sont en p. 120.

5. Japon (Nihon Koku).

Le Chef de l'État est depuis 1989 l'empereur Akihito. Il succéda à son père Hiro-Hito (1901-1989) qui avait régné à partir de 1926.
Le Chef de Gouvernement est depuis avril 2001 Junichira Koizumi.
L'amiral Isoroku Yamamoto avait dirigé l'attaque sur la base américaine de Pearl Harbor en 1941.

6. République populaire de Chine.

Jiang Zemin est Président de la République depuis 1993. Il est secrétaire général du parti communiste chinois depuis 1989, est a laissé ce poste en novembre 2002 à Hu Jintao.
Li Peng a été Premier ministre depuis 1987 jusqu'à mars 1998. Zhu Rongji est Premier ministre depuis 1998.
Mao Zedong ou Mao-Tsé-Toung (1893-1976) avait dirigé la République populaire chinoise depuis sa fondation en 1949.
Jiang Jieshi ou Tchang Kaï-chek (1886-1975) dirigea la République nationaliste chinoise, et se réfugia à Formose (Taïwan).

7. Union Indienne.

Le Président de la République est depuis 1997 Kocheril Raman Narayanan.
Le Chef du Gouvernement est Atal Behari Vajpayee.
Le Mahatma Gandhi (1869-1948) fut l'apôtre de l'indépendance de l'Inde, acquise en 1947.
Jawaharlal Nehru (1889-1964) fut le premier Premier ministre de l'Inde en 1947.

8. République d'Indonésie.

Le général Suharto a été président de 1967 à 1998.
Abdurrahman Wahrid a été élu président en 1999.
Les autres noms cités sont ceux des grandes îles de l'archipel.

9. République Fédérale du Brésil.

Élu en 1994, Fernando Henrique Cardoso, a été réélu en 1998.
Les autres noms sont ceux de footballeurs célèbres.
Le nouveau Président élu en décembre 2002 est Lula Da Silva.

10. Cuba.

Fidel Castro a pris le pouvoir à Cuba en 1959. L'année 1962 est celle de la « crise des fusées », affrontement très grave entre les États-Unis et l'URSS (qui avait installé des missiles à Cuba).
Cuba figure paradoxalement après la liste des grands États, les plus puissants et les plus peuplés du monde.
Fidel Castro mérite sa place par sa longévité et son rôle longtemps actif dans les relations internationales.

Exercices sur les textes fondamentaux (*)

Déclaration des Droits de l'Homme et du Citoyen du 26 août 1789

Article 1. Les hommes naissent et demeurent libres et égaux en droits. Les distinctions sociales ne peuvent être fondées que sur l'utilité commune.

Article 2. Le but de toute association politique est la conservation des droits naturels et imprescriptibles de l'homme. Ces droits sont la liberté, la propriété, la sûreté et la résistance à l'oppression.

Article 3. Le principe de toute souveraineté réside essentiellement dans la nation. Nul corps, nul individu ne peut exercer d'autorité qui n'en émane expressément.

Remarque . Il fallait vous rappeler le contexte de l'époque. L'égalité des droits des femmes n'est apparue qu'en 1946. Le droit de propriété et la résistance à l'oppression étaient à l'époque des valeurs absolues.

Constitution du 4 octobre 1958

Article premier. La France est une République indivisible, laïque, démocratique et sociale.
Elle assure l'égalité devant la loi de tous les citoyens, sans distinction d'origine, de race ou de religion. Elle respecte toutes les croyances.

Article 3 (extraits). La souveraineté nationale appartient au peuple, qui l'exerce par ses représentants et par la voie du référendum.
Le suffrage peut être direct ou indirect dans les conditions prévues par la Constitution. Il est toujours universel, égal et secret.

Article 4. Les partis et groupements politiques concourent à l'expression du suffrage. Ils se forment et exercent leurs activités librement. Ils doivent respecter les principes de la souveraineté nationale et de la démocratie.

Article 5. Le Président de la République veille au respect de la Constitution. Il assure, par son arbitrage, le fonctionnement régulier des pouvoirs publics ainsi que la continuité de l'État.

(*) Les questions sont en p. 122.

Il est le garant de l'indépendance nationale, de l'intégrité du territoire et du respect des traités.

Article 6. Le Président de la République est élu pour cinq ans au suffrage universel direct.

Pour mémoire : la Constitution de la Ve République avait fixé initialement un mandat de sept ans (septennat). Cette durée a été réduite à cinq ans (quinquennat). Loi constitutionnelle adoptée par référendum du 24 septembre 2000 (nombre record d'abstentions : près de 28 millions).

Le dimanche 5 mai 2002, M. Jacques Chirac a été réélu Président de la République, pour un nouveau mandat de cinq ans (échéance en 2007).

Le nouveau Premier ministre est M. Jean-Pierre Raffarin.

M. Jacques Chirac est le 22e Président de la République depuis son institution.

M. Jean-Pierre Raffarin est le 17e Premier Ministre de la Ve République.

9   Relations internationales

L'Organisation des Nations-Unies (*)

1. La Charte de l'ONU.
Élaborée lors de la Conférence de San Francisco, elle est entrée en vigueur en 1945.
Pour mémoire : le prédécesseur de l'ONU était la Société des Nations, crée en 1919 après la Première Guerre mondiale.

2. L'ONU ne possède pas de Conseil constitutionnel.

3. Les sept secrétaires généraux de l'ONU.

1. Trygve	LIE	Norvège	1946-1953
2. Dag	HAMMARSKJÖLD	Suède	1953-1961
3. Sithu U	THANT	Birmanie	1961-1971
4. Kurt	WALDHEIM	Autriche	1972-1981
5. Javier	PEREZ DE CUELLAR	Pérou	1982-1991
6. Boutros	BOUTROS-GHALI	Égypte	1991-1995
7. Kofi	ANNAN	Ghana	à c/ 1996

4. Les institutions spécialisées de l'ONU.

Série 1 :

FAO :   Organisation des Nations-Unies pour l'Alimentation et l'Agriculture. Siège à Rome.

OIT :   Organisation Internationale du Travail. Siège à Genève.

UNESCO : Organisation des Nations-Unies pour l'Éducation, la Science et la Culture. Siège à Paris

Intrus :   Le BCRD n'est pas une organisation internationale. Ce sigle pourrait désigner notamment notre Budget Civil pour la Recherche et le Développement.

Série 2 :

BIRD :   Banque internationale pour la Reconstruction et le Développement, créée en 1945.
Elle fait partie du groupe de la **Banque Mondiale**, dont le siège est à Washington.

(*) Les questions sont en p. 125.

En font partie également :
- l'AID : Association internationale pour le Développement (fonds créé en 1960).
- la SFI : Société financière internationale.

FMI : Fonds monétaire international, créé en même temps que la Banque Mondiale, en application des décisions de la Conférence monétaire et financière de Bretton Woods (siège à Washington).

OMS : Organisation mondiale de la Santé (siège à Genève).

Intrus : La FINUL est la Force intérimaire des Nations-Unies au Liban.

Série 3 :

OACI : Organisation de l'Aviation Civile internationale. Siège à Montréal.

UPU : Union postale universelle. Siège à Berne.

UIT : Union Internationale de Télécommunications. Siège à Genève.

Intrus : IUT signifie notamment Institut universitaire de technologie.

Série 4 :

OMM : Organisation météorologique mondiale. Siège à Washington.

OMI : Organisation maritime internationale. Siège à Washington.
C'est aussi le sigle de notre Office des Migrations internationales (siège à Paris, 15e, rue de la Procession).

OMPI : Organisation mondiale de la Propriété intellectuelle. Siège à Genève.

Intrus : POMPE est une fantaisie.

Série 5 :

AID : Association internationale pour le Développement. Siège à Washington.

FIDA : Fonds international de développement agricole. Siège à Rome.

ONUDI : Organisation des Nations-Unies pour le Développement industriel. Siège à Vienne.

Intrus : FIDO est une fantaisie (nom d'une marque d'aliments pour chiens).

5. Les organes de l'ONU.

Série 1 :

CMA : Conseil mondial de l'alimentation. Siège à Rome. Examine périodiquement la situation alimentaire mondiale et intervient auprès des gouvernements et autres organes compétents.

CNUCED : Conférence des Nations-Unies pour le Commerce et le Développement. Siège à Genève. Créée en 1964 afin de favoriser le dialogue Nord-Sud.

FNUAP : Fonds des Nations-Unies pour les activités en matière de population. Siège à New York. Mission : développement des activités de coopération dans le domaine démographique.

Intrus : AELE Association européenne de Libre-échange. Créée en 1958 par le Royaume-Uni pour regrouper les pays européens qui ne souhaitaient pas adhérer au Traité de Rome. En fait, la majorité de ses membres a progressivement adhéré aux Communautés européennes. Il ne reste plus que l'Islande, le Liechtenstein, la Norvège et la Suisse.

Série 2 :

HCR : Haut Commissariat des Nations-Unies pour les Réfugiés (siège à Genève).

PAM : Programme alimentaire mondial. Siège à Rome.

PNUD : Programme des Nations-Unies pour le Développement. Siège à New York.

Intrus : PRUNE est une fantaisie.

Série 3 :

PNUE : Programme des Nations-Unies pour l'environnement. Siège à Nairobi (Kenya).

UNICEF : Fonds des Nations-Unies pour le secours d'urgence à l'enfance (autre sigle : FISE). Siège à New York.

UNU : Université des Nations-Unies. Siège à Tokyo.

UNRWA : Office des secours et des travaux des Nations-Unies pour les réfugiés de Palestine dans le Proche-Orient. Siège à Genève.

Intrus : **UEBL :** C'était l'Union économique belgo-luxembourgeoise, créée avant le BENELUX, l'un des prémices de l'Union européenne.

6. Organisations à statut spécial.

Série 1 :

AIEA : Agence internationale de l'énergie atomique. Siège à Genève.

GATT : Accord général sur les tarifs douaniers et le commerce. Siège à Genève.

OMT : Organisation mondiale du Tourisme. Siège à Madrid.

Intrus : GAFFE est une fantaisie.

Série 2 :

OIM : Organisation internationale pour les migrations. Siège à Genève.

OMC : Organisation mondiale du Commerce. Remplace le GATT depuis 1995.

CTBT : *Comprehensive Test Ban Treaty* – Traité d'interdiction complète des essais nucléaires. Siègent à Vienne une Conférence des États parties, un Conseil exécutif et un Secrétariat.

Intrus : ONDE est une fantaisie.

Les prix Nobel de la Paix (*)

1. Les Prix Nobel Sud-Africains : il fallait cocher toutes les cases, sauf la première (Martin Luther King est américain).
Albert John Lutuli (1898-1967), en 1960.
Desmond Tutu (né en 1931), doyen de la cathédrale anglicane de Johannesburg, puis archevêque du Cap, en 1984.
Frédéric de Klerk (né en 1936) et Nelson Mandela (né en 1918), en 1993.

2. Lauréat du Prix Nobel en 1951 : Léon Jouhaux.
Léon Jouhaux (1879-1954) partagea avec Benoit Frachon les fonctions de Secrétaire général de la C.G.T. Puis il fut un des fondateurs de la C.G.T-FO, dont il prit la présidence.
Léon Blum (1872-1950), Conseiller d'État, écrivain et dirigeant du parti socialiste, fut plusieurs fois Président du Conseil (1936, 1938, 1946, 1947).
Maurice Thorez (1900-1964) fut longtemps Secrétaire général du Parti communiste français.

(*) Les questions sont en p. 127.

3. **Albert Schweitzer** est né en Alsace en 1875, et mort en 1965 à Lambaréné (Gabon), où il avait fondé un célèbre hôpital.
Il fallait cocher toutes les cases. Il obtint le Prix Nobel de la Paix en 1952.

4. **George Marshall** (1880-1959) obtint le Prix Nobel de la Paix en 1953.
Il avait combattu en France en 1917-1918, et fut l'adjoint du Général Pershing.
Devenu diplomate, il accomplit beaucoup de missions importantes. Il proposa en 1947 le programme de reconstruction européenne qui porte son nom : *plan Marshall* (European Recovery Programm).
Le Général Dwight David Eisenhower, fut commandant en chef des forces alliées en Europe en 1943-44-45, puis élu Président des États-Unis en 1956 et 1960.

5. **Martin Luther King** était né à Atlanta en 1929. Il organisa en 1963 une célèbre marche sur Washington pour obtenir une loi sur les droits civiques. Il obtint le Prix Nobel de la Paix en 1964. Il fut assassiné à Memphis en 1968.

6. **René Cassin** (1887-1976) travailla auprès du Général de Gaulle de 1940 à 1944. Il fut vice-Président du Conseil d'État de 1944 à 1960, puis membre du Conseil constitutionnel. Il fit adopter la Déclaration universelle des Droits de l'Homme, et présida la Cour européenne des Droits de l'Homme.
Les autres noms cités sont ceux de célèbres juristes de Droit public.

7. **Henri Kissinger** (né en Bavière en 1923) est d'origine allemande. Professeur de sciences politiques à Harvard, il devint conseiller à la présidence en matière de sécurité nationale, puis Secrétaire d'État.
Il obtint le prix Nobel conjointement avec le vietnamien Le Duc Tho.
Kennedy, Johnson, Nixon, Ford et Carter se sont succédé dans cet ordre à la présidence des États-Unis.

8. **Andréï Sakharov** (1921-1989) fut l'un des plus illustres physiciens soviétiques, auteur de travaux sur la fusion nucléaire.

9. Il fallait cocher deux cases : **Menahem Begin** (1913-1992), Premier ministre de l'État d'Israël, et **Anouar al Sadate** (1918-1981), Président de la République égyptienne, partagèrent le Prix Nobel après la conclusion de premiers accords de paix à Camp David en 1978.
Pour cause d'anachronisme, il ne fallait pas citer David Ben Gourion (1886-1973), créateur de l'État d'Israël, ni Gamal Abdel Nasser (1918-1970), qui avait pris le pouvoir en Égypte en 1954.

10. Lech Walesa (né en 1943) fut ouvrier électricien sur les chantiers navals de Gdansk (Dantzig). Il fut le principal artisan du rétablissement des institutions démocratiques en Pologne. Il fut Président de la République de 1990 à 1995.

11. Agnès Ganxha Bajaxhia (1910-1997), religieuse indienne d'origine yougoslave, est connue en religion sous le nom de **Mère Teresa**. Elle consacra sa vie aux malades et miséreux de Calcutta. Elle fonda la Congrégation des Missionnaires de la Charité. Elle a reçu le Prix Nobel de la Paix en 1979.

12. Willy Brandt (1913-1992) obtint le Prix Nobel de la Paix en 1991. Les autres noms cités sont ceux de ses prédécesseurs puis successeurs à la Chancellerie de la République fédérale.

13. Né en 1931, **Mikhaïl Gorbatchev** devint Président du Présidium du Soviet suprême en 1988. Il obtint le prix Nobel après la fin de l'intervention soviétique en Afghanistan et la chute du mur de Berlin.
Les autres noms cités sont ceux de ses prédécesseurs à la tête de l'U.R.S.S.

14. Il fallait cocher les trois cases.

Yasser Arafat, né à Jérusalem en 1929, fonda El Fatah en 1959 et devint président de l'Organisation de libération de la Palestine en 1969. Il fut élu Président de « l'État indépendant de Palestine » en 1989, puis Président de l'autorité palestinienne en 1994.

Shimon Peres, né en Pologne en 1923, dirigeant du parti travailliste israélien, occupa diverses fonctions ministérielles, y compris celles de Premier ministre (1984-1986, puis 1995-1996), Ministre des affaires étrangères du gouvernement Rabin en 1992-1993, il dirigea les pourparlers de paix avec l'O.L.P..

Yitzhak Rabin (Jérusalem 1922-Tel-Aviv 1995) fut l'artisan de la victoire lors de la guerre des Six Jours en 1967. Il fut Chef du Gouvernement en 1974-1977, puis redevint Premier ministre en 1992. Il fut assassiné par un juif religieux extrémiste.

Tous trois ont obtenu le Prix Nobel en 1994 après la conclusion en 1993 d'un accord de reconnaissance mutuelle entre Israël et les Palestiniens.

15. Kofi Annan, Secrétaire général de l'ONU.

16. Jimmy Carter, ancien Président des États-Unis.

10   Europe et Union européenne

Repères historiques pour l'Europe (*)

De l'Antiquité au XIXe siècle

1. **Les Jeux Olympiques** furent célébrés pour la première fois en 776 avant notre ère à Olympie, en Grèce. Cette date marque le départ de la chronologie grecque en olympiades (tous les quatre ans).
   Ils furent ressuscités en 1896 à Athènes par le Français Pierre de Coubertin.

2. **Les Athéniens** commandés par Miltiade remportèrent en – 490 la victoire de Marathon sur l'armée perse commandée par Darios Ier qui voulait envahir l'Europe.
   Un soldat envoyé pour annoncer la victoire à Athènes, à une quarantaine de kilomètres, serait tombé mort en arrivant, épuisé par sa course.
   Les autres réponses sont fantaisistes. Ne pas retenir la dernière, car la plus longue des épreuves olympiques est le 50 km marche (le marathon fait 42,195 km).

3. **Attila, roi des Huns**, fut battu aux Champs catalauniques près de Troyes par le général romain Aétius, le roi des Francs Mérovée (grand-père de Clovis) et le roi des Wisigoths Théodoric Ier (mort dans la bataille).
   Les autres noms sont fantaisistes.

4. **La fin de l'Empire romain d'Occident date du Ve siècle.**
   En l'an 476, le roi des Hérules (peuple germanique originaire de Scandinavie), Odoacre, conquit l'Italie, pilla Rome, et déposa Romulus Augustule, dernier Empereur romain d'Occident.

5. **Constantinople** fut la capitale de l'Empire byzantin de 395 à 1453. Elle fut occupée par les Turcs en 1453. Elle servit de capitale à l'Empire Ottoman, de 1453 à 1923, sous le nom d'Istanbul.

6. **Ivan III le Grand** régna à Moscou de 1462 à 1505. Il agrandit beaucoup l'État moscovite, et mit fin à la suzeraineté mongole. Il adapta les idées byzantines sur l'autocratie impériale, et fit de Moscou « la IIIe Rome » orthodoxe.

(*) Les questions sont en p. 131.

Les deux autres souverains cités sont les héros de deux grands films de S.M. Eisenstein :

– Alexandre Nevski (1220-1263), qui battit les Suédois sur les bords de la Neva (d'où son surnom), puis écrasa les Chevaliers teutoniques en 1242 à la « bataille de la Glace », sur le lac Tchoudsk, en Livonie.

– Ivan IV le Terrible (1533-1584), qui prit le titre de *tsar* (= César) en 1547. Il agrandit beaucoup son royaume, et fut le premier souverain moderne de la Russie. Mais il finit son règne dans le déséquilibre mental.

NB : Il ne fallait surtout pas cocher le dernier nom, puisque c'est celui de Staline. Cependant Staline fut, de son vivant, l'objet d'un culte plus effarant que celui de tous les tsars.

7. **Charles Martel** (688-741), maire du palais franc, unifia l'État mérovingien. Il arrêta les musulmans d'Abd-Al-Rahman à la bataille de Poitiers en l'an 732.

8. **Charlemagne, roi des Francs** (742-814) était le fils de Pépin-le-Bref et Berthe ou Bertrade, dite Berthe au-grand-pied (et petit-fils de Charles Martel). Il fut couronné Empereur en l'an 800 par le Pape Léon III.

   Il établit sa capitale à Aix-la-Chapelle (Aachen, en Rhénanie).

9. **Les Croisades**, par lesquelles les forces catholiques européennes tentèrent de reprendre les Lieux Saints, eurent lieu de la fin du XIe à la fin du XIIIe.

   La première croisade, prêchée notamment par le Pape Urbain II à Clermont-Ferrand, et partie en 1096, permit de reprendre Jérusalem le 15 juillet 1099.

   On peut considérer qu'il y eut 9 croisades. La dernière échoua devant Saint-Jean d'Acre en 1291.

10. **Christophe Colomb** (1451-1506) était un navigateur italien qui se mit au service de la Reine Isabelle de Castille. Il atteignit l'Amérique en octobre 1492. Il entreprit ensuite trois autres expéditions.

11. **Au large de Lépante**, ville grecque fortifiée par les Vénitiens, eut lieu une grande bataille navale en 1571. La flotte européenne commandée par Don Juan d'Autriche mit en déroute la flotte turque d'Ali Pacha. Ce fut la fin de la légende de l'invincibilité ottomane.

12. « **L'invincible Armada** » fut le nom imprudemment donné par le roi Philippe II d'Espagne à une grande flotte qui devait débarquer une armée en Angleterre. Elle fut victime des tempêtes et du harcèlement des flottes anglaises. La moitié des vaisseaux seulement put revenir en Espagne. Ce désastre marqua la fin de la suprématie espagnole sur les mers (1588).

13. **La Guerre de Cent ans** est le nom donné aux conflits qui opposèrent la France et l'Angleterre de 1337 à 1453. Le traité de paix définitif fut signé seulement en 1475.

14. **La Guerre des deux Roses** s'est déroulée en Angleterre pendant trente ans, au XVe siècle, de 1455 à 1485. Elle a opposé la Maison d'YORK (emblème : la rose blanche) et la Maison de LANCASTRE (emblème : la rose rouge).
Elle prit fin lorsque Henri TUDOR, descendant des LANCASTRE, prit le pouvoir et épousa Elisabeth d'YORK. Cette longue guerre épuisa la féodalité anglaise.

15. **Les Guerres d'Italie** eurent lieu de 1494 à 1559.
Un repère facile : il vous suffisait de penser à la bataille de Marignan, en 1515.
Elles prirent fin par le Traité du Cateau-Cambrésis en 1559. La France renonçait à l'Italie, qui passait sous la domination des Habsbourg.
Les guerres contribuèrent à la diffusion de la civilisation italienne.

16. **L'Allemagne** fut déchirée pendant trente ans par la guerre, de 1618 à 1648.
Les traités de Westphalie y mirent fin en 1648. Illustration artistique mémorable : les dessins consacrés par le lorrain Jacques Callot aux *Misères et Malheurs de la Guerre*.

17. **Un grand conflit européen eut lieu de 1740 à 1748.** La Prusse, alliée à la France, en tira de grands avantages (notamment la Silésie).
La France remporta de brillantes victoires, notamment celle de Fontenoy (1745) sur les Anglais. Mais elle n'obtint aucun avantage au Traité d'Aix-la-Chapelle.
D'où l'expression *se battre pour le roi de Prusse*.

18. De 1756 à 1763 eut lieu un grand conflit européen. Il se termina par le Traité de Paris.
La Grande-Bretagne devint le premier empire colonial du monde, en prenant l'Inde et le Canada.

19. Le Congrès de Vienne voulut établir une paix définitive après les guerres napoléonniennes, et refaire la carte de l'Europe au bénéfice des puissances victorieuses.

20. L'unification de l'Allemagne (1871) **et celle de l'Italie** (1860 à 1870) se réalisèrent seulement au XIXe siècle.

Vingt Personnages illustres de l'histoire européenne (*)

1. **Alexandre le Grand** est né en 356 et mort en 323 avant notre ère.
   Il était le fils du roi Philippe de Macédoine et de la reine Olympias.
   Les autres noms cités sont ceux de personnages légendaires de la guerre de Troie (XIIe ou XIIIe siècle avant notre ère).
   Il fut l'élève d'Aristote.

2. **Jules César** est né à Rome en l'an 101 avant notre ère. Il fut assassiné lors des Ides de Mars, en l'an 44 avant notre ère. Il nous a laissé les *Commentaires de la guerre des Gaules*.

3. Petit neveu de César, qui l'adopta, **Octave** forma un triumvirat avec Antoine et Lépide. Ils se partagèrent le monde romain : à Octave l'Occident ; à Antoine l'Orient ; à Lépide l'Afrique.
   Après sa victoire à Actium sur Antoine, Octave refit l'unité du monde méditerranéen romain. Il reçut le titre d'*Imperator*, puis régna sous le nom d'Auguste.
   Le *siècle d'Auguste*, qui vécut de moins 63 à l'an 14 de notre ère, constitua l'âge d'or du classicisme romain.
   Virgile (70 à 19 avant notre ère) est considéré comme le plus grand poète latin. Trois œuvres principales : les *Bucoliques*, les *Géorgiques*, l'*Enéide*.

4. **Charles Martel** : 688-741. Fils de Pépin de Herstal, il réunifia l'État mérovingien. Son plus haut fait d'armes : il arrêta les musulmans d'Abd-el-Rahman à la bataille de Poitiers en 732.

(*) Les questions sont en p. 134.

5. **Charlemagne,** 742-814. Fils de Pépin-le-Bref et Berte ou Bertrade (dite Berthe au-grand-pied). Il fut couronné Empereur d'Occident en l'an 800.

6. **Guillaume le Conquérant**, duc de Normandie, est né à Falaise en 1027 et mort à Rouen en 1087. Il devint roi d'Angleterre en 1066 après sa victoire à Hastings.

7. **Frédéric Ier Barberousse**, né en 1122, fut l'une des grandes figures européennes du XIIe siècle. Il fut l'un des chefs de la troisième croisade, mais se noya en 1190 dans un fleuve d'Asie Mineure.
   On raconta qu'il n'était pas mort, mais dormait dans une montagne de Thuringe en attendant de revenir pour rendre sa grandeur à l'Allemagne.

8. **Charles V ou Charles Quint**, né à Gand en 1500 et mort en Estramadure en 1558, fut le monarque le plus puissant du XVIe siècle.
   Fils de Philippe le Beau et de Jeanne la Folle, il fut d'abord un prince bourguignon. Le Français était sa langue maternelle.
   Il porta tous les titres cités, sauf bien entendu celui de Roi de France.

9. **Ivan IV le Terrible** (1530-1584) eut le plus long règne de l'histoire de la Russie, de 1533 à 1584.
   Il inaugura son règne personnel en prenant le titre de tsar (= César) en 1547. Il fut le premier souverain moderne de la Russie, mais finit son règne dans un état de grave déséquilibre mental.

10. Le roi d'Angleterre **Henri VIII** est né à Greenwich en 1491 et mort à Westminster en 1547. Il fut l'un des princes les plus représentatifs de la Renaissance. Il s'allia tantôt à François 1er, tantôt à Charles Quint pour maintenir l'équilibre de l'Europe. Lorsque le Pape refusa d'annuler son mariage avec Catherine d'Aragon, il se fit proclamer chef unique de l'Église anglaise, fondant ainsi *l'Anglicanisme*.

11. **Elisabeth Ire** (1533-1603) était la fille d'Henri VIII et Anne Boleyn. En dépit des injonctions du Parlement, elle ne se maria jamais, d'où son surnom de « reine vierge » (et le nom de l'État de Virginie en Amérique).
   Son long règne, à partir de 1559, fut l'un des plus glorieux de l'histoire d'Angleterre.

12. Né à Berlin en 1712 et mort à Potsdam en 1786, **Frédéric II** régna sur la Prusse à partir de 1740. Il écrivit en français plusieurs ouvrages de philosophie politique. Il mena la puissance prussienne à son apogée.

13. **Metternich** est né à Coblence en 1773 et mort à Vienne en 1859. Il fut un homme d'Ancien Régime, mais grand diplomate. Le Congrès de Vienne en 1815 marqua l'apogée de sa carrière.

14. **Napoléon Bonaparte** est né à Ajaccio le 15 août 1769 et mort à Sainte-Hélène le 5 mai 1821.

15. Née en 1819, la Reine **Victoria** eut le plus long règne de l'histoire de la Grande-Bretagne, de 1837 à 1901, soit 64 ans.

16. **Alfred Nobel**, né à Stockholm en 1833 et mort à San Remo en 1896, découvrit la dynamite en 1866. Il instaura par testament cinq prix annuels destinés à récompenser les bienfaiteurs de l'humanité : physique, chimie, physiologie et médecine, littérature, paix. Son nom est évidemment surtout célèbre maintenant grâce aux grands hommes auxquels les prix ont été accordés.

17. Né à Blenheim Palace en 1874 et mort à Londres en 1965, **Winston Churchill** fut le plus grand des hommes d'État anglais.

18. **Jean Monnet** est né à Cognac en 1888 et mort en 1979. Son nom mérite de rester dans l'histoire en tête de la liste des *Pères* de l'Europe.

19. Le **Général de Gaulle** est né à Lille en 1890, et mort à Colombey-les-deux-Églises en 1970.

Comment retrouver ces dates ?
1. Il était jeune officier au début de la guerre de 1914. Vous devez donc situer logiquement sa naissance en 1890.
2. Revenu au pouvoir en 1958, il a été Président de la Ve République pendant dix ans, de 1959 à 1969. Il a quitté le pouvoir à la suite de l'échec du référendum du 28 avril 1969. Il est mort dans l'année suivant son départ.

20. **Helmut Kolh**, né en 1930, devint président de la C.D.U. en 1973. Il succéda à la Chancellerie à Helmut Schmidt le 1er octobre 1982.
Malgré des conditions souvent difficiles, il remporta ensuite toutes les élections importantes. Ce qui explique sa grande longévité comme chancelier, jusqu'en 1998 (seize ans).

Helmut Kohl sera considéré dans l'histoire non seulement comme l'acteur principal de la réunification de l'Allemagne, mais encore comme l'un des principaux artisans de la consolidation de l'Union européenne.

Les institutions des pays de l'Europe des Quinze (*)

1. La **République fédérale d'Allemagne** (RFA) est une démocratie parlementaire. Donc cocher trois cases.
   Le Chef de l'État est Johannes Rau, élu en 1999 pour un mandat de cinq ans.
   Le Chef du Gouvernement est le Chancelier Gerhard Schroeder qui a succédé en 1998 à Helmut Kohl.

2. L'**Autriche** est une République fédérale comme l'Allemagne, avec des Länder. C'est une démocratie parlementaire, avec des instruments de démocratie directe (élections présidentielles). Donc cocher deux cases.
   L'Autriche est un État neutre. Après la chute de l'Empire austro-hongrois, elle devint une République de 1918 à 1938. À la suite d'un ultimatum de Hitler, elle fut envahie par les troupes nazies en mars 1938 (Anschluss). De 1938 à 1945, elle ne fut plus qu'une province du Reich allemand, sous le nom d'Ostmark. En 1945, elle fut, comme l'Allemagne, divisée en quatre zones d'occupation. Elle retrouva son indépendance en 1955, sous condition de neutralité permanente. Le Président de la République est Thomas Klestil. Le Chef du gouvernement est le Chancelier Wolfgang Schüssel.

3. Le royaume de **Belgique** est une monarchie parlementaire, de type fédéral.
   Le Chef de l'État est depuis 1993 le roi Albert II.
   Le Chef du Gouvernement est Guy Verhofstadt.

4. Le royaume du **Danemark** est une monarchie parlementaire.
   Le Chef de l'État est depuis 1972 la Reine Margrethe II. Le chef du gouvernement est Anders Rasmussen.

(*) Les questions sont en p. 137.

4bis. Avec 2 200 000 km^2, le **Groenland** est la plus grande île du monde, après l'Australie.

C'est un territoire autonome, mais non un État indépendant.

Le Chef de l'État est la reine Margrethe II du Danemark.

Un Parlement local est élu.

À la suite d'un référendum en 1989, le territoire a quitté la CEE, mais lui reste associé

5. L'**Espagne** est une monarchie constitutionnelle, parlementaire, comportant diverses communautés autonomes.

Le Chef de l'État est le roi Juan Carlos Ier de Bourbon, au pouvoir depuis 1975. Le chef du gouvernement est depuis 1996 le Premier Ministre José Maria Aznar.

6. La **Finlande** est une République de régime parlementaire. La Présidente élue en 2000 est Mme Tarja Halonen.

7. France : cocher toutes les cases.

La Constitution de la Ve République (1958) comporte des éléments de régime parlementaire (responsabilité du Gouvernement devant le Parlement) et des éléments de régime présidentiel (élection du Président au suffrage universel direct).

8. Le **Royaume-Uni** de Grande-Bretagne et d'Irlande du Nord est une monarchie parlementaire.

La reine Elisabeth II a été couronnée le 6 février 1952.

Il fallait cocher les deux premières cases. Pénalisation pour la troisième (absurdité).

Le Premier ministre est Tony Blair qui a succédé en 1997 à John Major.

9. La **Grèce** est une République parlementaire.

Le Président est depuis 1995 Costis Stéphanopoulos (réélu en 2000).

Le Premier ministre est depuis 1996 Kostas Simitis, qui a succédé à Andréas Papandréou.

Les Jeux Olympiques de 2004 auront lieu à Athènes.

10. L'**Irlande** est une République parlementaire.

Le Chef de l'État est depuis 1997 Mme Mary Mac Allese, (qui a succédé à Mme Mary Robinson, devenue Haut Commissaire aux Droits de l'Homme de l'ONU). Élection pour 7 ans au suffrage universel direct.

11. La **République italienne** est une démocratie parlementaire. Elle se caractérise par une grande autonomie accordée aux régions.
Le Chef de l'État est depuis 1999 Carlo Azeglio Ciampi, qui a succédé à Oscar Luigi Scalfaro.
Le chef du Gouvernement est depuis 2001 Sylvio Berlusconi.

12. Le Grand Duché du **Luxembourg** est une monarchie constitutionnelle.
Le Chef de l'État est le Prince Henri depuis l'an 2000.
Le Premier Ministre est Jean-Claude Juncker.

13. Les **Pays-Bas** sont une monarchie constitutionnelle. La Reine est depuis 1980 Beatrix I^e. Le régime est parlementaire. Donc cocher deux cases.

14. Le **Portugal** est une République parlementaire.
Le Président est Jorge Sampaio, qui a succédé en 1996 à Mario Soares. Il a été réélu en 2001.
Le Premier Ministre est José Manuel Barroso.

15. La **Suède** est une monarchie parlementaire (cocher deux cases).
Le Chef de l'État est depuis 1973 le roi Carl XVI Gustaf (né en 1946).
Le Premier Ministre est Göran Persson.

11 Le monde aujourd'hui Les grandes puissances du monde contemporain

Les États-Unis de Roosevelt à George W. Bush (*)

△ Questions générales et phénomènes de société

1. Les États-Unis sont une République fédérale composée de 50 États.

2. Superficie des États-Unis.
9 400 000km², soit 17 fois la France.

3. Population des États-Unis.
Plus de 285 millions d'habitants, soit près de 5 fois la France, et près de 2 fois la Russie.

4. La principale religion des États-Unis.
Les Protestants sont les plus nombreux, mais ils sont divisés en beaucoup d'Églises. En tête viennent les baptistes (près de 40 millions). Puis viennent les méthodistes, les pentecôtistes, les presbytériens, les luthériens, les mormons.

Sont en accroissement rapide :
– les catholiques romains, grâce à la démographie, à l'immigration latino-américaine ; ils sont maintenant plus de 60 millions.
–les musulmans, du fait de la conversion des Noirs à l'Islam ; ils sont environ 6 millions.
Les Juifs sont environ 6 millions soit autant ou plus qu'en Israël. Avec plus de 2 millions de juifs, New York est la première ville juive du monde.

5. Beat generation, la génération épuisée.
Né à New York, ce mouvement se développa ensuite en Californie. Il fut influencé par Céline et les surréalistes français. Il donna un nouveau souffle à la culture américaine de l'après-guerre.
Les adeptes furent appelés *beatniks* par dérision. Ils marquaient leur refus de la société de consommation par leur langage et leur mode de vie (errance, hallucinogènes).

(*) Les questions sont en p. 140.

Ils furent récupérés ensuite par le mouvement hippie.
Vous pouviez donc cocher les cases Beatniks et Beat generation.
« Génération béate » serait un contresens.
Quant aux Beatles, il s'agit d'un célèbre groupe britannique de musique pop créé à Liverpool en 1962.

6. *Le mouvement hippie*, qui se développa surtout chez les étudiants et dans les jeunes générations, était fondé sur le refus de la société de consommation et des valeurs morales et sociales traditionnelles.
L'hindoustani, ou hindi, est une langue indo-aryenne parlée dans le Nord de l'Inde (langue officielle de l'Union indienne, et deuxième langue du monde après le mandarin chinois).
L'hipparchie était une unité de cavalerie grecque.
Un hippiatre est un vétérinaire spécialiste des maladies du cheval.

△ Questions sur les présidents

1. **Franklin Delano Roosevelt** a été élu quatre fois à la présidence : 1932, 1936, 1940, 1944.
En principe, un Président des États-Unis n'accomplit que deux mandats au plus (tradition depuis George Washington). Mais Roosevelt, élu pour faire face à la grande crise, fut réélu pour faire face à la guerre qui avait éclaté en Europe (1940), puis parachever les victoires américaines dans la Seconde Guerre mondiale (1944).
Très diminué par la maladie, Roosevelt put tout juste entamer son dernier mandat, et mourut en avril 1945, un mois avant la capitulation allemande.

2. **Lee Harvey Oswald** était un ancien Marine devenu anarchiste. La Commission Warren a conclu qu'il était le seul assassin, mais les doutes demeurent.
Lorsqu'il fut abattu, Kennedy et son épouse Jackie se trouvaient à découvert dans la voiture du gouverneur du Texas, James Connally, qui fut lui-même blessé (peut-être frappé par une balle ayant déjà touché Kennedy).
Oswald tua aussi, à coup de révolver, l'agent de police Tippitt qui tentait de l'interpeller.
Oswald fut tué le 24 novembre, au siège de la police municipale, par Jacob Leon Rubinstein, dit Jack Ruby, tenancier d'une boîte de strip-tease. Plusieurs dizaines d'individus déséquilibrés ont ensuite avoué qu'ils avaient tiré sur Kennedy.

3. Scandale du **Watergate.**
C'est le nom d'un immeuble de Washington où le parti démocrate avait installé en 1972 le siège de sa campagne électorale. Le parti républicain y fit procéder à des visites illégales. Après avoir nié toute participation, le Président Nixon, menacé d'une procédure de mise en accusation (*impeachment*) fut contraint de démissionner en août 1974.

4. C'est **Richard Nixon** qui réussit à dégager les États-Unis du Viêt-nam : accord de Paris sur le cessez-le-feu en 1973.

5. Le Président Nixon s'est rendu en Chine en 1972.
Détail pittoresque : sa visite fut précédée de celle d'une équipe américaine de tennis de table, sport dans lequel les Chinois étaient excellents.

6. Les Républicains étaient sortis très affaiblis de la crise du Watergate (démission de Nixon en 1974).
Les Démocrates l'emportèrent aux élections de 1976, avec **Jimmy Carter**.

7. Après une série d'échecs intérieurs et extérieurs de Carter (prise en otages du personnel américain de l'ambassade des États-Unis à Téhéran en 1979), c'est le Républicain **Ronald Reagan** qui gagna les élections de 1980. Il fut réélu en 1984.

8. **George Bush**, élu en 1988, conduisit victorieusement la coalition internationale contre l'Irak après les agressions commises par Saddam Hussein.

9. Élu en 1992, **Bill Clinton** a été réélu en 1996.

10. Les élections de l'an 2000 ont été remportées d'extrême justesse par **George W. Bush**, devant Al Gore. Dick Cheney est le vice-président.

△ Questions diverses

1. **La prohibition de l'alcool** fut édictée de 1919 à 1933. Mais elle donna lieu à d'immenses trafics dirigés par des gangs redoutables.

2. Né à Naples en 1895, mort à Miami en 1947, **Al Capone** fit régner la terreur à Chicago au temps de la prohibition (événement connu : le massacre d'un gang irlandais le jour de la Saint-Valentin en 1929).

3. **Les américains sur la Lune.**
   La mission Apollo XI a débarqué sur la Lune en juillet 1969.
   L'astronaute américain Neil Armstrong posa le premier le pied sur la Lune le 21 juillet 1969.

4. Après l'attentat du **World Trade Center**, les coupables furent condamnés à 240 ans de prison chacun. Les deux tours géantes ont été détruites par des avions détournés le mardi 11 septembre 2001.

5. **Secte des Davidiens.** Le créateur de la secte se faisait appeler David Koresh.
   Les autres noms cités sont ceux d'Églises protestantes parfaitement pacifiques.

6. **L'intervention armée en Haïti**, effectuée en 1994 sur autorisation du Conseil de sécurité de l'O.N.U., avait pour but d'assurer le retour du Président Aristide. (Il avait été élu régulièrement, mais avait été victime de militaires factieux).

△ Le problèmes noir aux État-Unis

1. Les Noirs sont plus de 30 000 000 aux États-Unis, soit plus de **12 % de la population**.

2. Les Noirs ont été émancipés par le Président **Lincoln en 1862**. (Celui-ci fut assassiné en 1865).

3. **Jess Owens** remporta quatre médailles d'or aux Jeux olympiques de Berlin en 1936. Hitler quitta le stade pour éviter de le saluer.
   Les autres noms cités sont ceux de divers États américains.

4. **Les Panthères Noires**, en anglais *Black Panthers*.
   Constituée à l'origine pour protéger les Noirs contre les violences racistes, l'organisation afficha des positions de plus en plus extrémistes en faveur d'un pouvoir noir, *Black Power*. Elle constitua des milices armées.
   Les Panthères Noires ont ensuite perdu leur influence au profit des gangs vivant du commerce de la drogue.

5. Certains États du Sud continuèrent pendant longtemps à interdire aux enfants ou étudiants Noirs l'entrée de nombreux établissements.
   L'un des cas les plus célèbres fut celui de James Meredith, pour lequel la **Cour suprême** elle-même dut finalement intervenir.

Il fallut la protection de l'armée pour lui assurer l'accès à l'université.

6. **Malcom Little**, dit Malcom X, fut assassiné en 1965, au retour d'un pélerinage à La Mecque.

7. Le pasteur baptiste noir **Martin Luther King**, qui avait obtenu le Prix Nobel de la Paix en 1964, fut assassiné à Memphis en 1968.

8. Arrêté après une poursuite télévisée en direct, **O.J. Simpson** fut acquitté malgré des preuves substantielles de sa culpabilité.

9. La « Nation de l'Islam » est un **mouvement extrémiste** dirigé par Louis Farakhan. Revendique à la fois le rapatriement en Afrique et des territoires américains pour fonder une nation noire.
   Les autres noms sont fantaisistes.

10. **Les émeutes raciales.**
    Les plus graves eurent lieu à Los Angeles en 1992. Elles ne concernaient pas seulement des Noirs, mais aussi des Hispaniques et des Coréens.
    Un millier de gangs urbains aux rivalités sanglantes sévissent à Los Angeles. Ils se disputent des « territoires », se livrant au trafic des armes et des drogues.

11. Certaines grandes villes américaines ont une **forte proportion de population noire** : 40 % à Chigago, 66 % à Washington, plus de 75 % à Détroit.
    Les Noirs ont donc pu conquérir des mairies importantes.

12. Le Général **Colin Powell**, né en 1937, a été Chef de l'État-major général des armées pendant la guerre du Golfe. Il a été sollicité pour la candidature aux élections présidentielles. Il est maintenant secrétaire d'État (= ministre des Affaires étrangères).
    Le Général Schwarzkopf était, sur le terrain, le commandant en chef de l'opération « Tempête du désert ».

13. **Taux de chômage aux États-Unis :**
    Blancs 5 %   Noirs 12 %
    Proportion de la population vivant au-dessous du seuil de la pauvreté
    Blancs 12 %   Noirs 33 %

L'ex-U.R.S.S. et la Russie (*)

△ Dix questions sur l'U.R.S.S.

1. **L'Union des républiques socialistes soviétiques** a été fondée en 1922, et a disparu en décembre 1991.

2. Vladimir Illitch Oulianov, dit **Lénine**, est né en 1870, mort en 1924. Il organisa l'insurrection révolutionnaire en octobre 1917, et fut élu président du conseil des commissaires du peuple en 1918. Il créa l'U.R.S.S. en 1922.

3. Joseph Vissarionovitch Djougachvili, dit **Staline**, est né en Géorgie en 1879, mort à Moscou en 1953.

4. Lev Davidovitch Bronstein, dit **Trotski** est né en 1879, mort en 1940. Il fut un grand théoricien de la révolution internationale, et le principal organisateur de l'Armée rouge en 1918-1920.
   Staline le fit exclure du parti en 1927, déporter dans le Kazakhstan, expulser d'U.R.S.S., puis assassiner en 1940 au Mexique par un agent du Guépéou.

5. Après la mort de **Staline**, se succédèrent, dans l'ordre :
   – en 1953, Georges Malenkov,
   – en 1955, Nicolaï Boulganine,
   – en 1958, Nikita Khrouchtchev,
   – en 1964, Alexis Kossyguine, Premier ministre et Leonide Brejnev Secrétaire général du Comité central du Parti communiste.
   – en 1982, après la mort de Brejnev, Youri Andropov, ancien Président du K.G.B, devient Secrétaire Général,
   – en 1984, Konstantin Tchernenko succède à Andropov comme Secrétaire général du P.C.U.S et à la tête du Praesidium du Soviet suprême,
   – en 1985, Mikaïl Gorbatchev devient Secrétaire général et Andreï Gromyko est élu Président du Praesidium du Soviet suprême.

6. Les crimes de Staline furent dénoncés au XXe congrès du parti communiste (1956). **La déstalinisation** avait commencé en fait dès le printemps de 1953.

(*) Les questions sont en p. 145.

7. Les divers **avatars** de la police politique soviétique ont été :
  – la Tchéka (initiales TK), fondée en 1917,
  – le Guépéou (initiales GPU), fondé en 1922,
  – le NKVD, fondé en 1934,
  – le KGB (Komitet Gossoudarstennoï Bezopasnosti), fondé en 1954.
  Le KGB fut dissous en 1991, et remplacé par diverses agences.

  Intrus : BMW est une célèbre marque d'automobiles (allemande).

8. Nommé Secrétaire général du Parti communiste de l'Union soviétique en 1985, **Mikhaïl Gorbatchev** (né en 1931) a cherché à mener une politique de rénovation, en deux mots-clés :
  – glasnost = transparence,
  – perestroïka = restructuration

9. La catastrophe de **Tchernobyl** s'est produite le 26 avril 1986. Explosion du réacteur de la centrale nucléaire soviétique en Ukraine.

10. En décembre 1991, l'**U.R.S.S. fut déclarée dissoute** au profit d'une « Communauté d'États indépendants » (CEI).
  La dissolution du Pacte de Varsovie était intervenue dès le début de la même année, et celle du Comecon en juin.

△ Répression et contestation en U.R.S.S.

1. *Tchéka* vient de Setcheka, sigle russe de Vserossiiskaïa Tchrezvytchaïnaïa Kommissia, « commission extraordinaire panrusse ».
  Créée en 1917, elle fut dirigée par Felix Djerzinski. Sa première tâche était de livrer à la justice les « contre-révolutionnaires ». En 1918, elle institua des tribunaux spéciaux, composés de trois juges, les troïkas.
  Le décret sur la « Terreur rouge » lui permit de dénoncer les membres du parti eux-mêmes, et d'installer des camps de concentration.
  Puis elle fut autorisée officiellement à condamner et exécuter sans même en référer aux tribunaux révolutionnaires.
  Elle fut remplacée en 1922 par la *Guépéou*.
  La *taïga* est une forêt de conifères, entrecoupée de tourbières, qui borde la toundra au nord de la Russie, en Sibérie.
  La *toundra* (mot lapon) est une steppe de la zone arctique, entre la taïga et la limite polaire. Son sol est gelé en profondeur pendant une partie de l'année.
  Végétation : mousses, lichens, bruyères, quelques plantes herbacées.

2. *Goulag* vient de *Glawnoje Ouprawlenie Laguereï* = direction des camps de travail forcé.

   Des premiers camps avaient été établis dans les îles Solovski, dans la mer Blanche. D'où le titre du livre de Soljenitsyne, *L'archipel du Goulag.*

   Le nombre des détenus aurait dépassé au total la dizaine de millions à l'époque stalinienne. Il y a probablement eu plusieurs millions de morts dans certains grands camps, comme celui de la région de la Kolyma en Sibérie. Le taux de mortalité était très élevé : froid, famine, exécutions massives.

   Pour mémoire : le potage à la betterave et au chou s'appelle le bortch ou bortsch.

3. *Apparatchik.* C'est la deuxième réponse qui est la bonne. Le mot est apparu en 1960 pour désigner les membres influents du parti communiste soviétique.

   Par extension, il désigne les membres des partis devenus professionnels de la politique.

4. En U.R.S.S. et dans les pays de l'Est, la *nomenklatura* était une liste de personnes bénéficiant de privilèges exceptionnels. Par extension, le mot a désigné l'ensemble des privilégiés, apparatchiks du parti communiste et hauts fonctionnaires.

5. *Samizdat* est un mot russe qui signifie *auto-édition.*

   Il a été forgé par opposition à *gossizdat,* l'édition d'État.

   Un *samovar* est une bouilloire russe, sorte de petite chaudière portative en cuivre, qui fournit de l'eau bouillante pour la confection du thé.

   Les *samoyèdes* étaient un peuple de langue et de culture finno-ougrienne, peuple nomade occupant les forêts et les toundras de Sibérie. C'est aussi le nom d'une variété de chiens à épaisse fourrure blanche, utilisés pour la traction des traineaux (cf les huskys).

6. **Boris Pasternak** (1890-1960) obtint le Prix Nobel de littérature, mais ne put aller le recevoir. Il fut exclu de l'Union des écrivains soviétiques. Il fut réhabilité en 1988.

   Son œuvre principale, le *Docteur Jivago,* fut interdite en U.R.S.S. jusqu'en 1988 (première publication en Italie en 1957).

   Les autres noms cités sont ceux de victimes des « procès de Moscou », fusillés en 1936-1938.

7. **Andréï Sakharov** (1921-1989), éminent spécialiste de physique nucléaire, fonda le Comité pour la défense des droits de l'homme, et obtint le Prix Nobel de la Paix en 1975.

8. **Mtislav Leopoldovitch Rostropovitch** est né à Bakou en 1927. Il a été exilé et déchu de sa citoyenneté en 1978, puis réhabilité en 1990. Il a certainement échappé au goulag grâce à sa grande notoriété. Son épouse est la cantatrice Galina Vichnievskaïa.

   Les autres noms cités sont ceux de divers intellectuels, écrivains, philosophes.

9. Né en 1918, **Alexandre Soljenitsyne** fit de brillantes études scientifiques et littéraires, et eut une conduite héroïque pendant la guerre. Il fut arrêté en 1945 et condamné au bagne pour avoir critiqué Staline dans une lettre.

   Interdites en U.R.S.S., ses œuvres furent publiées à l'étranger à partir de 1964.

   Il fut expulsé en 1974, et est revenu en Russie en 1994.

   Intruse parmi ses œuvres : c'est Lénine qui a publié en 1917 *l'État et la Révolution*.

△ La chute du communisme

1. Né en 1931, Mikaïl Gorbatchev est devenu secrétaire général du parti communiste en 1985. Il était donc encore « jeune », et avec de grandes capacités. Il succédait à Brejnev, Andropov et Tchernenko qui étaient âgés et en mauvaise santé. Ce fut un facteur important pour l'évolution du régime.

2. En 1988, Gorbatchev a été élu Président du praesidium du Soviet suprême, avec des procédures rénovées.

3. Le retrait des troupes russes d'Afghanistan commença en mai 1988, et s'acheva au début de l'année 1989.

4. **Les évènements de 1989 à 1993.**

   Série 1

   Il faut corriger la dernière proposition. Boris Elstine fit voter la souveraineté de la Russie. Les autres Républiques proclamèrent leur indépendance. En décembre 1991, les Présidents de Russie, Biélorussie et Ukraine déclarèrent l'U.R.S.S. dissoute au profit d'une **Communauté d'États indépendants** (la C.E.I.).

   Série 2

   À la suite du putsch d'août 1991, le parti communiste fut dissous.

Série 3
Le 25 décembre 1991, à minuit, le drapeau soviétique a été descendu, et officiellement remplacé par le drapeau russe tricolore sur le Kremlin.

5. Boris Eltsine.
Né en 1931 et d'origine ouvrière, Boris Elsine a joué un rôle fondamental dans le triomphe des idées libérales en Russie.
Dans la série 1, la dernière proposition est évidemment fausse.
Dans la série 2, la dernière est aussi fausse. Boris Eltsine a été réélu en 1996 malgré son état de santé. Il a démissionné en décembre 1999, laissant la place à Vladimir Poutine.

△ La Russie depuis 1991

Éléments de géographie

1. La Russie est **le plus grand pays du monde** : 17 millions de km^2. Elle a 150 millions d'habitants.
Pour comparaison : les États-Unis d'Amérique ont plus de 9 millions de km^2 et plus de 285 millions d'habitants.

2. Répartition du territoire russe :
– 25 % en Europe,
– 75 % en Asie, au-delà de l'Oural.

3. La Russie a près de 9 000 km de largeur. Ou même davantage, si l'on compte la région de Kalininingrad, enclavée entre la Lituanie et la Pologne.

4. Capitale de la Russie.
La première capitale fut Kiev, au IXe siècle. C'est aujourd'hui la capitale de l'Ukraine.
Au XVIIIe siècle, la Russie fut envahie et dévastée par les Mongols (ou Tatars).
Un nouvel État russe se développa aux XIVe et XVe siècles à partir de la petite principauté de Moscou. Au XVIe siècle, Ivan IV le Terrible prit le titre de tsar (= César).
Au début du XVIIIe siècle, Pierre le Grand construisit une nouvelle capitale, ouverte sur l'Europe, Saint-Pétersbourg.
Moscou redevint capitale en 1918.

Les Institutions

1. La première chambre du Parlement est la **Douma.**
Les autres noms cités sont ceux de diverses villes de la Russie d'Europe.

2. Boris Eltsine a été élu avec près de 60 % des voix, devant Ryjkov et Jirinovski.

Mikhaïl Gorbatchev n'était pas candidat.

Boris Eltsine a obtenu un second mandat en 1996, mais avec un score moindre qu'en 1991.

Mikhaïl Gorbatchev est resté très populaire en Occident, mais ne l'est pas dans son pays : il n'a obtenu que 0,5 % des voix.

3. Le Général Lebed a facilité l'élection d'**Eltsine**, obtenue au second tour devant le communiste Ziouganov.

4. Vladimir Poutine avait été nommé Premier ministre en 1999. Il a été élu Président en l'an 2000 (nette victoire au 1er tour).

5. Le drapeau russe a trois bandes horizontales : blanche, bleue, rouge.

Il avait été créé par Pierre le Grand à la fin du XVIIe siècle, et repris en 1991.

Problèmes politiques

1. Des affrontements très violents ont eu lieu en Tchétchénie, notamment dans la capitale Groznyi. Le cessez-le-feu a été conclu par le Général Lebed, envoyé spécial du président Boris Eltsine. La guerre a repris en 1999.

Des risques graves se précisent dans plusieurs régions en raison notamment de la montée de l'islamisme.

2. Les conflits territoriaux.

La Russie n'a pas de frontière commune avec l'Inde.

Mais il fallait cocher toutes les autres cases :

– Chine (des affrontements avaient eu lieu, à diverses reprises, dans la région du fleuve Amour),

– Japon (problème des îles Kouriles)

– Pays baltes (problème frontalier avec l'Estonie)

– Pays du Caucase (diverses régions voisines de la Géorgie)

– Ukraine (problème de la Crimée).

△ Les républiques issues de l'U.R.S.S.

1. Elles sont au nombre de quinze, regroupées dans la Communauté d'États indépendants (C.E.I.).

2. Les superficies.

U.R.S.S. : 22 400 000 km^2
Russie : 17 millions de km^2
Kazakhstan : près de 3 millions de km^2

La Russie représente donc plus des trois quarts de l'ancienne U.R.S.S. Le Kazakhstan est plus de deux fois plus grand que les trois autres Républiques d'Asie centrale.

Pour mémoire. Les autres chiffres cités correspondent à :
6 millions de km^2 : l'Europe, sans la Russie
8 millions de km^2 : l'Australie a près de 8, et l'Océanie plus de 8 millions de km^2
9 millions de km^2 : Chine, États-Unis
10 millions de km^2 : Canada
30 millions de km^2 : l'Afrique, ou encore l'Asie sans la Russie
42 millions de km^2 : l'Amérique
44 millions de km^2 : l'Asie
À retenir aussi : la Fédération de Russie représente trois fois plus que l'Europe sans la Russie.

3. Les Pays Baltes.

Tous les pays cités sont riverains de la Baltique
Les trois Républiques baltes sont du Nord au Sud :
– l'Estonie, capitale Tallin
– la Lettonie, capitale Riga
– la Lituanie, capitale Vilnius

4. Les Républiques d'Europe orientale.

Biélorussie, capitale Minsk
Moldavie, capitale Chisinau (Kichinev)
Ukraine, capitale Kiev
La Moldavie est principalement constituée par l'ancienne Bessarabie. C'est une enclave entre l'Ukraine et la Roumanie.
La Biélorussie est l'ancienne Russie blanche, Republika Belarus.
L'Ukraine est un État puissant : 600 000 km^2 et plus de 50 millions d'habitants.
Par sa superficie, c'est le 2e pays d'Europe, après la Russie et devant la France.

5. Les trois pays du Caucase.
– Arménie, capitale Erevan
– Azerbaïdjan, capitale Bakou
   (pays riverain de la mer Caspienne)
– Géorgie, capitale Tbilissi
   (pays riverain de la Mer Noire)
Les quatre autres noms cités sont ceux de Républiques autonomes au sein de la Fédération de Russie. Elles sont frontalières de la Géorgie.
Le plus haut sommet du Caucase (en Europe) est le mont Elbrouz, à 5 633 m, en Karatchaeïevo-Tcherkessie.

6. Les cinq Républiques d'Asie centrale.
Kazakhstan, capitale Almaty (Alma-Ata)
Kirghizistan, capitale Bichkek
Ouzbékistan, capitale Tachkent
Tadjikistan, capitale Douchanbé
Turkménistan, capitale Ashkabad

Le Daghestan est une République autonome de Russie, sur la rive ouest de la mer Caspienne.
Le Tatarstan est une République autonome située au centre de la Russie (capitale Kazan).

La Chine (*)

1. La Chine est de loin le premier État du monde, avec **1 300 millions d'habitants** (c'est 3 800 pour l'Asie entière).
Soit 22 fois la population de la France.

2. La langue officielle est le **chinois mandarin**. Elle est la langue la plus parlée dans le monde. Le taoïsme est une religion. Le Yuan est le nom de la monnaie chinoise.

3. Les **Han** représentent plus de 90 % de la population chinoise.

4. La République populaire de Chine date de **1949**, après la victoire de Mao Zedong sur Jiang Jieshi (Chiang Kaïshek).

5. Le Mouvement des Cent Fleurs fut éphémère. La liberté d'expression des intellectuels apparut vite dangereuse pour l'hégémonie communiste. Mao Zedong fit procéder à de nombreuses arrestations pour remettre au pas les intellectuels.

(*) Les questions sont en p. 153.

6. **Le Grand Bond en avant** fut un mouvement d'industrialisation forcenée (des hauts fourneaux dans les campagnes). Il provoqua de graves perturbations, et notamment une grande famine (des dizaines de millions de morts).

7. **La Révolution culturelle** a ravagé trois générations de Chinois, et mis le pays au bord de l'anarchie et de la banqueroute.
Selon les dissidents, elle fit plus de 100 millions de victimes (« camps de travail », exactions, exécutions, famine...).

8. *Le Petit Livre Rouge* a sans doute été, après la Bible, le livre le plus répandu dans l'histoire de l'humanité.
Les *dazibao* sont des affiches murales.
Les *Gardes Rouges* étaient les jeunes de 15 à 20 ans constituant la *force de choc* du parti communiste.
La *rééducation* fut imposée à des dizaines de millions de Chinois déportés dans les campagnes et internés dans des camps.

9. Au printemps de 1989, plusieurs manifestations ont réuni des millions de Chinois sur la **place de Tiananmen** à Pékin. C'est la plus grande place du monde (40 hectares).
Li Peng fit appel à l'armée en juin : 3 000 morts et des milliers de blessés.
Quelques milliers de dissidents purent émigrer en 1989-1990.

10. **Hong-Kong** est revenu à la Chine en 1997. Macao à son tour en 1999.
Formose est un nom d'origine portugaise donné par les Occidentaux à l'île de Taïwan.
Elle est indépendante depuis 1949, mais a été expulsée de l'O.N.U. en 1971 au bénéfice de la Chine.
Le Tibet a été envahi par la Chine en 1950, et sa population fut gravement opprimée.

11. **Jiang Zemin** (ou Kiang Tsö-Min), né en 1926, près de Shangaï est un technocrate formé à Moscou.
Après avoir occupé divers postes dans l'industrie, il est devenu maire de Shangaï en 1985 et secrétaire général du PC chinois en 1989.
Il contribua à l'adoption de la solution militaire contre les manifestations étudiantes en 1989.
Il devint Président de la République en 1993.
Mao Zedong, le Grand Timonier, est mort en 1976.
Deng Xiaoping, le Petit Timonier, est mort en 1997.
Li Peng, né en 1928, fils adoptif de Chou En-Lai, formé à Moscou, a été Premier ministre depuis 1987 jusqu'à mars 1998. Son successeur est Zhu Rongji.
Depuis décembre 2002, le nouveau secrétaire général du parti communiste chinois est Hu Jintao.

△ Histoire de la Chine moderne

1. La **République** a été proclamée le 1er janvier 1912 à Nankin. Le premier Président fut Sun Yat-Sen (1866-1925), considéré comme le « père de la révolution chinoise ».

2. En un sens, la **2e Guerre mondiale** a commencé en Asie dix ans avant Pearl Harbor. Après un incident provoqué à Moukden (faux sabotage d'une voie ferrée), les Japonais ont envahi la **Mandchourie en 1931**. En 1932, la Mandchourie devint le Mandchoukouo, protectorat japonais sous l'autorité nominale de Pu-Yi, le dernier empereur.

3. À partir d'octobre 1935, les troupes de Mao (avec femmes et enfants) ont parcouru 12 000 km. Près de 100 000 des participants périrent. Mao établit dans le Chansi une capitale à Yanan (jusqu'en 1949).

4. Les Japonais ont pris Pékin et Shanghaï en 1937, puis Nankin en 1938. Ils commirent des massacres à l'encontre de la population civile.

5. La guerre a duré jusqu'en 1945 (capitulation du Japon).
De graves affrontements eurent alors lieu entre communistes et nationalistes.
Après des élections législatives et la promulgation d'une Constitution, Tchang Kaï-Chek fut élu Président de la République en 1948.

6. Pékin fut occupé par les troupes communistes en 1949. Mao devint Président. **La République populaire de Chine** fut proclamée le 1er octobre 1949.
Tchang Kaï-Chek se réfugia à Taïwan (Formose).
Selon certaines estimations, environ cinq millions d'éléments « contre-révolutionnaires » furent exécutés dans les années suivantes.

7. La Chine n'a pas participé officiellement à la guerre de Corée.
Mais plus de 50 divisions de « volontaires » Chinois sont venus grossir les troupes de la Corée du Nord.

8. **La campagne des Cent Fleurs.**
« Que cent fleurs s'épanouissent, que cent écoles rivalisent ».

9. **Le Grand bond en avant.**
Selon certaines estimations, cette campagne fit de 40 à 60 millions de victimes (déportations, exécutions, famine...).

10. La *Révolution culturelle*.
En 1966, Mao décida de lancer une grande campagne pour lutter contre le « révisionnisme ».

11. Mao créa les *Gardes rouges*, recrutés parmi les jeunes, armés et conditionnés idéologiquement.
L'épisode de la « bande des quatre » est postérieur à sa disparition (arrestation de quatre de ses anciens fidèles dont son épouse Jiang Qing). Autres dénominations : fantaisistes.

12. La Chine a été admise à l'O.N.U. en 1971. Elle a repris un siège permanent au Conseil de sécurité.
Pour la petite histoire : le premier élément symbolique de la détente avait été la visite d'une équipe de ping-pong américaine.
Kissinger avait effectué un voyage secret à Pékin. Le président Nixon vint en Chine en 1972. Le président Bush s'y est rendu en octobre 2001 (rencontre avec Jiang Zemin et Vladimir Poutine).

△ Géographie de la Chine

1. La Chine a près de 10 millions de km^2 (9 600 000).
Elle se place au 3e rang dans le monde, après la Russie et le Canada.

2. Les plus grandes distances intérieures :
Distance Ouest-Est : 5 000 km
Distance Nord-Sud : plus de 5 000 km

3. Depuis que la Chine a annexé le Tibet, son point culminant est l'**Everest** à 8 850 m (*Chomolongma*, qui signifie en Tibétain la déesse-mère du monde).

4. Les régions du Nord :
– Sin Kiang (ou Xin-Jiang), au nord-ouest
– Mongolie intérieure au centre
– Mandchourie au nord-est

Les régions du Sud :
– Yunnan, Kouangsi, Hainan (grande île).

5. Le **Fleuve Bleu**, dénommé Changjiang, ou Yangzijiang ou Yang Tsé Kiang est le plus long fleuve de Chine (plus de 6 000 km). Son bassin s'étend sur plus de 1 800 000 km^2, et plus de 300 millions de personnes y vivent.

Le **Fleuve jaune**, ou Huanghe, ou Houang Ho (5 500 km) doit son nom aux alluvions qu'il charrie.

De grands aménagements hydroélectriques ont été réalisés sur ces deux fleuves.

L'**Amour** (4 400 km) sert de frontière entre la Russie et la Chine sur la majeure partie de son cours. Puis il remonte vers le nord en Russie pour se jeter dans le golfe de Sakhaline.

Le **Mékong** (plus de 4 000 km) traverse le Tibet oriental, puis le Yunnan, le Laos, l'Annam, le Cambodge et le Vietnam. Il se termine par un très grand delta au sud du Viêt-nam.

Le **Fleuve rouge** a un grand delta au nord du Viêt-nam.

6. La Chine a eu de graves conflits avec tous ces pays. Cependant les conflits avec le Japon n'étaient pas véritablement frontaliers.

Les conflits potentiels avec l'Inde et la Russie peuvent porter sur des milliers de km.

La Chine a au total plus de 32 000 km de frontières terrestres. Elle a près de 20 000 km de frontières maritimes, auxquelles il faudrait ajouter les côtes de quelques 5 000 îles.

7. La Chine a 1 300 000 000 d'habitants. Elle est au premier rang dans le monde, devant l'Inde.

8. La Chine compte plus de 50 ethnies officiellement recensées. Les **Han** représentent plus de 90 % de la population.

9. Le **bouddhisme** est la religion de la Chine.

Avec le taoïsme, et mêlé au confucianisme (qui est plutôt une philosophie), c'est une religion populaire, variant selon les régions. Le principal point commun est le culte des ancêtres.

10. Le *mandarin* est la langue la plus parlée dans le monde.

Le cantonais est un dialecte du Sud-est.

Pièges. Jiang Qing a été l'épouse de Mao Tsé-Toung. Lin Piao est un maréchal chinois, proche collaborateur de Mao pendant la révolution culturelle, disparu dans des conditions mystérieuses en 1971.

11. La langue officielle (mandarin) comporte environ 40 000 *idéogrammes* dont 6 000 sont d'usage courant.

Pour mémoire : les cryptogrammes sont des caractères secrets (codes, langages chiffrés). Les cryptogames (terme de botanique) sont des plantes dont les organes de fructification sont peu apparents (exemple : les champignons).

QCM des concours administratifs de catégorie A

Le Japon (*)

1. Le Japon avait été surnommé l'empire du Soleil Levant.
Son drapeau reproduit un soleil rouge sur fond blanc.

2. Le Japon a 380 000 km², soit les 2/3 de la France.

3. Le Japon a une population de 125 millions d'habitants.
Son taux de croissance annuelle est très faible.

4. Le Japon est une monarchie parlementaire (cocher deux cases).
Akihito (né à Tokyo en 1933) est le 125ᵉ empereur du Japon. Il a succédé en 1989 à son père Hiro-Hito.

5. Les deux religions les plus pratiquées au Japon sont le shintoïsme et le bouddhisme.
La pratique cumulée des deux religions est la plus courante.
Il y a un peu plus d'un million de chrétiens.

6. Le **Yen** est la monnaie du Japon.
100 yens valent près d'un dollar, ou plus d'uun euro.
Le ***yin*** (passivité) et le ***yang*** (activité) sont deux principes fondamentaux de la philosophie taoïste chinoise.
L'ylang-ylang est une plante dont la fleur est employée en parfumerie.

7. Les Jeux olympiques d'hiver ont eu lieu au Japon (pour la deuxième fois, après Sapporo) à Nagano, au début de l'année 1998.
Les Japonais se sont passionnés pour la préparation de la coupe du monde de football : après la France en 1998, elle a eu lieu en Corée et au Japon en l'an 2002. Avec l'entraîneur français Philippe Troussier, l'équipe nationale du Japon a accompli une bonne performance.

8. Les Jeux olympiques de Tokyo, en 1964, symbolisèrent la réussite économique du Japon.

9. La pêche est une ressource essentielle pour le Japon, qui est le premier producteur mondial. Mais son développement va être entravé par le durcissement de la réglementation internationale, indispensable pour sauvegarder les espèces marines.

(*) Les questions sont en p. 157.

© Éditions d'Organisation

10. Les maffieux japonais sont les **yakusas**.

Le **jacuzzi** est une baignoire équipée d'un dispositif qui provoque des remous dans l'eau.

Fukui, Fukuoka, Sapporo et Yamagata sont des villes japonaises.

11. La secte **Aum** a été dissoute en 1995 après les attentats.

Le Nô et le Kabuki sont deux formes de théâtre japonais.

12. Toyota (moteurs automobiles) est la première entreprise japonaise, avec un chiffre d'affaires annuel de l'ordre de 100 milliards de dollars.

13. Les Japonais ont occupé la Mandchourie en 1931 (Nord-Ouest de la Chine, au Nord de la Corée).

14. Le Japon a envahi la Chine en 1937. Ses armées ont occupé les zones côtières et ont cherché à s'étendre vers l'intérieur.

15. Le 9 mars 1945, la capitale du Japon fut attaquée par 300 avions porteurs de bombes incendiaires. Environ 200 000 victimes, soit plus de deux fois plus qu'à Hiroshima ensuite.

16. La Japon a attaqué la base américaine de **Pearl Harbor** (aux îles Hawaï), le 7 décembre 1941.

17. Le Japon n'a pas envahi l'Afghanistan, qui est de l'autre côté des Indes.

18. La première bombe atomique fut lancée sur **Hiroshima** le 6 août 1945.

19. Mikado est le nom donné à l'empereur du Japon.

20. Le Taï-Chi-Chuan est d'origine chinoise. C'est maintenant une école de concentration, équilibre, gymnastique douce, méditation, non-violence.

12   QCM sur la France

Vingt grandes questions sur l'histoire de France depuis 1939 (*)

1. Les commandants supérieurs des troupes françaises de 1939 à 1945.

Commandant en chef de septembre 1939 à mai 1940 : Maurice Gamelin (1872-1958).

Commandant en chef nommé le 18 mai 1940 (l'offensive allemande avait été déclenchée le 10 mai) : Maxime Weygand (1867-1965).

Commandant le corps expéditionnaire français en Italie en 1943-1944, vainqueur au Belvédère (Cassino) et à Garigliano : Alphone Juin (1888-1967, Maréchal de France en 1952).

Commandant la 2e Division blindée, débarquée en Normandie, et libérateur de Paris en août 1944 : Philippe de Hautecloque, dit Leclerc (1902-1947, Maréchal de France à titre posthume en 1952).

Commandant la 1re armée française, débarquée en Provence en août 1944 : Jean de Lattre de Tassigny (1889-1952, Maréchal de France à titre posthume en 1952).

2. Libération de Paris.

Début de l'insurrection de la Capitale : 18 août 1944.

Entrée des premiers éléments de la 2e Division blindée : 24 août 1944

Capitulation de Von Choltitz : 25 août 1944.

Cérémonie à Notre-Dame de Paris, avec le Général de Gaulle : 26 août 1944.

Pour mémoire. Les autres dates sont : 7 décembre 1941 : Pearl Harbour

8 novembre 1942 : opération Torch, débarquement allié en Afrique du Nord.

12 septembre 1943 : débarquement des troupes françaises en Corse

8 mai 1945 : proclamation officielle de la capitulation allemande et fin de la Seconde Guerre mondiale.

(*) Les questions sont en p. 160.

3. Le tripartisme sous la IVe République.

M.R.P.   Mouvement Républicain Populaire
P.C.   Parti communiste
S.F.I.O.   Section française de l'Internationale ouvrière (parti socialiste).

Les Communistes avaient déjà participé aux Gouvernements provisoires du Général de Gaulle en 1944-1945.

Pénalisation pour R.P.F. (le Rassemblement du Peuple Français a été fondé par le Général de Gaulle en avril 1947).

4. Fin du tripartisme.

Les Communistes avaient voté contre le Gouvernement dont ils faisaient partie. Le Président du Conseil Paul Ramadier révoqua les ministres communistes le 5 mai 1947.

5. Retour des Communistes au Gouvernement.

Il fallait cocher deux cases :
– 1981 (22 juin)   Gouvernement Mauroy.
– 1997 (4 juin)   Gouvernement Jospin.

6. Les Présidents de la IVe République.

Vincent Auriol : janvier 1946 à janvier 1954.
René Coty : 1954 à janvier 1959.
Donc seulement deux Présidents, dont le second n'acheva pas son septennat (le Général de Gaulle fut élu le 21 décembre 1958 par un collège restreint de 80 000 notables, dans le cadre de la nouvelle Constitution).

7. Les Présidents de la Ve République.

Charles de Gaulle, 9 janvier 1959, réélu le 19 décembre 1965, démissionne le 28 avril 1969 à la suite de l'échec du référendum du 27 avril.

Georges Pompidou, du 20 juin 1969 au 2 avril 1974 (décès à son domicile, de la maladie de kahler ou de waldenström).

Valéry Giscard d'Estaing, du 27 mai 1974 au 21 mai 1981.

François Mitterrand (élu le 10 mai) du 21 mai 1981 (réélu le 8 mai 1988) au 17 mai 1995.

Jacques Chirac, élu le 7 mai 1995, a pris ses fonctions le 17 mai. Il a été réélu le 5 mai 2002.

Pour mémoire : Michel Debré (candidat en 1981) et Michel Rocard (candidat en 1969, puis candidat à la candidature) n'ont pas été élus.

8. Les Premiers ministres de la Vᵉ République.
1. Michel Debré (1959-1962)
2. Georges Pompidou (1962-1968, record de durée)
3. Maurice Couve de Murville (1968-1969)
4. Jacques Chaban-Delmas (1969-1972)
5. Pierre Messmer (1972-1974)
6. Jacques Chirac (1974-1976)
7. Raymond Barre (1976-1981, 2ème record de durée)
8. Pierre Mauroy (1981-1984)
9. Laurent Fabius (1984-1986)
10. Jacques Chirac (1986-1988, première cohabitation)
11. Michel Rocard (1988-1991)
12. Édith Cresson (1991-1992, moins d'un an, record de brièveté)
13. Pierre Bérégovoy (1992-1993)
14. Édouard Baladur (1993-1995)
15. Alain Juppé (1995-1997)
16. Lionel Jospin (nommé le 2 juin 1997)
17. Jean-Pierre Raffarin. Nommé le 6 mai, puis le 17 juin 2002.
Jacques Chirac apparaissant deux fois, le total général est bien de 16 personnes.

9. Une femme Premier ministre.
Édith Cresson, du 15 mai 1991 au 2 avril 1992.

10. Indépendance du Maroc et de la Tunisie.
Vers la fin de la IVᵉ République, soit 1956 (Gouvernement Guy Mollet).

11. Fin de la guerre d'Algérie.
Accord d'Évian, signés le 18 mars 1962
Cessez-le-feu effectif le 19 mars 1962.

12. La première bombe atomique française.
Sahara, base de Reggane, en 1960.

13. La première bombe H française.
Polynésie, base de Fangataufa, en 1968.

14. Les leaders du mouvement de mai 1968.
Daniel Cohn-Bendit (né en 1945), étudiant de nationalité allemande.
Alain Geismar (né en 1939), secrétaire général du Syndicat national de l'enseignement supérieur (SNESUP).
Jacques Sauvageot (né en 1949), président de l'Union nationale des étudiants de France (U.N.E.F.).

Charléty est le nom d'un stade parisien où eut lieu un grand rassemblement le 27 mai.

Prozac, Tégrétol et Xatral sont des noms de médicaments.

Abécassis et Korolitski sont des noms fantaisistes.

15. Réforme de l'enseignement supérieur.

Loi du 12 novembre 1968 d'orientation de l'enseignement supérieur. Elle est restée connue sous le nom de *loi Edgar Faure*, du nom du Ministre de l'Éducation nationale nommé par le Général de Gaulle.

Une nouvelle loi sur l'enseignement supérieur a été promulguée le 26 janvier 1984. Elle est dite *loi Savary*.

Ces lois sont maintenant reprises dans le Code de l'Éducation.

16. Abolition de la peine de mort.

Elle a été votée par le Parlement en septembre 1981.

17. La semaine de 39 heures.

Elle résulte d'une ordonnance de janvier 1982 (gouvernement Mauroy).

Puis les **35 heures** ont été mises en œuvre en 1999-2000 (procédures encore en instance).

18. Élections municipales rénovées à Paris.

Jacques Chirac a été élu maire de Paris en mars 1977. Il l'est resté jusqu'en 1995, date de son accession à la Présidence de la République.

(Raymond Barre est maire de Lyon. Jean Tibéri a remplacé Jacques Chirac à la mairie de Paris en 1995 ; puis Bertrand Delanoë a remporté les élections de l'an 2001).

19. Les référendums sous la Ve République.

De 1958 ou 1962 à nos jours, tous les référendums ont eu un résultat positif, sauf celui du 28 avril 1969 sur la régionalisation et la réforme du Sénat. Cet échec a entraîné le départ du Général de Gaulle.

Le record des abstentions (près de 30 millions) a été battu le 24 septembre 2000, à l'occasion du « quinquennat » (réduction à cinq ans de la durée du mandat présidentiel).

20. Les obsèques du Général de Gaulle ont été célébrées à Colombey-les-deux-Églises le 12 novembre 1970. En même temps fut célébrée à Notre-Dame de Paris une messe solennelle à laquelle assistaient près de cent chefs d'États étrangers.

Exercices variés

40 questions variées – Première série

1. Victor-Emmanuel II (1820-1878) fut roi de Sardaigne (1849-1861), puis d'Italie (1861-1878). Il est considéré comme l'artisan de l'unité italienne au XIXe siècle.

2. Négociateurs du Traité de Versailles. Quatre grands noms à retenir :
Clémenceau (France)
Lloyd George (Grande-Bretagne)
Orlando (Italie)
Wilson (États-Unis).
Viatcheslaw Scriabine, dit Molotov (du russe Molot = marteau) fut nommé Commissaire aux Affaires Étrangères par Staline en 1939. Il participa ensuite aux conférences de Téhéran, Yalta et Potsdam.

3. *Le Mandarin merveilleux* est de Bela Bartok (1881-1945).

4. *Eugène Onéguine* est de Piotr Ilitch Tchaïkovski (1840-1893).

5. *La Symphonie du Nouveau Monde* est la 9e du tchèque Anton Dvorak (1841-1904).

6. *La Norma* est de Vincenzo Bellini (1801-1835).

7. Alexander Fleming, médecin et bactériologiste anglais (1849-1945) découvrit la pénicilline et ses propriétés bactéricides en 1927. Ernst Boris Chain et Howard Florey reprirent ses travaux et développèrent la production industrielle de cet antibiotique. Ils obtinrent conjointement le Prix Nobel de physiologie et médecine en 1945.
Henri Becquerel obtint le Prix Nobel de physique en 1903, conjointement avec Pierre et Marie Curie. Le danois Niels Bohr l'obtint en 1922, (l'année d'après Einstein), l'allemand Werner Heisenberg en 1932.

8. Sir Arthur Lewis est un économiste britannique originaire des Antilles, spécialiste du développement. Il n'est pas américain.
Plusieurs autres noms sont d'origine européenne, mais il s'agit de Prix Nobel américains : Wassily Léontieff (origine russe), Gérard Debreu (origine française), Franco Modigliani (origine italienne).

9. L'américain William Sharpe obtint le Prix Nobel de sciences économiques en 1990.

(*) Les questions sont en p. 164.

Piège : Friedrich von Hayek, Autrichien d'origine, néo-libéral et néo-marginaliste, obtint le Prix Nobel pour la Grande-Bretagne.

10. Le premier Prix Nobel de la Paix fut attribué à Henri Dunant, citoyen helvétique, fondateur de la Croix-Rouge.

11. *Un homme dans la foule* est un film d'Elia Kazan (1957).

12. *Orange mécanique* est un film de Stanley Kubrick (1971).

13. *L'intendant Sansho* est un film de Kenzi Mizoguchi (1954).

14. *Le Premier Maître* est un film de Andreï Mikhalkov-Kontchalovski (1966).

15. *Le docteur Jivago* est un grand roman de Boris Pasternak (1890-1960).
L'auteur obtint le Prix Nobel de littérature en 1958, mais fut obligé de le refuser.
Alexandre Soljenitsyne, né en 1918, obtint le Prix Nobel de littérature en 1970. (Il ne put recevoir son prix).

16. Jean III Sobieski (1629-1693) se distingua par de nombreuses victoires, notamment contre les Turcs.
Les autres noms cités sont ceux de villages de Pologne.

17. Tadeusz Kosciuszko (1746-1817) fut combattant volontaire pour l'indépendance des États-Unis (1776-1783). En 1784, il rejoignit les troupes polonaises en lutte contre les Russes. Il fut investi du commandement militaire lors de l'insurrection de Cracovie, réussit à libérer Varsovie, mais fut battu à Maciejowice par Souvorov.

Jozef Poniatowski, né en 1763, s'illustra lors des combats de 1792 à 1794. Il fut nommé par Napoléon, Ministre de la guerre du Grand-Duché de Varsovie, commanda les troupes polonaises en 1809 contre les Autrichiens, en 1812 contre les Russses. Il mourut en 1813 en se noyant dans l'Elster à la fin de la bataille de Leipzig. Il fut fait Maréchal de France.

Ludwik Mieroslawski (1814-1878) participa aux révolutions polonaises de 1830 et 1846, organisa le soulèvement de Poznan en 1848, et fut le chef militaire de l'insurrection de 1863.

Tadeusz Mazowiecki fut en 1989-1990 le chef du premier gouvernement libre polonais.

18. Francfort-sur-le-Main, ancienne ville impériale, était célèbre pour ses foires dès le Moyen Âge. C'est là que se tient chaque année une grande foire mondiale du livre.

19. La Voïvodine est une région du nord de la Serbie (frontière avec la Hongrie).

20. L'Angola est séparé de l'Afrique du Sud par la Namibie.

21. Le Zaïre a une superficie de 2 345 000 km^2, soit quatre fois celle de la France. Ancien Congo belge, ce pays a pris en 1997 le nom de République démocratique du Congo.

22. Belgique   30 000 km^2
     Danemark   43 000 km^2
     Suisse   41 000 km^2
     Pays-Bas   37 000 à 41 000 km^2

(selon la prise en compte des étendues d'eau).

23. Royaume-Uni   245 000 km^2
     Italie   301 000 km^2
     Pologne   313 000 km^2
     Finlande   337 000 km^2

24. Grèce   132 000 km^2
     Autriche   84 000 km^2
     Irlande   70 000 km^2
     Islande   103 000 km^2

25. Un palimpseste est un parchemin manuscrit dont on a effacé la première écriture pour pouvoir écrire un nouveau texte.

26. Un palindrome est groupe de mots pouvant être lu indifféremment de droite à gauche ou de gauche à droite en conservant le même sens. *exemple* : élu par cette crapule.

27. Le palissandre est un bois exotique odorant, d'une couleur violacée, nuancée de noir et de jaune.

28. Dans l'Antiquité, la palinodie était un poème par lequel l'auteur rétractait ce qu'il avait dit dans un poème antérieur. Ce mot désigne de nos jours un changement d'opinion. Synonymes : désaveu, revirement, volte-face.

29. Le Rajahstan est un État du nord-ouest de l'Inde, rassemblant une vingtaine d'anciens États princiers, et formant frontière avec le Pakistan.

30. Le Taj-Mahal est un immense monument funéraire élevé à Agra (Inde gangétique), par l'empereur moghol Shah Jahan pour son épouse favorite Mumtaz-i-Mahal (XVIIe siècle). Bâtiment de marbre blanc incrusté de pierres semi-précieuses. Très beaux jardins.

31. Il s'agit d'un peuple montagnard du Népal, de souche tibétaine.
Habitués au rude climat de l'Himalaya, et aux plus hautes altitudes, les hommes de ce peuple furent souvent guides ou porteurs dans les expéditions.
Le sherpa Tensing Norkay conquit la célébrité en vainquant l'Everest en 1953, avec l'expédition britannique dirigée par John Hunt.
Le mot sherpa s'emploie aussi pour désigner les collaborateurs des chefs d'État ou de Gouvernement dans les grandes négociations internationales.

32. Shakespeare a vécu de 1564 à 1616. Hamlet est de 1600.

33. Falstaff, qui se retrouve dans plusieurs pièces de Shakespeare, est un ivrogne cynique et bouffon, vantard et poltron. Il a inspiré un excellent film à Orson Welles.

34. Cyril Atanassof est français.

35. Ludmilla Tcherina est française.

36. La viande de l'angus est très appréciée.

37. Le Vatican est le plus petit État du monde : 44 hectares, soit 0,44 km^2.

38. La République de Saint-Marin est dans le territoire italien, au sud de Rimini.
Superficie : 61 km^2
Population : 20 000 habitants

39. La superficie de Monaco est de 150 hectares, soit 1,5 km^2.

40. La superficie du Liechtenstein est de 160 km^2.
Population : 25 000 habitants
Capitale : Vaduz
Il est depuis 1924 rattaché à la Suisse pour les questions monétaires, postales et douanières.

40 questions variées – Deuxième série (*)

1. Grandes négociations commerciales multilatérales.
Kennedy Round   1964-1967
Tokyo Round   1973-1979
Uruguay Round, engagé en 1986, en élargissant le champ des sujets
négociés au GATT.
Intrus fantaisiste : Washington Round.

2. C'est à Genève que siège l'O.M.S., institution spécialisée de l'O.N.U.
créée en 1946.

3. C'est également à Genève que siège l'O.I.T., institution spécialisée
créée en 1919 et entrée en 1946 dans le cadre de l'O.N.U..

4. L'O.A.C.I. siège à Montréal.

5. L'A.I.D. – ou I.D.A., International Development Association – a son
siège à Washington.
C'est une filiale de la BIRD, Banque Internationale pour la
Reconstruction et le Développement (ou IBRD, International Bank
for reconstruction and Development).

6. Le Haut Commissariat des Nations-Unies pour les Réfugiés
(UNHCR) a son siège à Genève, au Palais des Nations. Il a créé plus
de 90 bureaux dans le monde.

7. Liste des Secrétaires Généraux de l'O.N.U. depuis sa création :
1 – Trygve Lie, Norvégien.   1946-1952
2 – Dag Hammarskjöld, Suédois   1953-1961
      Tué dans un accident d'avion au Congo. Prix Nobel de la Paix.
3 – U Thant, Birman   1961-1971
4 – Kurt Waldheim, Autrichien   1972-1981
5 – Javier Pérez de Cuellar, Péruvien   1982-1991
6 – Boutros Boutros-Ghali, Égyptien   1992-1996
7 – Kofi Annan a pris ses fonctions en 1997. Prix Nobel de la Paix en
      2001.

Walter Hallstein (1901-1982) fut le premier Président de la
Commission de la CEE (1958-1967).

(*) Les questions sont en p. 171.

8. Prix Nobel de la Paix.
Croix-Rouge Internationale (fondée en 1863), trois fois : 1917, 1944, 1963.
Haut Commissariat de l'O.N.U. pour les Réfugiés, deux fois : 1954 et 1981.
Organisation Internationale du Travail en 1969.
Amnesty International en 1977.

9. Anouar-al-Sadate reçut le Prix Nobel de la Paix en 1978, conjointement avec Menahem Begin. Il fut assassiné en 1981.
John Fitzgerald Kennedy fut élu à la présidence des États-Unis en 1960. Il fut assassiné à Dallas en 1963, dans des conditions encore mal éclaircies.
Son frère Robert Kennedy fut assassiné en 1968 à Los Angeles lors des élections primaires en vue de l'investiture démocrate.

10. *Frankenstein,* de Mary Shelley (1797-1851), a été publié en 1818.
Dracula, de Bram Stocker (1847-1912), est de 1897.
The Hobbit, de J.J. Tolkien (1892-1973), est de 1937.
Orange mécanique, d'Anthony Burgess, est de 1962.

11. *Lord Jim* est de Joseph Conrad (1857-1924).

12. *Huckleberry Finn*, publié en 1884, est un roman de Mark Twain (1835-1910).

13. *Ben Hur,* vient d'un roman de l'américain Lewis Wallace, publié en 1880.
James Bond est un agent secret aux performances exceptionnelles, qui provient d'une série anglaise de Ian Fleming.

14. Voici les trois célèbres sœurs poétesses et romancières anglaises :
Charlotte Brontë   (1816-1855). Œuvre célèbre : *Jane Eyre*
Emily Jane Brontë   (1818-1848). Œuvre célèbre : *Wuthering Height (Les Hauts de Hurlevent)*
Anne Brontë   (1820-1849)

15. *La chatte sur un toit brûlant*, pièce écrite en 1955, est une œuvre de Tennessee Williams (1914-1983).

16. Hérodote est un historien grec d'Halicarnasse. Il vivait au Ve siècle avant notre ère. C'est le premier grand prosateur dont l'œuvre nous soit parvenue.
Les guerres médiques sont le sujet principal des *Histoires*.

17. Kichinev (= Chisinau) est la capitale de la Moldavie.

18. Smolensk est en Russie.

Brest (anciennement Brest-Litovsk) est bien une ville importante de l'ouest de la Biélorussie.

19. Capitales des Pays baltes.

Estonie :   Tallin
Lettonie :   Riga
Lituanie :   Vilnius

Vitebsk est en Biélorussie.

20. Émission de gaz carbonique, en tonnes par an et par habitant.

Luxembourg   29
États-Unis   25
Allemagne   15
France   9

Le taux élevé du Luxembourg s'explique par la présence de grandes industries sidérurgiques et chimiques sur un petit territoire.

Les États-Unis ont une consommation de pétrole particulièrement élevée.

La France a la chance de disposer encore de vastes territoires ruraux.

21. Il y a environ 14 millions de Juifs dans le monde : 4,5 en Israël et 9,5 ailleurs.

22. Le Pentagone est un bâtiment construit aux États-Unis pour abriter le Ministère de la guerre (achevé en 1943). Chaque côté a environ 280 m, le périmètre est de près de 1400, la superficie totale des bureaux est de plus de 60 hectares. Près de 30 000 personnes y travaillent.

Un avion détourné par des terroristes islamistes s'est écrasé sur le bâtiment le mardi 11 septembre 2001.

23. Charles-Edouard Jeanneret, urbaniste, peintre et théoricien français d'origine suisse (1887-1965). Il a choisi pour pseudonyme Le Corbusier.

24. Il s'agit de Christo (Javacheff, d'origine bulgare).

Les autres noms cités sont aussi ceux d'artistes du paysage Earth-Workers ou Land Art.

25. Les trois premiers noms sont ceux de grands architectes de trois siècles successifs :

XVe Brunelleschi   (1377-1446)
XVIe Michel-Ange   (1475-1564), grand artiste très éclectique, qui fut à la fois architecte, ingénieur, peintre, sculpteur et poète.

XVIIe Le Bernin (1598-1680)

L'intrus est Michele Pezza, aventurier connu sous le nom de Fra Diavolo (1771-1806).

26. La Finul est la Force Intérimaire des Nations-Unies pour le Liban. Créée en 1978 après le retrait des troupes israéliennes pour rétablir la paix et la sécurité au Sud-Liban.

27. Le Krakatau (ou Krakatoa) est un îlot volcanique d'Indonésie, situé entre Java et Sumatra, dans le détroit de la Sonde.
L'explosion du volcan Portuatan, en 1883, fut la plus grande des temps modernes. Elle provoqua un raz-de-marée qui fit de nombreuses victimes et dont les vagues firent le tour de la Terre.

28. Le bortsch ou bortch est un plat russe, soupe à la betterave et au chou.

29. Le Kiribati est un État de Micronésie, comprenant les seize îles Gilbert, les huit îles Phénix, huit îles de la Ligne et l'île volcanique Océan (ou Banaba).

Superficie :	environ 800 km^2
Zone maritime :	3 500 000 km^2
Population :	75 000 habitants
Capitale :	Tarawa (25 000 habitants)

30. L'enduro est une épreuve sportive d'endurance et de régularité tout-terrain disputée à moto sur un circuit.

31. Un gymnote est un poisson d'eau douce. Il est appelé aussi anguille électrique.
Il est dépourvu de nageoire dorsale et muni, de chaque côté de la queue, de lamelles membraneuses qui dégagent de l'électricité.
Le gymnote se nourrit de poissons que ses décharges paralysent.

32. L'angström est une unité de longueur employée en microphysique. Elle vaut un dix millième de micron.

33. La listériose est une infection provoquée par des bacilles du genre listeria. Elle peut entraîner pour l'homme de très graves maladies, par exemple pneumonie ou méningite.

34. L'Australie a plus de 160 millions de moutons. Puis viennent la Chine et la Russie.
L'élevage du mouton est peu développé aux États-Unis (10 à 12 millions de têtes, comme en France).
Autres grands troupeaux : Inde et Nouvelle-Zélande (50 à 60 millions de têtes).

L'Inde possède près de 200 millions de bovins. La Chine et les États-Unis environ 100 millions. Le Brésil plus de 150 millions.

35. Le maréchal Lannes remporta une brillante victoire sur les Autrichiens, le 9 juin 1800, à Montebello (Lombardie).
Cannes était une ville d'Italie méridionale, en Apulie. Grande victoire d'Hannibal en l'an – 216.
Les trois autres cases sont aussi des lieux de victoires d'Hannibal.

36. Le cachemire est un tissu ou tricot fin en poil de chèvre du Cachemire ou du Tibet, mêlé de laine (en anglais, cashmere).
Le Cachemire est un ancien royaume du nord-ouest de l'Inde, comprenant les hautes vallées de l'Indus et la partie nord de l'Himalaya. Il est divisé depuis 1949 entre l'Union indienne et le Pakistan.

37. L'astrakan est une fourrure à poil bouclés d'agneau tué très jeune.
Astrakan est une ville de Russie, chef-lieu de la province du même nom, située dans le delta de la Volga, près de son embouchure sur la mer Caspienne.

38. La porter est une bière brune d'origine anglaise, assez amère.

39. La Reine Elisabeth II est né en 1926. (75ᵉ anniversaire fêté le 21 avril 2001).

40. Karol Wojtyla est né à Wadowice en 1920. Il fut archevêque de Cracovie, puis élu pape sous le nom de Jean-Paul II en 1978.
Il est le premier souverain pontife polonais dans l'histoire de l'Église, et le premier pape non italien depuis le début du XVIᵉ siècle.

40 questions variées – Troisième série (*)

1. Le **Prix Nobel de Sciences économiques** a été décerné pour la première fois en 1969.
Les lauréats étaient Ragnar Frisch (Norvège) et Jan Tinbergen (Pays-Bas).
Par la suite, la majorité des prix a été obtenue par des Américains.
Le français Maurice Allais (né en 1911) obtint le prix en 1988.

2. **Temujin** ou Temudjin est le nom du khan des Mongols qui régna à partir de 1204 sous le nom de Gengis Khan, ce qui signifie « Khan suprême ». Son empire s'étendit de la Chine jusqu'à la Volga.

(*) Les questions sont en p. 178.

3. **Marco Polo** est un grand voyageur italien, originaire de Venise (1254-1324). Avec son père et son oncle, Niccolo et Matteo, il traversa la Mongolie et arriva à Péking en 1275. Il séjourna plusieurs années à la cour de Kubilai Khan, fils de Gengis Khan, et devint un fonctionnaire important à son service. Il revint à Venise en 1295 et y rédigea le *Livre des Merveilles du Monde*.

4. **Tamerlan** est le nom francisé de Timur-I-Lang ou Timur-Lang ou Timour-Lang.
   Il est né en 1336 près de Samarkand. Il conquit l'Asie centrale, l'Iran, la Syrie, la Turquie, puis prit Delhi.
   Il mourut en 1405 avant d'avoir pu attaquer la Chine.

5. La première femme devenant chef d'État au suffrage universel direct a été **Vigdis Finnbogadottir**, élue Présidente de la République d'Islande en 1980, et constamment réélue depuis, jusqu'en 1996.
   En 1988, Benazir Bhutto a été la première femme devenant Premier ministre en pays musulman (Pakistan, 1988-1990, puis 1993-1997).

6. **Bagdad** est la capitale de l'Irak, située sur la rive gauche du Tigre, en Mésopotamie (plus de 3 millions d'habitants).

7. **L'opération « Tempête du Désert »** a été engagée pour libérer le Koweït en janvier-février 1991.

8. **Israël** n'a pas de frontière avec l'Irak.

9. **Vincent Van Gogh** s'est suicidé à Auvers-sur-Oise en 1890.

10. **Wolfgang Amadeus Mozart** est né à Salzbourg en 1756 et mort à Vienne en 1791.

11. La **Moskova** est une rivière de Russie (longueur : 500 km) qui arrose Moscou. Un canal la relie à la Volga.

12. La **Morava** est le nom d'une rivière (près de 400 km), affluent du Danube.
    La Moravie est une région de la République tchèque, dont la ville principale est Brno. Son histoire est liée à celle de la Tchécoslovaquie.
    La région naturelle de Moravie correspond essentiellement au bassin hydrographique de la Morava.
    Comme le nom tchèque de la Moravie est Morava, le jury pourrait admettre les réponses b et c.

13. Longueur des fleuves.

Rhône	812 km
Elbe	1 165 km
Rhin	1 320 km
Danube	2 850 km

14. Volgograd s'est appelée anciennement Tsaritsyne, puis Stalingrad de 1925 à 1961.

Kalinine est l'ancienne Tver, port fluvial sur la Volga, à son confluent avec la Tvertsa, au nord-ouest de Moscou.

Pénalisation pour Petrograd (= Saint-Pétersbourg, éphémèrement Léningrad).

15. *Le Don paisible,* quatre livres publiés de 1928 à 1940 et considérés comme le chef-d'œuvre du « réalisme socialiste ». Mais l'ouvrage de Mikhaïl Cholokhov a aussi un grand souffle lyrique, puisé à la tradition tolstoïenne.

16. *Le Beau Danube bleu* est une célèbre valse de **Johann Strauss** (Vienne 1825-1899), fils de Johann Strauss (Vienne 1804-1849).

Richard Strauss était un compositeur allemand (1864-1949).

Franz-Josef Strauss (1915-1988) fut Secrétaire-général du parti chrétien-social bavarois (C.D.U.), Ministre des Finances, et Ministre-Président de Bavière.

Signalons aussi Oskar Strauss, compositeur autrichien (1870-1954), dont l'œuvre la plus célèbre est *Rêve de valse.*

17. *L'Or du Rhin* est la première partie de la *Tétralogie* de Richard Wagner (1813-1883).

18. Tanagra est une ancienne ville grecque de Béotie, à l'est de Thèbes. Elle est célèbre par ses figurines de terre cuite, du VIe siècle au IVe siècle avant notre ère.

Tanagra est devenu un nom commun, désignant ces statuettes, ou encore une jeune fille ou jeune femme fine et gracieuse.

19. Muhammad Rizah (1919-1980) fut le dernier Shah d'Iran. Il fut renversé en 1978.

Muhammad Mossadegh fut l'un de ses Premiers ministres.

Farouk (1920-1965) fut le dernier roi d'Égypte, qui abdiqua en 1952 après le coup d'État des « officiers libres ».

Muhammad Youssouf (1909-1961) fut sultan, puis roi du Maroc. Son fils Hassan lui a succédé (1929-1999). Le nouveau roi est maintenant Muhammad VI.

20. Le **Sahara** est le plus grand désert du monde, avec plus de 8 millions de km^2.

21. Le **Shogun** ou Shogoun était un dictateur militaire au Japon, du XIIe siècle au XIXe siècle.

22. *Brave New World – Le Meilleur des Mondes –* est un roman d'Aldous Huxley (1894-1963), publié en 1932.
    Il donne une vision très pessimiste de l'évolution de notre civilisation.

23. La **Ruhr** est au cœur de la Rhénanie-Westphalie.

24. Le chef-lieu du Limbourg est **Maastricht.**
    Groningue est une ville du nord des Pays-Bas, chef-lieu de la province du même nom.

25. Nous avons conservé la tradition du serment d'Hippocrate, celui que prêtent les futurs médecins.
    Hippocrate (460-377 avant notre ère) fut le plus illustre des médecins grecs. Il a écrit un ensemble de traités qui ont fait autorité pendant très longtemps, le *Corpus Hyppocratum.*

26. La **guerre hispano-américaine** eut lieu en 1898. La flotte espagnole fut complètement détruite par les américains.
    Le traité de Paris (décembre 1898) consacra la fin de l'empire colonial espagnol. Cuba devint indépendante. Les Philippines, Porto-Rico et l'île de Guam furent annexés par les États-Unis.

27. **Konrad Adenauer** (1876-1967) fut chancelier de la République fédérale d'Allemagne depuis son institution en 1949 jusqu'à la fin de l'année 1963 (cédant la place à Ludwig Ehrard).
    Il fut l'un des principaux artisans de la construction européenne et de la réconciliation franco-allemande.

28. **Alcide de Gasperi** (1881-1954) était d'origine autrichienne, et fut même élu au parlement autrichien en 1911.
    Explication historique : il était originaire du Trentin, alors autrichien, et devint italien après la victoire de 1918. Il fut élu président de la CECA en 1954.

29. **Paul-Henri Spaak** (1899-1972) peut être considéré comme l'un des grands artisans de la construction européenne. Il a exercé toutes les fonctions citées, sauf celle du Président de la Commission de la CEE.

30. **La Veluwe** est une région naturelle des Pays-Bas, située entre la vallée du Rhin et l'Ijselmeer. Zone de collines basses, avec landes, hêtraies, sapinières. Réserve biologique naturelle (parc national).

31. Le **Tonlé-Sap** est un grand lac de 10 000 km^2, situé au centre du Cambodge, très riche en poissons.

Les Cardamomes sont une chaîne montagneuse située au sud-ouest du Cambodge.

Kompong-Chang est une ville située au sud du lac.

Angkor est au nord.

Norodom Sihanouk fut roi, puis Premier ministre du Cambodge.

32. **Maria Kalogeropoulos**, dite **la Callas**, a été la plus célèbre des cantatrices grecques (New York, 1923 ; Paris, 1977).

Elle triompha sur beaucoup de scènes américaines et européennes, notamment à la Scala de Milan. Au cinéma, elle interpréta Médée, sous la direction de Pier Paolo Pasolini.

33. **Charles Darwin** est un grand naturaliste anglais (1809-1882). Il fut un des principaux théoriciens du transformisme.

L'*essai sur le principe de la population* est une œuvre célèbre de l'économiste Thomas Robert Malthus (1776-1834).

34. Le grand poète italien **Dante Alighieri** est né à Florence en 1265.

35. *La Danse de Mort* est une pièce d'August Strindberg.

36. **Héraclite** était un philosophe grec de l'école ionienne (576-480 avant notre ère). Il vivait à Ephèse. Il est considéré comme l'un des initiateurs de la pensée dialectique.

37. **L'Hydre de Lerne** – en grec Lernaïa Hudra – est un monstre fabuleux qui ravageait l'Argolide. C'est un serpent monstrueux à plusieurs têtes (chaque tête coupée repoussant immédiatement).

Après avoir tué le lion de Némée, Hercule tua l'hydre de Lerne (ce fut le début de ses douze travaux).

Cette scène a inspiré plusieurs peintres célèbres (mais non Raphaël).

38. Le **Maëlstrom** est un tourbillon produit par les courants de marée dans un chenal des îles Lofoten, au large de la Norvège.

Par extension, le mot est devenu nom commun, et peut désigner un tourbillon au sens figuré.

39. Caïus Marius était un général romain dont l'histoire a retenu notamment sa rivalité avec Sylla (157-86 avant notre ère).
Son neveu Caïus Julius Caesar (César) eut un destin encore plus célèbre...

40. Madonna di Compiglio est une station de sports d'hiver d'Italie, située à près de 2 000 m d'altitude, dans le Trentin.

Annexes
CONCOURS DES I.R.A.

N.B. : Nous avons reproduit des extraits des Annales des dernières années.

Observations sur le règlement de l'épreuve

Certaines dispositions peuvent varier d'un concours à l'autre.

Il vous faudra donc lire très attentivement les *avertissements* qui figurent sur la première des feuilles de l'épreuve.

Voici un exemple de prescriptions contradictoires d'une année à l'autre :

– « les questionnaires à choix multiples comportent une seule réponse exacte »,

– « certaines questions peuvent comporter plus d'une réponse exacte ».

Nous allons maintenant vous présenter des QCM extraits des concours récents :

– en culture générale (concours externe),

– en droit public, droit communautaire et politiques économiques (tous concours).

(*) Les questions sont en p. 315.

1 Épreuve du concours externe : culture générale (*)

1. Qui a écrit « *Homme libre, toujours tu chériras la mer !* » ?

- ❏ A. Victor Hugo
- ❏ B. Paul Valéry
- ❏ C. Arthur Rimbaud
- ❏ D. Charles Baudelaire

2. Qui a composé l'opéra *Faust* (1859) ?

- ❏ A. Charles Gounod
- ❏ B. Richard Wagner
- ❏ C. George Bizet
- ❏ D. Léo Delibes

3. Quel navigateur a entrepris la première navigation autour du globe ?

- ❏ A. Vasco de Gama
- ❏ B. Fernand de Magellan
- ❏ C. Jacques Cartier
- ❏ D. Francis Drake

4. Lequel de ces éléments a la masse atomique la plus faible ?

- ❏ A. l'hélium
- ❏ B. le krypton
- ❏ C. l'hydrogène
- ❏ D. l'oxygène

5. Quelle est la langue officielle de l'Angola ?

- ❏ A. le français
- ❏ B. l'anglais
- ❏ C. l'espagnol
- ❏ D. le portugais

6. Qui a inventé l'expression « *Tiers-Monde* ».

- ❏ A. Alfred Sauvy
- ❏ B. l'abbé Pierre
- ❏ C. René Dumont
- ❏ D. le Père Wrezinski

(*) Les réponses et commentaires sont en p. 318.

7. « *Carpe diem* » est une formule d'Horace qui invite à :

- ❏ A. se taire dans l'épreuve
- ❏ B. jouir du temps présent
- ❏ C. s'obstiner dans la recherche
- ❏ D. consommer du poisson quotidiennement

8. La ville de Manosque (Alpes-de-Haute-Provence) est la patrie de :

- ❏ A. Marcel Pagnol
- ❏ B. Henri Bosco
- ❏ C. Frédéric Mistral
- ❏ D. Jean Giono

9. Lequel de ce pays n'est ni bordé ni traversé par le Rhin ?

- ❏ A. la Suisse
- ❏ B. l'Allemagne
- ❏ C. les Pays-Bas
- ❏ D. la Belgique

10. La chute du mur de Berlin a eu lieu en :

- ❏ A. 1987
- ❏ B. 1989
- ❏ C. 1990
- ❏ D. 1992

11. Quel est le compositeur de la *Symphonie du Nouveau Monde* ?

- ❏ A. Tchaïkovski
- ❏ B. Rachmaninoff
- ❏ C. Dvorak
- ❏ D. Berlioz

12. « *Le chagrin et la pitié* » est un film de :

- ❏ A. René Clair
- ❏ B. Marcel Ophuls
- ❏ C. Alain Resnais
- ❏ D. Claude Autant-Lara

13. L'expression « *aller à Canossa* » a pour sens :

- ❏ A. partir vers une mort certaine
- ❏ B. se rendre en un lieu de plaisir inavouable
- ❏ C. délirer, sombrer dans les rêves
- ❏ D. s'humilier, faire amende honorable

14. Le règne de Clovis, roi des Francs, a duré de :

- ❑ A. 452 à 483
- ❑ B. 481 à 511
- ❑ C. 579 à 598
- ❑ D. 468 à 489

15. Quelle est la capitale de la Slovénie ?

- ❑ A. Ljubljana
- ❑ B. Zagreb
- ❑ C. Trieste
- ❑ D. Dubrovnik

Réponses et commentaires

1. **Charles Baudelaire,** *Les Fleurs du Mal.*

2. Le mythe de l'homme qui vendit son âme au diable a donné lieu à de nombreuses adaptations littéraires ou musicales. L'opéra *Faust* de 1859 est de **Charles Gounod.**

3. La première navigation autour du globe a été entreprise par le navigateur portugais **Fernand de Magellan** en 1519. En 1520, il découvrit le détroit qui porte son nom. Il parvint aux Philippines en 1521 mais y fut tué lors d'une bataille contre des indigènes.
Son lieutenant El Cano termina le tour du monde en contournant l'Afrique, et parvint en Espagne en 1522.

4. **Masse atomique la plus faible.**
L'hydrogène, numéro 1 dans la classification de Mendeleev (hélium 2, oxygène 8, krypton 36).

5. **Langue officielle de l'Angola** : le portugais.
N.B : Le Portugal est un petit pays, dont la population est de l'ordre de 10 millions d'habitants. Mais sa langue est plus parlée dans le monde que la nôtre. Il existe en effet plus de 200 millions de lusophones (pour 130 millions de francophones). Explication : le Brésil à lui tout seul compte 180 millions d'habitants.

6. « *Tiers-Monde* ». Expression d'Alfred Sauvy (1898-1990), dans un article publié en 1954. « Ce tiers-monde, ignoré, exploité, méprisé comme le tiers état, veut, lui aussi, être quelque chose ».

7. « *Carpe diem* » « Cueille le jour ».
Horace, poète latin du premier siècle avant notre ère, nous invite à jouir du temps présent.

8. **Manosque**, chef-lieu de canton des Alpes-de-Haute-Provence, dans la vallée de la Durance, est la patrie de Jean Giono (1895-1970).

9. La Belgique n'est ni bordée ni traversée par le Rhin. Elle est traversée par la Meuse (Maas), qui rejoint le Rhin aux Pays-Bas.

10. **Le mur de Berlin** a été édifié par la R.D.A. en 1961. Symbole de la guerre froide, il a été abattu en novembre 1989, et l'Allemagne a été réunifiée en 1990.

11. La *Symphonie du Nouveau Monde* a été composée en 1893 par Anton Dvorak (1841-1904), qui était à l'époque le directeur du Conservatoire de New York.

12. « *Le chagrin et la pitié* », film de Marcel Ophuls (1969), qui porte sur les années 1940 à 1945, notamment à Clermont-Ferrand et en Auvergne.

13. « *Aller à Canossa* », c'est s'humilier, faire amende honorable.
En 1077, l'empereur germanique Henri IV dut venir à Canossa (Apennins, Italie), en tenue de pénitent, implorer le pardon du pape.

14. Né vers 466, **Clovis** fut roi des Francs de 481 à 511.
Repère historique : le 1500e anniversaire de son baptême a été fêté en 1996.

15. **Capitale de la Slovénie** : Ljubljana.
Zagreb est la capitale de la Croatie. Dubrovnik (l'ancienne Raguse) est une ville de la Croatie, sur la côte dalmate. Trieste appartient à l'Italie.

2   Épreuves du concours interne : droit public, droit communautaire, économie (*)

➤ Droit public

1. Deux de ces collectivités territoriales sont d'origine législative ; lesquelles ?

- ❑ A. les communes
- ❑ B. les départements
- ❑ C. les régions
- ❑ D. les territoires d'Outre-Mer
- ❑ E. les provinces de Nouvelle-Calédonie

2. Le principe de la liberté d'association a une valeur :

- ❑ A. législative
- ❑ B. réglementaire
- ❑ C. constitutionnelle
- ❑ D. jurisprudentielle

3. Les administrations de l'État se composent :

- ❑ A. d'administrations centrales
- ❑ B. de services déconcentrés
- ❑ C. d'agences nationales
- ❑ D. de services à compétence nationale

4. La liberté de la presse est consacrée par :

- ❑ A. la Constitution du 4 novembre 1848
- ❑ B. la loi du 29 juillet 1881
- ❑ C. la loi Le Chapelier de juin 1791
- ❑ D. la loi de 1901 relative aux associations

(*) Les réponses et commentaires sont en p. 326.

5. Le terme d'ordonnance désigne, sous la Ve République :

- ❑ A. les actes réglementaires pris par le Président de la République et revêtant une importance particulière
- ❑ B. les actes que les autorités exécutives sont exceptionnellement autorisées à prendre dans le domaine législatif
- ❑ C. les actes que les autorités législatives sont exceptionnellement appelées à prendre dans les domaines relevant du pouvoir exécutif

6. Les cours administratives d'appel ont été créées :

- ❑ A. par la Constitution du 4 octobre 1958
- ❑ B. par le Préambule de la Constitution de 1946
- ❑ C. par la loi du 31 décembre 1987
- ❑ D. par le décret du 30 septembre 1953 qui a érigé en tribunaux les conseils de préfecture institués par la loi du 28 pluviôse An VIII

7. Le recours pour excès de pouvoir :

- ❑ A. s'exerce obligatoirement par le ministère d'un avocat
- ❑ B. vise à demander au juge d'instruction l'annulation d'une décision administrative en raison de son illégalité
- ❑ C. ne peut être exercé par un requérant que si ce dernier a, au préalable, effectué un recours hiérarchique contre la décision contestée

8. Dans l'arrêt *NICOLO* du 20/10/1989, le Conseil d'État :

- ❑ A. reconnaît la supériorité des traités sur les lois
- ❑ B. précise la supériorité d'une loi sur un traité, dès lors qu'elle lui est postérieure
- ❑ C. prévoit la possibilité de consultation du ministère des affaires étrangères en cas de traité peu clair

9. Dans la liste suivante, quels sont les emplois supérieurs pour lesquels la nomination est laissée à la décision du Gouvernement ?

- ❑ A. les préfets
- ❑ B. les ambassadeurs
- ❑ C. les commissaires de police
- ❑ D. les recteurs d'académie
- ❑ E. les magistrats
- ❑ F. les directeurs d'administration centrale

10. Le Premier ministre :

- ❏ A. assure l'exécution des lois
- ❏ B. promulgue les lois
- ❏ C. nomme aux emplois civils et militaires de l'État
- ❏ D. préside le conseil supérieur de la magistrature

11. Le contrôle de l'exécution du budget par le Parlement s'effectue par :

- ❏ A. le vote de la loi de finances initiale
- ❏ B. le vote de la loi de finances rectificative
- ❏ C. le vote de la loi de règlement
- ❏ D. les questions écrites au Gouvernement
- ❏ E. les commissions d'enquête parlementaires

12. L'ordre du jour des assemblées est fixé par :

- ❏ A. le président de l'Assemblée nationale
- ❏ B. le président du Sénat
- ❏ C. le gouvernement
- ❏ D. le Président de la République

13. La police administrative :

- ❏ A. s'exerce en vue du maintien de l'ordre public
- ❏ B. est directement liée à une infraction pénale déterminée
- ❏ C. est exercée exclusivement par le Préfet sur le territoire des communes
- ❏ D. relève des tribunaux judiciaires pour son contentieux

Droit communautaire

1. Les règlements européens sont normalement adoptés par :

- ❏ A. le Conseil européen, sur proposition du Parlement européen
- ❏ B. le Conseil de l'Union européenne, sur proposition de la Commission
- ❏ C. le Parlement européen, sur proposition du Conseil de l'Union européenne
- ❏ D. le Conseil de l'Union européenne, sur proposition du Conseil européen

2. Le Comité des représentants permanents (COREPER) :

- ❏ A. prépare les travaux du Conseil de l'Union européenne
- ❏ B. représente les intérêts de la Communauté
- ❏ C. est composée de représentants des États membres

3. Le mode de scrutin pour la désignation des membres du Parlement européen est actuellement fixé par :
   - ❏ A. le Parlement européen
   - ❏ B. la Cour de justice des Communautés européennes
   - ❏ C. la Commission
   - ❏ D. chacun des États membres

4. Dans le traité sur l'Union européenne (traité de Maastricht), le principe de subsidiarité signifie :
   - ❏ A. que la Communauté européenne ne doit intervenir que si les objectifs de l'action envisagée ne peuvent pas être réalisés de manière suffisante par les États membres
   - ❏ B. qu'il convient d'éviter des dispositions normatives trop détaillées
   - ❏ C. que la Commission doit assurer la supériorité des règlements communautaires sur les règlements nationaux
   - ❏ D. que la Communauté européenne ne doit pas utiliser des moyens disproportionnés par rapport aux objectifs qu'elle poursuit

Politiques économiques

1. Laquelle de ces places boursières est la plus active ?
   - ❏ A. Singapour
   - ❏ B. Zurich
   - ❏ C. Tokyo
   - ❏ D. Paris
   - ❏ E. Londres
   - ❏ F. Amsterdam

2. Combien a rapporté en 1996 l'impôt de solidarité sur la fortune ?
   - ❏ A. 5 milliards de francs
   - ❏ B. 9 milliards de francs
   - ❏ C. 31 milliards de francs

3. La loi de la « main invisible » a été formulée par :
   - ❏ A. David Ricardo
   - ❏ B. Adam Smith
   - ❏ C. Thomas Robert Malthus
   - ❏ D. Milton Friedman

4. Lequel de ces impôts ou de ces taxes tient la place la plus importante dans les recettes de l'État ?

- ❏ A. l'impôt sur le revenu des personnes physiques
- ❏ B. l'impôt sur les sociétés
- ❏ C. la taxe sur la valeur ajoutée (TVA)
- ❏ D. la taxe intérieure sur les produits pétroliers

5. Que désigne le sigle OPEP ?

- ❏ A. organisation des producteurs et exportateurs de pétrole
- ❏ B. organisation des producteurs et entreprises de pétrochimie
- ❏ C. organisation des pays exportateurs de pétrole
- ❏ D. organisation des pays excédentaires en pétrole

6. La politique monétaire française est définie par :

- ❏ A. la direction des monnaies et médailles du ministère de l'économie, des finances et de l'industrie
- ❏ B. la Banque de France
- ❏ C. le ministre chargé du budget
- ❏ D. la Caisse des dépôts et consignations

7. Le premier choc pétrolier date de :

- ❏ A. 1968
- ❏ B. 1973
- ❏ C. 1976
- ❏ D. 1979
- ❏ E. 1981

8. La Banque centrale européenne (BCE) aura pour mission :

- ❏ A. de conduire la politique monétaire et d'assurer la stabilité des prix
- ❏ B. de coordonner la politique économique des États membres
- ❏ C. de décider quels États membres remplissent les conditions nécessaires pour participer à l'union monétaire

9. La TVA :

- ❏ A. est payée en totalité par le consommateur final
- ❏ B. est payée par moitié par le consommateur et l'entreprise
- ❏ C. est un impôt qui se calcule sur le prix de vente hors taxes de tous les biens et services

10. L'inflation en France en 1996 a été de :

- ❏ A. 0,2 %
- ❏ B. 2 %
- ❏ C. 5,2 %
- ❏ D. 10,6 %

11. La désindexation des salaires est :

- ❏ A. la prise en compte intégrale de la hausse de prix lors de la détermination des augmentations annuelles des salaires
- ❏ B. l'augmentation du pouvoir d'achat des ménages
- ❏ C. l'abandon du lien automatique entre salaire et hausse des prix
- ❏ D. l'abandon de la référence à l'étalon-or

12. L'OPA est :

- ❏ A. la reprise des entreprises par les salariés
- ❏ B. l'achat en bourse d'actions d'une autre entreprise en vue de prendre le contrôle de celle-ci
- ❏ C. un mode de transmission héréditaire de la propriété d'une entreprise

13. Parmi ces dispositions, lesquelles constituent les principaux axes des accords de Bretton-Woods ?

- ❏ A. les taux de change doivent être fixes
- ❏ B. la référence à l'étalon-or est totalement abandonnée
- ❏ C. le système des changes flottants est généralisé
- ❏ D. la convertibilité des monnaies entre elles est affirmée
- ❏ E. les accords de Bretton-Woods s'articulent autour de la création d'une unité monétaire : l'ECU

Réponses et commentaires

Droit public

1. C et E. Collectivités territoriales d'origine législative : régions (loi de 1982) et provinces de Nouvelle-Calédonie.
N.B. : Il est cependant question de donner à la région une consécration constitutionnelle.

2. C. Le principe de la liberté d'association a désormais valeur constitutionnelle.

3. A, B et D. Composantes des administrations de l'État : administrations centrales, services déconcentrés et services à compétence nationale.

4. B. La liberté de la presse est consacrée par la loi du 29 juillet 1881.
N.B. : Une référence aurait aussi pu être faite à la Déclaration des Droits du 26 août 1789.

5. B. Les ordonnances sont des actes que les autorités exécutives sont exceptionnellement autorisées à prendre dans le domaine législatif. (Article 38 de la Constitution du 4 Octobre 1958)

6. C. Les cours administratives d'appel ont été créées par la loi du 31 décembre 1987.

7. B. Le recours pour excès de pouvoir vise à demander au juge d'instruction l'annulation d'une décision administrative en raison de son illégalité.

8. A. Par l'arrêt *NICOLO* du 20/10/1989, le Conseil d'État reconnaît la supériorité des traités sur les lois.

9. A, B, D, F. Emplois supérieurs pour lesquels la nomination est laissée à la décision du Gouvernement : préfets, ambassadeurs, recteurs d'académie, directeurs d'administration centrale.

10. A et C. Le Premier Ministre assure l'exécution des lois et nomme aux emplois civils et militaires de l'État (article 21 de la Constitution).

11. C D et E. Le contrôle de l'exécution du budget par le Parlement s'effectue par le vote de la loi de règlement, par des questions écrites au Gouvernement, éventuellement aussi par des commissions d'enquête parlementaires.

12. C. L'ordre du jour des assemblées comporte, par priorité et dans l'ordre que le Gouvernement a fixé, la discussion des projets de loi déposés par le Gouvernement et des propositions de loi acceptées par lui (article 48 de la Constitution).

13. A. La police administrative s'exerce en vue du maintien de l'ordre public.

Droit communautaire

1. B. Les règlements européens sont normalement adoptés par le Conseil de l'Union européenne, sur proposition de la Commission.

2. A et C. Le Comité des représentants permanents (COREPER) prépare les travaux du Conseil de l'Union européenne (...assisté d'une centaine de groupes de travail). Comme son nom l'indique, il est composé de représentants des États membres.

3. D. Le mode de scrutin pour la désignation des membres du Parlement européen est actuellement fixé par chacun des États membres (il peut donc varier beaucoup d'un État à l'autre).

4. A. Dans le traité sur l'Union européenne (traité de Maastricht), le principe de subsidiarité signifie que la Communauté européenne ne doit intervenir que si les objectifs de l'action envisagée ne peuvent pas être réalisés de manière suffisante par les États membres.

Politiques économiques

1. E. Londres est généralement considérée comme la plus active des places boursières (... mais les statistiques sont assez fluctuantes).

2. B. L'impôt de solidarité sur la fortune a rapporté 9 milliards de francs en 1996 (... lente augmentation depuis les 5 milliards de francs de 1989).

3. B. La loi de la « main invisible » a été formulée par Adam Smith.

4. C. La taxe sur la valeur ajoutée (TVA) est de très loin la plus importante des recettes de l'État.

5. C. L'OPEP est l'Organisation des pays exportateurs de pétrole.

6. B. La politique monétaire française est définie par la Banque de France (Conseil de la politique monétaire).

7. B. Le premier choc pétrolier date de 1973 (année de la dernière grande guerre israëlo-arabe).

8. A. La Banque centrale européenne (BCE) aura pour mission de conduire la politique monétaire et d'assurer la stabilité des prix.

9. A. La TVA est logiquement payée dans sa totalité par le consommateur final.

10. B. L'inflation en France a été de 2 % en 1996.

11. C. La désindexation des salaires est l'abandon du lien automatique entre salaire et hausse des prix.

12. B. L'OPA (offre publique d'achat) est l'achat en bourse d'actions d'une autre entreprise en vue de prendre le contrôle de celle-ci.

13. A, B, D. Les accords de Bretton-Woods (1944, New-Hampshire, États-Unis) ont établi les bases d'une coopération internationale sur le plan monétaire en vue de faciliter l'expansion du commerce international. Ils ont décidé de créer le Fonds monétaire international (FMI) et la Banque mondiale, et ont fixé les parités des monnaies. Le système de change fixe reposait sur le dollar lié à l'or (35 dollars l'once), et les monnaies redevenaient librement convertibles entre elles.
La parité-or du dollar fut abandonnée en 1971 et le flottement fut généralisé.
Ne pas répondre ECU (grave contresens et grave anachronisme).

3 Épreuves du troisième concours : droit public et droit communautaire (*)

Droit public

1. Un établissement public à caractère industriel et commercial :
   - ❏ A. est une personne morale de droit privé
   - ❏ B. est une personne morale de droit public
   - ❏ C. n'a pas de personnalité juridique

2. Le financement d'un parti politique par une personne morale est, en France :
   - ❏ A. autorisé
   - ❏ B. autorisé sous certaines conditions de plafond et de transparence
   - ❏ C. interdit

3. La création d'un fichier informatisé contenant des renseignements nominatifs est, en France :
   - ❏ A. interdit
   - ❏ B. soumis à l'autorisation préalable de la CNIL (Commission nationale informatique et libertés)
   - ❏ C. soumis au contrôle *a posteriori* de la CNIL

4. En 1995, l'élection présidentielle a eu lieu au suffrage universel direct pour la :
   - ❏ A. 5e fois depuis 1958
   - ❏ B. 6e fois depuis 1958
   - ❏ C. 7e fois depuis 1958

5. Le Président de la République est :
   - ❏ A. responsable devant le Parlement
   - ❏ B. responsable devant le Conseil constitutionnel
   - ❏ C. irresponsable sauf en cas de haute trahison

(*) Les réponses et commentaires sont en p. 333.

6. Après une dissolution de l'Assemblée Nationale, le Président de la République :

❑ A. peut à nouveau dissoudre quand il le souhaite

❑ B. peut à nouveau dissoudre après un délai d'un an à compter des élections législatives

❑ C. ne peut plus dissoudre avant la fin normale de la législature

7. Les « sources de la légalité » d'un acte administratif sont :

❑ A. la loi seule

❑ B. l'ensemble des textes écrits (constitutionnels, internationaux, législatifs et réglementaires)

❑ C. l'ensemble des textes écrits et les principes généraux du droit non écrits

8. L'administration peut être tenue pour responsable vis-à-vis d'un particulier :

❑ A. uniquement si elle a commis une faute

❑ B. y compris si elle n'a commis aucune faute

❑ C. en aucun cas

9. Le Congrès chargé de réviser la Constitution se réunit :

❑ A. à Paris

❑ B. à Versailles

❑ C. à Bordeaux

10. Le mandat parlementaire est incompatible avec :

❑ A. un mandat de conseiller régional

❑ B. un mandat de conseiller général

❑ C. un mandat de maire d'une ville de plus de 20 000 habitants

❑ D. l'exercice de deux des mandats cités ci-dessus

11. L'organe chargé en France de se prononcer en cas de divergence de jurisprudence entre les tribunaux judiciaires et les tribunaux administratifs est :

❑ A. le Conseil constitutionnel

❑ B. le Tribunal des conflits

❑ C. la Cour suprême

12. Sont, par principe, irrecevables les recours pour excès de pouvoir formés par :

- ❑ A. un conseil général contre les décisions d'un conseil municipal
- ❑ B. un supérieur hiérarchique contre une décision signée par un de ses subordonnés
- ❑ C. une personne morale de nationalité étrangère

13. Le préfet de département :

- ❑ A. représente l'État dans le département
- ❑ B. est l'organe exécutif du département
- ❑ C. dirige les services déconcentrés des administrations civiles de l'État dans le département
- ❑ D. est l'ordonnateur secondaire des dépenses des services des administrations civiles de l'État dans le département

14. Lorsque le budget d'une collectivité n'est pas voté en équilibre, le préfet saisit :

- ❑ A. la Cour des comptes
- ❑ B. le tribunal administratif
- ❑ C. la chambre régionale des comptes
- ❑ D. le trésorier-payeur général

15. L'arrondissement est :

- ❑ A. une collectivité publique, dotée de la personnalité morale
- ❑ B. une circonscription de l'administration de l'État, placée sous l'autorité du sous-préfet
- ❑ C. une partie de certaines communes placées sous l'autorité d'un maire d'arrondissement

Droit communautaire

1. La France et ses partenaires sont regroupés dans :

- ❑ A. le Marché commun européen
- ❑ B. l'Union européenne
- ❑ C. la CEE (Communauté économique européenne)

2. Les dernières élections au Parlement européen ont eu lieu en :

- ❑ A. 1988
- ❑ B. 1999
- ❑ C. 2000

3. Quel est le nombre de députés dont dispose la France au Parlement européen ?

❏ A. 73
❏ B. 87
❏ C. 101

4. La Commission européenne est composée :

❏ A. de certains parlementaires européens chargés de suivre les opérations d'élargissement
❏ B. de hauts fonctionnaires nommés par les États membres
❏ C. de parlementaires et de hauts fonctionnaires travaillant de concert

5. Le terme « conférence intergouvernementale » désigne :

❏ A. la réunion périodique des chefs de gouvernement européens
❏ B. les réunions au cours desquelles sont fixés les prix agricoles
❏ C. les rendez-vous périodiques sur la révision de l'organisation politique et économique de l'Europe

Réponses et commentaires

Droit public

1. B. Un établissement public à caractère industriel et commercial (EPIC) est une personne morale de droit public. Tous les établissements publics, et notamment les établissements publics à caractère administratif (EPA) ont le statut de personnes morales de droit public.

2. B. Le financement d'un parti politique par une personne morale est autorisé sous certaines conditions de plafond et de transparence (lois de 1988 et 1990 sur le financement des partis politiques).

3. B. La création de fichiers informatisés contenant des renseignements nominatifs est soumise à l'autorisation préalable de la CNIL (Commission Nationale de l'Informatique et des Libertés, créée par la loi n° 78-17 du 6 janvier 1978 relative à l'informatique, aux fichiers et aux libertés).

4. B. En 1995, l'élection présidentielle a eu lieu pour la 6e fois depuis 1958 au suffrage universel direct. Victoire de Jacques Chirac au second tour le 7 mai 1995 avec 52,69 % des voix (contre 47,31 % à Lionel Jospin).

Élections précédentes : 1– 1965 Charles de Gaulle (contre F. Mitterrand) ; 2– 1969 Georges Pompidou (contre Alain Poher) ; 3– 1974 Valéry Giscard d'Estaing (contre F. Mitterrand) ; 4– 1981 François Mitterrand (contre V. Giscard d'Estaing) ; 5 – 1988 François Mitterrand (contre J. Chirac).

5. C. Le Président de la République est irresponsable sauf en cas de haute trahison.

Article 68 de la Constitution : « Le Président de la République n'est responsable des actes accomplis dans l'exercice de ses fonctions qu'en cas de haute trahison. Il ne peut être mis en accusation que par les deux assemblées statuant par un vote identique au scrutin secret et à la majorité absolue des membres les composant ; il est jugé par la Haute Cour de Justice ».

6. B. Après une dissolution de l'Assemblée Nationale, le Président de la République peut à nouveau dissoudre après un délai d'un an à compter des élections législatives.

Article 12 de la Constitution : « Il ne peut être procédé à une nouvelle dissolution dans l'année qui suit ces élections ».

7. C. Les « sources de la légalité » d'un acte administratif sont l'ensemble des textes écrits et les principes généraux du droit non écrits.
(Expression apparue en 1945. Conseil d'État. Arrêt Aramu).

8. B. L'administration peut être tenue pour responsable vis-à-vis d'un particulier y compris si elle n'a commis aucune faute.

9. B. Le Congrès (réunion conjointe de l'Assemblée nationale et du Sénat) chargé de réviser la Constitution se réunit à Versailles.

10. D. Le mandat parlementaire est incompatible avec l'exercice de deux des mandats régionaux ou locaux cités.

11. B. L'organe chargé en France de se prononcer en cas de divergence de jurisprudence entre les tribunaux judiciaires et les tribunaux administratifs est le Tribunal des Conflits.

12. B. Un supérieur hiérarchique ne doit pas intenter un recours contre une décision signée par un de ses subordonnés. Il peut l'annuler ou la réformer. (A et C sont recevables).

13. A, C et D sont exacts pour le préfet de département.
Par contre, le Préfet n'est plus l'organe exécutif du département : c'est maintenant le président du conseil général.

14. C. Lorsque le budget d'une collectivité n'est pas voté en équilibre, le préfet saisit la Chambre régionale des Comptes. (en abréviation, C.R.C.)

15. B et C. L'arrondissement est une circonscription de l'administration de l'État, placée sous l'autorité du sous-préfet. À Paris, Lyon et Marseille (« loi PLM » du 31 décembre 1982), c'est une partie de commune placée sous l'autorité d'un maire d'arrondissement.

Droit communautaire

1. B. La France et ses partenaires sont regroupés dans l'Union européenne, terme de rigueur depuis le traité de Maastricht en 1992.

2. B. Les dernières élections au Parlement européen ont eu lieu en juin 1999. Elles ont lieu tous les cinq ans depuis 1979.

3. B. La France dispose de 87 députés au Parlement européen.
Résultats des élections de 1999 :
Inscrits : près de 39 millions
Votants : plus de 18 millions (soit moins de 48 %)
Abstentions : plus de 20 millions
Blancs ou nuls : plus d'un million

Liste PS-MRG-MDC (Hollande) :	près de 22 % de voix et 22 sièges
Rassemblement pour la France et l'indépendance de l'Europe (Pasqua-Villiers)	plus de 13 % des voix et 13 sièges
Liste RPR-DL (Sarkozy) :	près de 13 % des voix et 12 sièges
Liste des Verts-Écologie (Daniel Cohn-Bendit):	près de 10 % des voix et 9 sièges
Nouvelle UDF (Bayrou) :	9 % des voix et 9 sièges
Chasse, Pêche, Nature et Traditions (CPNT, Saint-Josse) :	7 % des voix et 6 sièges
Liste Bouge l'Europe (PC, Robert Hue) :	7 % des voix et 6 sièges
Front national (Le Pen) :	près de 6 % des voix et 5 sièges
Liste LO-LCR (Arlette Laguiller et Alain Krivine) :	5 % des voix et 5 sièges

4. B. La Commission européenne est composée de hauts fonctionnaires nommés par les États membres.

5. A et C. Le terme « conférence intergouvernementale » (CIG) désigne la réunion périodique des chefs de gouvernement européens. Au cours de ces rendez-vous périodiques, ils procèdent à la révision de l'organisation politique et économique de l'Europe.

Exemple : la conférence intergouvernementale de Nice, tenue en décembre 2000 sous présidence française (à suivre dans l'actualité : les procédures de ratification du Traité de Nice dans chacun des quinze pays de l'Union européenne).

Postface

ULTIMES CONSEILS

par P.-F. Guédon
Conseiller en formation

Sous son apparence modeste, l'ouvrage de Jean-François GUÉDON et Brigitte SIMONOT est utile et important, car il permet au lecteur de vérifier et d'approfondir sa culture générale dans tous les domaines.

La culture générale est souvent assimilée à la connaissance de l'histoire, de la littérature ou des sciences. Comme vous avez pu le constater, elle implique aussi de bonnes connaissances en économie, en politique et dans le domaine international.

Bien entendu, la culture nécessite aussi une synthèse, et l'aptitude de chacun à effectuer un jugement personnel. C'est l'esprit de toutes les réformes que l'Éducation nationale s'évertue à effectuer, et notamment celle de l'Éducation civique.

Il vous faut donc, de temps en temps, faire le point de vos connaissances et de votre capacité de les exploiter.

Les exercices en forme de QCM se sont multipliés à l'université comme dans les examens et concours. Arrivés à la fin de cet ouvrage, vous en avez certainement compris la justification, dans le domaine de la culture générale comme dans celui des épreuves techniques.

Cet ouvrage vous aura permis, nous l'espérons, une bonne révision de vos bases historiques et littéraires, et un agréable « tour du monde » géographique et politique.

Il vous faut donc maintenant chercher à valoriser vos acquis, à travailler la mémorisation et la vitesse, pour devenir encore plus performant.

Pour travailler la vitesse, vous referez ces QCM, si possible à « 50 à l'heure ». Peut-être même arriverez-vous à « 100 à l'heure » si vous êtes un champion...

N'hésitez pas à annoter cet ouvrage. Sa présentation aérée facilitera votre tâche. Ajoutez des noms, des dates et des faits. Et bien entendu aussi des réflexions personnelles, dans l'optique de la conversation avec le jury.

Pour la mémorisation et la synthèse, et pour conforter vos bases en culture générale, il sera bon de relire quelques ouvrages fondamentaux. Nous vous recommandons notamment, tous ceux de la collection *LES INDISPENSABLES DE LA CULTURE GÉNÉRALE*.

Dans le domaine des chiffres, vous pourrez suivre la publication de nouvelles statistiques par vos quotidiens ou hebdomadaires habituels. Vous pourrez noter des chiffres-clés sur cet ouvrage, ou vous constituer un recueil de fiches.

Vous constaterez certainement, au fur et à mesure de ces travaux, une amélioration de votre mémoire et de votre sens des chiffres. Et certainement aussi de votre vivacité intellectuelle. Ou encore, nous l'espérons, de votre capacité de réflexion.

Chaque journée peut et doit comporter pour vous de multiples occasions d'enrichissement culturel, grâce à vos lectures ou aux moyens audiovisuels, et grâce aux contacts humains.

Profitez bien de toutes les occasions pour cultiver votre mémoire, et pour exercer votre sagacité et votre agilité intellectuelle.

Pierre-François GUÉDON

Pierre-François GUÉDON est Conseiller en Formation. Il est l'auteur de nombreux ouvrages pédagogiques et recueils de QCM.

Dans la Collection *CHRONOCULTURE*, il a publié les deux premiers tomes d'études sur *LES GRANDES DATES* : 1. La France. 2. L'Europe.

Il dirige des stages et séminaires de formation dans toute la France.